JN233971

現代経営学講座 2

企業の発展

米倉誠一郎 編著

八千代出版

執筆者紹介（執筆順）

米倉誠一郎	一橋大学イノベーション研究センター教授	序論
稲山健司	明治学院大学経済学部助教授	第1部第I章
高岡美佳	立教大学経済学部助教授	第1部第II章
川合一央	岡山商科大学商学部専任講師	第1部第III章
米山茂美	武蔵大学経済学部助教授	第2部第IV章（共同執筆）
加藤俊彦	一橋大学大学院商学研究科助教授	第2部第IV章（共同執筆）
		終章
福島英史	北海道大学大学院経済学研究科助教授	第2部第V章
清水 洋	一橋大学大学院商学研究科博士後期課程	第3部第VI章
島本 実	愛知学院大学経営学部助教授	第3部第VII章
松嶋 登	東京都立大学経済学部専任講師	第3部第VIII章

はしがき

　後年になって平成不況が振り返られるときに、正統派経済学者は大いに不思議がるに違いない。「あれだけ低金利が続いたにもかかわらず、郵便貯金や銀行預金は減ることもなく、株式投資も活性化しなかった。まったく経済学のモデルになじまない不思議な国であった」と。しかし、こうした発想が実は大きな問題なのである。「経済学モデルに現実が合わない」という考えほどおかしなものはない。現実は常に現実であり、モデルは所詮モデルにしか過ぎない。むしろモデルを精緻化するために、現実の非合理で量りしれない素敵な側面、人間の狭隘で頑迷でありながら無限の可能性、さらには常識を覆すような不規則性を考慮できずに成立しているモデルなどは、人間が営む現実に比較すればほんのお遊びのような存在である。

　本書は、そんな現実を実証しようとする若手研究者たち（もちろん編者を除く）が集まって、面白がって書き上げた一冊である。それぞれのテーマを数十分で発表しなければならなかった、執筆準備研究会は近来稀にみる知的刺激の場であった。エキサイティング！

　さて、現代経営学講座シリーズにおける本書の位置づけは、経営史的なアプローチによる「企業の発展」というものであった。しかし、本書編纂に集まった研究者には、経営史を専攻する者も経営学を専攻する者もいる。そのそれぞれがそれぞれの現実をそれぞれの視点から解明しようと健筆を振るっている。われわれ執筆者の研究環境は、いつの間にか経営学における歴史研究と理論研究との間に厳密な垣根や境界線を設けなくなった。そんな過去の慣習を受け入れないほどに密接なものとなってしまったのである。善いにせよ悪いにせよ、互いの領域を相互浸透しながら新しい学問の形を築いてみようというのが、われわれの姿勢であった。ただし、各人に共通した認識は「歴史研究」の重要性である。すなわち、現実は歴史の一時点の静態的な状況ではなく、さまざまな要素が相互に関連しあった累積的・動態的なプロセ

スである。したがって、歴史の中の事象にはそれだけで重要な意味があるという確信である。各人各様のアプローチからなる本書だが、その歴史観に裏づけられた実証分析のあり方を実感していただきたいし、また鋭い批判を請いたいと思う。

　最後に、本書執筆に応じてくれた若手研究者の諸君に「ありがとう」をいっておきたい。面白いことは多いが、知的に面白いことはそう多くない。本書の研究会は楽しかった。なかでも、研究会準備や原稿督促などの事務作業ばかりか、本書の構成編集をも実質的に手掛けてくれた一橋大学大学院商学研究科の加藤俊彦助教授には心から感謝したい。飄々としながらも鋭く真理を追う加藤君という後輩には、いろいろな意味で先輩から学ぶようなことが多かった。また、辛抱強く本書の執筆をサポートしていただいた八千代出版の山竹伸二さんにも、けっこう時間がかかってしまったお詫びと感謝を同時にしなければならない。多謝。

　　2002年風薫る5月
　　　　　　　　一橋大学イノベーション研究センター教授　米倉誠一郎

目　次

　　はしがき

┃**序　論**　経営史学の方法論：逸脱・不規則性・主観
　　　　　──イノベーション研究宣言──――――――――――*1*

　　1　はじめに　*1*
　　2　理論と歴史の分業関係における非自律性　*1*
　　3　歴史的時間軸の曖昧性　*5*
　　4　複雑系・非決定論・比較制度分析　*6*
　　5　逸脱の研究：不規則性とイノベーション　*9*
　　6　おわりに：主観として歴史学　*12*

第1部　産業の成長

┃**第Ⅰ章**　日本における鉄道の高速化――――――――――*19*

　　1　はじめに　*19*
　　2　列車方式と電車化構想　*22*
　　3　長距離高速電車の萌芽　*26*
　　4　長距離高速電車の発展・確立　*29*
　　5　おわりに　*37*

┃**第Ⅱ章**　日本におけるコンビニエンス・ストアの発展と
　　　　　フランチャイズ・システム――――――――――*43*

　　1　はじめに　*43*
　　2　日本におけるコンビニエンス・ストアの発展過程　*45*

3　フランチャイズ・システムの採用による資源の補完　*48*

　　　4　インセンティブ・デザインの精緻化とフランチャイズ・
　　　　システムの普及　*54*

　　　5　おわりに　*60*

第III章　異質な他社を通じた競争優位の確認と追求
　　　　：日本におけるテレビ産業の発展過程　——— *65*

　　　1　はじめに　*65*

　　　2　テレビ技術と生産技術の結合：産業生成過程の特徴　*66*

　　　3　基盤技術がそれぞれ異なる諸企業による競争
　　　　：テレビ産業の発展過程　*77*

　　　4　おわりに　*89*

第2部　製品技術の成長

第IV章　インクジェット技術の事業化プロセス
　　　　：技術の多義性と応用展開の柔軟性　——— *95*

　　　1　はじめに　*95*

　　　2　技術の多義性と事業化の複線性　*96*

　　　3　事例：インクジェット技術の事業化プロセス　*104*

　　　4　考察とインプリケーション　*115*

　　　5　おわりに　*119*

第V章　デジタルカメラ産業の勃興過程
　　　　：電子スチルカメラ開発史　——— *121*

　　　1　はじめに　*121*

　　　2　デジタルカメラの開発コンセプト　*122*

　　　3　電子スチルカメラ開発史　*125*

　　　4　おわりに　*144*

第3部 「意図せざる結果」からみた企業活動

第VI章 産業政策と企業行動の社会的合成
：石油化学工業の「利益なき繁栄」————— 153

1 石油化学工業の発展と「意図せざる結果」 *153*
2 石油化学工業の歴史 *155*
3 産業政策と企業行動の合成としての「利益なき繁栄」 *162*
4 おわりに *168*

第VII章 技術政策による焦点化と相互参照
：ファインセラミックス産業の意図せざる展開 ——— 175

1 はじめに *175*
2 事例研究：ファインセラミックス産業の意図せざる展開 *183*
3 おわりに *197*

第VIII章 ホームオフィス導入による組織変革
：情報技術利用をめぐる意図せざる結果 —————— 203

1 はじめに *203*
2 ホームオフィスに対する一般的理解 *205*
3 フィールドワークの経験：リサーチ・デザイン *207*
4 ホームオフィス導入を通じた組織慣行の再構築 *209*
5 ディスカッション：ホームオフィスを成功に導いた批判的意識 *223*
6 おわりに *227*

終　章 経営学における行為主体の自律性と外部環境
：制度理論からの検討 ————————————— 233

1 はじめに *233*

2　経営学の2つの視座：主意主義と決定論　*235*
3　新たな視座の検討　*243*
4　「制度化的視座」からの考察　*249*
5　おわりに　*255*

人名索引……*258*
事項索引……*260*

序　論
経営史学の方法論：逸脱・不規則性・主観
——イノベーション研究宣言——

1　はじめに

　経済史と経営史の基本的な違いについてはすでにコンセンサスがあるように思う。それはこの2つの学問が描く世界のきわめて対照的な姿からも明らかである。マクロ経済の歴史的研究を中心とした経済史が描く世界の一例に、1929年のブラック・マンデー後の暗く厳しい1930年代不況がある。しかし、マクロ経済をも一つの与件とする経営史の世界では、この大不況においても業績を伸ばしたり、新たな事業機会を発見する企業が存在するのである。そもそも経営にとってマクロ環境とは、戦略的意思決定に当たって考慮すべき条件のうちの一つ（もちろん最も重要なものではあるが）に過ぎない。マクロ環境という他律的条件ですべてのことが決まってしまうのならば、経営判断など初めから必要がない。マクロ環境という大きな要因に対してでも、経営とは自律的かつ主体的プロセスなのである。経営史とは、こうした企業の自律的・主体的意思決定プロセスを歴史的に考察する学問である。この点についてはすでに別稿があるので、本章ではこうした歴史研究の方法論について考えてみたい。

2　理論と歴史の分業関係における非自律性

　経済学と経済史が対の学問のように、経営学あるいはミクロ経済学と経営史も一種の補完関係にあるということもできる。たとえば、経営史学の泰斗

といわれるアルフレッド・チャンドラー（A. D. Chandler）とミクロ経済学者エディス・ペンローズ（E. T. Penrose）やオリバー・ウィリアムソン（O. E. Williamson）との関係である。チャンドラーは『経営戦略と組織』の中で、アメリカの火薬製造企業デュポン社が第1次世界大戦後に総合化学企業へと多角化するプロセスを、丹念な内部資料をもとにした意思決定プロセスにまで踏み込んで研究し、この多角化のプロセスがデュポン社に蓄積された余剰経営資源の有効活用の結果であったことを明らかにした。そして、この著作を執筆し終わりかけたときに、彼はペンローズの著作『企業成長の理論』が存在することを知ったのであった。その点について彼は同書最終章の注の中で以下のように述べている。

> 「私は本書の原稿を仕上げるまで、Edith T. Penrose, *The Theory of the Growth of the Firm*, Oxford, 1959 を読む機会がなかった。データと問題意識はやや異なってはいるが、ペンローズ博士の結論は私の結論によく似ている。彼女の立派な研究は、成長の経済学に焦点を合わせたものであって、組織と、その戦略との関係に焦点を合わせたのものではなかった。企業の成長に関する彼女の理論的概念は、本書で展開されたどちらかといえば印象主義的一般論よりも、もっと厳密に規定されたものであるが、私の経験的データは、彼女の理論を証明することになっていることは間違いない。本書の結論に特に関係があるのは、ペンローズの第5章『受け継がれた経営資源と拡大の方向』と、第7章『多角化の経済学』とである」（Chandler, 1962；邦訳1967, p. 438）。

ペンローズは幾社にものぼる企業のデータをもとに理論的考察から、企業成長における多角化の論理を「余剰資源の有効活用」に求め、一方チャンドラーはデュポン社1社の丹念な事例分析から同様の結論を導き出したのである。彼らの作品はまったく無関係に書かれたにもかかわらず、チャンドラーが述べているように彼の「経験的データは、彼女の理論を証明することに

な」り、現在では相互に補完する経営史とミクロ経済学の好事例となっている。

　同じような関係がチャンドラーとウィリアムソンについてもいえる。チャンドラーはデュポン社やGMの多角化プロセスの実証研究の結果、大量生産・大量販売戦略には垂直統合型組織、複数の事業・製品分野にわたる多角化戦略には分権的複数事業部制組織が適合的なことを明らかにした。しかし、チャンドラー自身はなぜそうなのかについて理論的な答えを用意したわけではなかった。このチャンドラーの歴史研究に理論的な整合性を与えたのがウィリアムソンの「情報の偏在・機会費用・取引費用理論」であった。初めにチャンドラーの経験的データの有用性に気づいたのはウィリアムソンであった。彼は『市場と企業組織』の中でチャンドラーの複数事業部制に関する解説を以下のように引用したうえで、彼なりの理論的説明を加えた。

「チャンドラーは多数事業部が成功した理由をつぎのように特徴づけている。
　『それ（複数事業部制組織―筆者注）が成功した基本的理由は、まさしく、それが、比較的企業全体の運命に対して責任を負っている経営者を、比較的ルーティン性の多い業務的な活動からはっきりと解放し、したがって、彼らに長期的計画および評価をおこなうための時間と情報、それに心理的コミットメントまでもあたえたところにあった。
　新しい構造は、既存資源の配分と新資源の獲得に関する広範な戦略的決定を、トップに立つゼネラリストのチームの手に託した。業務的な仕事の負担と戦術的決定から解放されると、経営者が企業全体のなかの一つの部分だけの立場を反映しているという可能性は少なくなる。』
　もっと一般的には、M型革新の特徴と利点はつぎのように要約できる。
　1．業務的決定（operating decisions）の責任は（事実上独立な）事業部、ないし準企業（quaifirms）に割り当てられる。

2. 総合本社直属のエリート・スタッフは助言および監査の機能を果たす。これらはともに、事業部の行動に対する統制をいっそう強力に確保する効果がある。
 3. 総合本社は主として（たがいに競合する）事業部のあいだへの資源配分を含む計画、評価、統制にかかわる戦略的決定にたずさわる。
 4. 総合本社を日常業務から分離することによって、総合本社の管理者たちは、各職能部門の問題に心を奪われることなく組織の全体的な成果に関心をおくよう、心理的コミットメントをあたえられる。
 5. 結果として生じる構造は合理性とともに相乗効果をしめす。すなわち、全体は部分の和よりも大きい（より効果的で、より効率的である）」
（Williamson, 1975；邦訳 1980, pp. 229-231）。

　長々と引用したのは、ウィリアムソンがチャンドラーの実証研究にどれほど大きな影響を受けていたかを確認するためであったが、この関係は後に相互依存関係に発展する。チャンドラーは、『経営戦略と組織』に続く『経営者の時代』では、経済学者が近代的な経済制度すなわち企業形態に関心を払うようになったと、序章においてウィリアムソンの名前を引用したに過ぎなかったが、最新作の『スケール・アンド・スコープ』では、第2章における近代企業の概念規定でウィリアムソンを最大限に引用するまでになったのである（Chandler, 1990）。

　ペンローズやウィリアムソンとチャンドラーとの関係のように、経営史研究は史実を丹念に実証することであり、それを理論化するのは経済学者あるいは経営学者の仕事である、といった分業関係と規定することもできる。そのとき、経営史研究の方法論とは個別事例の実証研究であるということになるであろう。経営史研究とは、ストイックに史実を丹念に追うことにその使命があり、そこから一般化や理論化を行う作業はむしろ経済学者や経営学者の仕事だという分業的な考えである。歴史家はただ単に史実を明らかにし、その理論化は、経済学者や経営学者に任せておけばよいという非自律的な考

え方でもある。しかし、ただ単に歴史的事例を羅列するのが歴史家の仕事なのだろうか。さらに、方法論として問題となるのは、この分業関係に相互浸透が起こった場合である。すなわち、何らかの一般化を試みるために丹念に史実を追う経営学者と、丹念に史実を追っていくうちにかなり一般化できうるような命題に突き当たってしまった経営史家、その間に本質的な違いはあるのかという問題である。この両者に基本的な違いがないとするならば、それはただ単に歴史家あるいは経営学者というネーミングの違いとなってしまう。もしそうならば、方法論上において両者に決定的な違いをみつけることは難しい。ともに何らかの理論化あるいは一般化を求める理論上のアプローチの違いに過ぎないからである。ストイックに一般化をしないことが歴史家の自己規制的レゾンデートルなのであろうか。

3 歴史的時間軸の曖昧性

　一般化をするのか否かは問わずに、歴史研究の独自の方法論を時間軸の長さに求める見解もありえる。この主張にあってとくに重要な視点は、因果関係を短期的な要素還元に落とさず、長期的かつ累積的な因果関係の中に見出すという点である。しかし、この主張も方法論に関しては何の意味もない主張であることが、賢明な読者はすぐに理解されるであろう。

　まず第1の限界は、長期的なタイムスパンを歴史学研究の基礎とするだけならば、きわめて長期的なタイムスパンと複雑かつ累積的な因果関係から事象の一般化を試みる経営学との差別化ができないことである。第2の限界は、長期的という言葉の曖昧性である。50年以上であれば歴史的であって、49年ならばそうではないのか。いったいどの基準をもって長期というのかが少なくとも方法論的には厳密性を持ちえない。

　この曖昧な長期性を基礎に歴史の独自性を主張するのではなく、第1次資料のアヴェイラビリティー（入手可能性）から、歴史研究と現代企業研究との間、すなわち経営史学と経営学の間に決定的な違いをみようとする主張もあ

る。前述したように、経営の意思決定プロセスを主体的かつ自律的に研究する点においては経営学も経営史学も大きな差はない。しかし、企業の意思決定プロセスに関する1次資料の入手可能性は現代に近くなればなるほど困難になり、その分史実から離れた演繹的な推論に頼らざるを得ない事態が生じる。ここに演繹的な推論すなわち机上の理論化を行う経営学と、豊富な1次資料から帰納的な推論を行う経営史学との基本的違いを見出そうという主張である。

すなわち、歴史家は史実からの帰納的な理論構築を行い、経営学者はむしろ演繹的な理論構築の手助けに史実を利用するという方法論の違いである。そして、1次資料の入手可能性は事後数十年という年月を必要とするため、歴史家の作業は長期的な時間軸を視野に入れた論理展開となる。しかし、この主張もよく考えてみれば、歴史研究自体の方法論に関する議論ではなく、一般化を最終目的とする学問領域における「演繹」か「帰納」かという手段に関する議論に過ぎない。このロジックの限界は、つい4、5年前の企業の意思決定に関する1次資料が大量に入手された場合を考えれば自ずと明らかであろう。この事例に、歴史研究あるいは経営学研究という境界を引くことができるのだろうか。

4 複雑系・非決定論・比較制度分析

それでは、経営史学自身の決定的な方法論はありえるのだろうか。社会科学者が陥りやすいいくつかの呪縛から解き放たれれば、それは十分にありえる。まず、はじめに「一般化」という呪縛から解き放たれることである。すなわち、人間という唯一無二の集合体が累積的に構築していく歴史に一般化などありえないという認識に立つことである。

「水は零度になると凍る」といった自然科学のような絶対法則は、社会科学には存在しない。したがって、社会科学は非決定論的な立場に初期地点を置かなければならない。沼上（1995；1997）はこの「非決定論」的な考え方か

ら、経営学におけるシングルケースと間接的な因果関係の重要性を強く主張する。この非決定論的な考え方は歴史学においてとくに重要である。そこでは、歴史の法則性や循環性（いわゆる「歴史は繰り返す」）といった考え方は否定され、「歴史にはそれ自体で固有の意味がある」という「歴史の絶対性」が全面的に主張できるからである。なぜ、歴史にはそれだけで意味があるのかといえば、人間によって構成される歴史には、人間と同様に唯一無二の固有性があるからである。歴史とはある特定地域における特定人物たちによって繰り広げられる特定事象の累積的な蓄積であり、そのいかなる断面における一現象であっても、固有の歴史的経路のうえに依存しており、その独自性は普遍ということができる。

　この合理性を超えた経路依存（path dependence）に関しては、ポール・デイヴィッド（David, 1985）のいわゆるQWERTYが有名だが、その統合化を早くから主張してきたのはブライアン・アーサー（B. Arthur）である。複雑系経済学の始祖ともいうべき彼は、モデルとしての正当性を繕うために要素還元に明け暮れ、およそ現実とはかけ離れた世界を描く近代経済学を批判し、要素還元や単純化できない現実の複雑性を扱う経済学を主張した（Arthur, 1994）。一例からいえば、市場においてある種の製品が支持されるのは人間の合理的な判断というよりは、何らかの理由によって誰かがその製品を購入したことによって他の人の意思決定に影響が生まれ、次第にその輪が累積的に大きくなることによって意思決定が固定化すなわちロック・イン（lock-in）されていくというのがむしろ現実であるという主張である。この主張は最近のネットワーク外部性と共通する現象をいちはやく明らかにしたもので、その先進性は高く評価されてよい。歴史的な経路依存性とロック・インという考え方は、青木昌彦を中心とした比較制度分析に共通する考え方である。比較制度分析では、各国の制度はそれぞれの経路依存の上に成立しており、単純な合理制の上に比較することはできない複数均衡の世界であると認識する。また、それらの諸制度は歴史プロセスの過程で相互に依存性を高めていくという相互補完性（complementarity）を持っているという点も強調される。ア

ーサーの表現でいえばロック・インである。

　青木（1992）の比較制度分析を理論的バックボーンとしながら戦後日本の経済システムを分析したのが岡崎哲二である。岡崎（1993）は戦前の日本の企業システムと戦後のそれを比較することによって、株主の権限、雇用調整のあり方、直接・間接金融の比率などを丹念に分析した。その結果、日本の戦前と戦後の経済システムの間には大きな断絶が存在したことを明らかにした。

　岡崎が描き出した戦前日本の経済システムは、株主が大きな発言権を有し、配当性向も高く、また不況期における雇用調整も人員整理によるものであった。すなわち、戦前の日本にはきわめてアングロ・サクソン・モデルに近い経済システムが存在していたということであった。しかし、戦時統制経済によってこうしたアングロ・サクソン・モデルは一掃され、間接金融を中心とした長期雇用に基づいたいわゆる日本型企業システムが出現したことを明らかにした。こうして戦中に出現した諸システムは相互に補完関係を強めながら不可逆的に進化した。岡崎の優れた実証に基づいた問題提起は、戦後経済システム研究者ばかりでなく多くの経済史・経営史家に影響を与えた。

　しかし、戦後型日本企業システムの形成を、戦時統制経済を一つのビッグプッシュとして不可逆的に進行したとする岡崎の見解には、戦後のアメリカニゼーションと戦後改革が位置づけられないという批判が寄せられた。橋本寿朗と橘川武朗である。橋本（1996）は戦後のアメリカニゼーションと戦後改革を重視し、橘川は比較制度分析の理論的前提すなわち「個別企業に対する制度の優位性」を批判しただけでなく、労使関係・生産管理・品質管理さらには消費動向・流通構造・取引慣行そして企業金融などにおける変化から、1960年代前半の重要性を強調したのであった。この２人の批判は史実においてそれぞれに正当な根拠を持つが、方法論において岡崎と同様の誤りを犯している。すなわち、橋本は発生・洗練・制度化という３つの段階を想定し、日本型システムが統制経済・戦後改革というシステムワイドな変化を経て戦後発展の中で補完関係を強めていくと結論しており、進化的なアプローチを

主張しながらも、比較制度分析同様に制度の優位性は自明としているのである。その意味において、橋本も岡崎同様に「企業は制度に従う」と主張しているに過ぎない。

橘川（1997）は橋本を上記の視点から批判しながら、最後には制度成立の「画期性を1960年代前半に求める」という源流探しを継承するという、同じ過ちを犯している。主体的な企業行動を重視しながらも、制度成立の起源を議論するのでは鶏と卵の議論同様の結果に陥ってしまい、企業の主体性はやがて制度の中に埋没してしまう。

われわれはこうした源流探しや制度成立の一般化に訣別する勇気を持たなければならない。歴史は常に進行し累積の中から一つひとつの断面が生まれていく。その断面に生きる経営者はそれまでの累積を与件としながら、意思決定を重ねていく。その意味では、源流探しに歴史の意味が存在するわけではなく、累積される一瞬一瞬の瞬間に環境をイナクト（enact）する経営主体の主体的意思決定こそが重要な意味を持つのである。

歴史学固有の方法論としては、システム成立の起源とは無関係に、常に歴史上の一瞬を判断する経営主体の意思決定プロセスを記述することが前提とされなければならない。岡崎批判は起源の時点に対するものではなく、源流探し自体に向けられなければならないのであった。

5　逸脱の研究：不規則性とイノベーション

岡崎あるいは比較制度分析に対する批判で、「源流探し」よりももっと重要なポイントは制度的相互補完とビッグプッシュという考え方に対するものである。複雑系あるいは比較制度分析の考え方で重要なのは歴史的な経路依存とプロセス進化の中で生まれるロック・インあるいは制度的相互補完である。この2つの概念こそ歴史の固有性を決定づける重要な分析視角であった。しかし、制度の戦略的補完性あるいは相互補完性を重視する比較制度分析では、補完性が強まるに従って制度変革は難しくなり、システムワイドな変革

は外からのビッグプッシュに期待せざるを得ないという他律的な歴史観になってしまう。すなわち、企業制度などは他の制度のあり方に大きく依存するために、戦略的な補完性を追求する。そうすると制度間の相互補完はますます強固になり、システムワイドなビッグプッシュ以外に変化は起こりえないというロジックである。『現代日本経済システムの源流』の奥野論文（1993）の比喩を借りていえば、「多くの人間が昇り降りする狭い階段で自然にできあがった右側（あるいは左側）通行」を、俺は左側（あるいは右側）がいいといって歩き出し、しかも全体の流れをも変革してしまう、といった状況は想定しえないのである。

　しかし、歴史においては合理性を超えて、新たな選択が始まる瞬間はいくつも存在する。単純な気まぐれもありえるが、制度変革をも引き起こすような逸脱が外性的にではなく内性的に起こることがある。科学史の言葉でいえばまさにパラダイム・シフトと呼ぶべき現象であり、シュンペーター（J. A. Schumpeter）の言葉でいえばそれは創造的破壊を伴うようなイノベーションのことである。もちろんイノベーションには、それまでのパラダイムを完全に破壊するものばかりではなく、維持強化するタイプも存在する。プロセス・イノベーションやニッチ創造と呼ばれるようなイノベーションである。しかし、この逸脱で問題となるのは、既存の技術・生産体系あるいはマーケットのあり方自体を破壊するようなアーキテクチャルなイノベーションのことである。なぜこうしたイノベーションさらにはそれを遂行する企業家が歴史上のある時点に出現、時には群生するのか。この逸脱現象の研究こそ経営史学の真の課題であると鋭く指摘したのは山下幸夫であった。われわれが解き放たれなければならないもう一つの呪縛とは、規則性と多数決という呪縛なのである。

　山下（1968）は、「人間は制度や状況の累積下で利潤極大化を求めて合理的選択を行う」という合理的な「経済人（homo economics）」的な分析視角ではなく、経営史研究における個人の重要性を指摘した。アーサー・コール（A. H. Cole）の言葉でいえば、「ジョン・スミスが利潤に鋭い嗅覚を持っていな

くとも、ビル・ジョーンズがいずれそれを発見する」、といった非主体的経済人の匿名性ではなく、「ジョン・スミス」その人でなければならないという企業家の重要性を強調したのである。しかし、山下は、この企業家重視の考え方は、経済人の考え方を排除しないということも同時に指摘した。

　「経営史学における人間研究の本来の意図は、『ホモ・エコノミックス』としての人間像を前提した上で、その上にたってなおこの規定から逸脱する事態が生じた場合、それをどのように把握すべきかという問題を提起するのである」(山下, 1968, p. 202)。

　すなわち、逸脱は特殊現象であり、多くの場合は合理的経済人による意思決定が大勢を占めるという認識である。この認識は経営史学の方法論としてきわめて重要である。なぜならば、「逸脱」こそ歴史の固有性と絶対性を前提とする経営史学の究極の研究対象ではあるが、この逸脱はきわめて例外的特殊現象であり、その意味では不規則現象だからである。したがって、不規則現象を究極の目的とする経営史学にとって、規則性の究明こそがその前提とならざるを得ない。そのため、逸脱を研究する経営史家の中心的な仕事は、実は合理的経済人による規則性の研究に多くを費やさざるを得ないという前提があるのである。その意味では、経路依存・ロック・インあるいはネットワーク外部性・相互補完性などの究明は、日々たゆまざる研究の基礎といえる。しかし、それはすべて不規則性の発見のためだというのが、本章の最も主要な主張である。

　こうした意見はあまりに偏向したものに聞こえよう。しかし、社会科学における逸脱の研究こそが人類の本質を問うている事実を忘れてはならない。社会学者石田忠は原爆体験とナチ収容所における捕虜体験という極限状況を研究するに当たり、多くの人が陥る精神の「漂流」に対して、ほんの一握りの人間による「抵抗」が存在することを明らかにし、こう問うた、「この少数の人々は例外なのか、あるいはこの2人がいるからこそ人類は人類たりえ

るのではないか」と。その主張の根拠となったフランクルの『夜と霧』をそのまま引用すれば、「囚人の中で、自分の内的自由を完全にまもり、受苦が与える価値をわがものとした人々はほんの僅かであった。しかしこのような例の一つでも、人間の内面の強さは人をしてその外的な運命をのり超えさせるということを十分に証明するものである」(Frankl, 1963, p. 107)。

6　おわりに：主観として歴史学

本章では、歴史研究とくに個別ケースを重要視する経営史学における方法論について考察してきた。ここでの主要な結論は、経営史学の方法論は以下の2つの前提が必要であるというものであった。

①歴史研究における史実の固有性と絶対性認識による一般化・理論化との訣別。

②規則性・多数性との訣別、そして不規則性・逸脱性の発見。

①の内容とは、歴史は人間の営みゆえに唯一無二の固有性があり、それ自体で絶対であると認識することが歴史研究の前提であるということである。したがって、経営史家の仕事は、長期的データの中から一般化・理論化をなしうるような経験的データを収集することに主眼があるのではなく、その固有性自身に目を向けることにある。しかし、それは単に史実の羅列をしていくことを意味するわけではない。なぜ、そうなったのかについては論理的な説明がなされなければならない。しかし、因果関係の論理的な説明をするということは、一般的な理論化を行うということとは違う。そもそも歴史的現象のすべてを認識・記述するなどということは、人間の認知限界を超える。したがって、歴史家が史実を記述するということ自体がすでに主観的作業である。歴史の客観性を主張する向きもあるが、記述された歴史はすでに認知限界を主要因とした「事象の選択」が介在しており、選択プロセスには必ず主観が介在することは自覚されなければならない。さらに、事象の因果関係に論理的な説明を加えるということは、さらなる主観が介在するということ

である。疑いなく、記述された歴史とは主観的成果なのである。

　ここであえて歴史の主観性を主張する理由は、客観的史実の存在を否定することに主眼があるわけではない。強調したいことは、歴史を記述するという作業における歴史家自身の史実選択能力の重要性、別言すれば歴史家の創造力と想像力に対する重要性と、それゆえに生ずる責任の重大性に対する自覚を喚起するためである。すなわち、歴史家が記述する歴史は必ずや主観的であり、史実の選択プロセスこそ歴史家の命であり、記述された歴史に対して歴史家は全責任を引き受けなければならないのである。

　②の内容は、経営史家の究極の目標は「規則性からの逸脱の発見」すなわち不規則現象の因果説明にあるという主張である。すでに、本文で述べたように、歴史研究の最大の特徴は各国・地域・企業・個人における歴史固有性を絶対視することである。しかし、歴史固有性の強調は経路依存・ロック・イン・相互補完という固有性を強調するロジックの中で現状固定・逸脱排除の結論に収束しやすい。しかし、歴史現象の核心は逸脱あるいは不規則性の生起にあって、歴史は常に位相変化を伴う発展に彩られてきたのである。しかし、逸脱・不規則性の説明は常軌・規則性を前提することなしにはできない。ここに、山下（1968）が指摘した「合理的経済人を前提とした逸脱研究としての経営史学」の本質がある。

　すなわち、歴史における逸脱あるいは企業家機能の発揮（イノベーションの遂行）などはそもそも頻発するような事象ではない。したがって、経営史家の日常の仕事とは大多数の合理的経済人の経営行動の因果関係の論理的説明の明け暮れである。ただし、その日常のルーティンはすべて逸脱・不規則性の因果説明を行うために存在している、ということがここでの主要な論点なのであった。

　しかし、この主張は目に映るほど奇異なことではない。たとえば、経営学におけるベスト・プラクティス研究にせよ逸脱の集大成に過ぎない。ベスト・プラクティスが学問対象として意味をなすのは、その対局に数々の平凡な規則性が存在するからである。

一般化や理論化の呪縛から逃れ、逸脱・不規則性・主観という方法論に目を向けたとき、経営史研究とくに企業家史研究とイノベーション研究は歴史家の主観的創造力と想像力を集大成する最も魅力的な黄金の研究テーマということがはっきりと理解されよう。

引用文献

青木昌彦「システムとしての日本企業」『季刊理論経済学』第43巻第5号、1992年

Arthur, W. B., *Increasing Returns and Path Dependence in the Economy*, The University of Michigan Press, 1994.

Chandler, A. D., *Strategy and Structure : Chapters in the History of the Industrial Enterprise*, Cambridge, Mass.：MIT Press, 1962.（三菱経済研究所訳『経営戦略と組織』実業之日本社、1967年）

Chandler, A. D., *The Visible Hand : The Managerial Revolution in American Business*, Cambridge, Mass.：Belknap Press of Harvard University Press, 1977.（鳥羽欽一郎・小林袈裟治訳『経営者の時代：アメリカ産業における近代企業の成立（上・下）』東洋経済新報社、1979年）

Chandler, A. D., *Scale and Scope : The Dynamics of Industrial Capitalism*, Cambridge, Mass.：Belknap Press of Harvard University Press, 1990.（安部悦生他訳『スケール・アンド・スコープ：経営力発展の国際比較』有斐閣、1993年）

Cole, A. H., *Business Enterprise in its Social Setting*, Cambridge：Harvard University Press, 1959.

David, P., "Clio and the Economics of QWERTY," *American Economic Review*, Proc. 75, 1985, pp. 332-335.

Frankl, V. E., *Man's Search for Meaning : An Introduction to Logotherapy*, New York：Pocket Books, 1963.

橋本寿朗「企業システムの『発生』、『洗練』、『制度化』の理論」橋本寿朗編『日本企業システムの戦後史』東京大学出版会、1996年

石田忠『原爆体験の思想化』未来社、1986年

沼上幹「個別事例研究の妥当性について」『ビジネス・レビュー』第42巻第3号、1995年

沼上幹「行為システムの環境と変数のシステムとしての環境」『一橋論叢』第118巻第5号、1997年

岡崎哲二「企業システム」岡崎哲二・奥野正寛編著『現代日本経済システム

の源流』日本経済新聞社、1993年
奥野正寛「現代日本の経済システム：その構造と変革の可能性」岡崎哲二・奥野正寛編著『現代日本経済システムの源流』日本経済新聞社、1993年
Penrose, E. T., *The Theory of the Growth of the Firm*, Oxford：Basil Blackwell, 1959.
橘川武朗「戦後日本経営史研究の新視角：1960年代前半の画期性」『経営史学』Vol.32、No. 2、1997年
Weick, K. E., *The Social Psychology of Organizing*, 2nd ed., New York：Random House. 1979.
Williamson, O. E., *Markets and Hierarchies, Analysis and Antitrust Implications：A Study in the Economics of Internal Organization*, New York：The Free Press, 1975.（浅沼萬里・岩崎晃訳『市場と企業組織』日本評論社、1980年）。
山下幸夫「経営史学：その問題点と方法(1)」『中央評論』Vol. 20、No. 2、1968年
米倉誠一郎「経営史学への招待」『一橋論叢』Vol. 111、No. 4、1994年
米倉誠一郎「企業家および企業家能力」『社会科学研究』第50巻、1998年

参考文献
沼上幹『液晶ディスプレイの技術革新史：行為連鎖システムとしての技術』白桃書房、1999年
沼上幹『行為の経営学：経営学における意図せざる結果の探究』白桃書房、2000年
ワールドロップ, M.ミッチェル（田中三彦・遠山峻征訳）『複雑系』新潮社、1996年
米倉誠一郎『経営革命の構造』岩波新書、1999年

第1部

産業の成長

第一篇

車業の成立

第1章

日本における鉄道の高速化

1 はじめに

「鉄道の発展の歴史は、高速化の歴史である」といっても過言ではないであろう。とりわけ長距離旅客輸送の分野では、高速化は決定的に重要な技術開発上の課題であり続けている。日本でも鉄道の創設期以降、欧米と同様に長距離旅客列車の高速化が追求されてきた。しかし、1940年代後半以降、日本では欧米とは異なる高速化の経路が形成されてきた。具体的にいえば、日本では電車列車に代表される動力分散方式による高速化が進められてきたのに対して、欧米では機関車牽引客車列車に代表される動力集中方式によって高速化が進められてきた。その結果今日、長距離旅客輸送の分野において、日本では動力分散方式が支配的になっているのに対して、欧米では動力集中方式が支配的になっているのである。このような列車方式における日本の特殊性は、1964年10月に開業した東海道新幹線に顕著に見出すことができる。

東海道新幹線は、その建設当時に輸送力の限界に達しようとしていた東海道線（在来線）の輸送力を根本的に増強することを直接的な目的として建設された。その一方で東海道新幹線の建設では、既存の鉄道システムにとらわれない高速輸送機関としての最適な鉄道システムの構築がめざされていた。その結果東海道新幹線は、営業最高速度が200 km/hを超える、その当時世界に類例をみない高速鉄道として開業したのである。東海道新幹線の成功後、日本において新幹線網が拡大していくとともに、フランスやドイツなどでも、東海道新幹線に学んで高速鉄道の建設が行われるようになった。

東海道新幹線が、鉄道の高速化の歴史に非連続性をもたらしたイノベーションであるということは、すでに広く認められているであろう。本章で問題としているのは、東海道新幹線が「革新的であるかないか」ではなく、「どのように革新的であるか」ということなのである。つまり、革新性の中身が問題なのである。この問題を考えるうえで、日本国有鉄道（国鉄）の技師長として東海道新幹線の建設において中心的な役割を果たした島秀雄の次の言葉は、重要な手掛りとなる。

　「東海道新幹線が主張する特長の最たるものは動力集中の機関車牽引方式を排して動力分散の電車方式を採用し電化鉄道の可能性を最高に追及せんとして居る点にあるのである。
　　世界の鉄道界においては一般に、非電化区間との連絡があり又貨物列車を牽引する機会をも考慮する永年の空気の中に居るもので機関車牽引方式が先づ念頭に浮かぶのであって、電車方式は国家の幹線鉄道としては一格低く見られていたものであった。そんな中で我が国に東海道新幹線が完工して 500 km の高速鉄道線として新発足した時欧米において最も注目されたのはその新しいシステムの選択であった」（島, 1987, p. 59）。

　この島の言葉から、次の2つのことを読み取ることができる。一つは、東海道新幹線が建設された当時、長距離幹線鉄道では、電車列車ではなく機関車牽引客車列車が伝統的に支配的であったことである。もう一つは、東海道新幹線では旅客列車が電車列車となっていることである。これらのことから、東海道新幹線の革新性の特質が、伝統から逸脱して、旅客列車が機関車牽引客車列車ではなく電車列車となっていることにあることがわかる。このことは、高速性の点において新幹線と並び称されるヨーロッパの高速鉄道 TGV（フランス）や ICE（ドイツ）との対比によって、一層明確になる。
　TGV や ICE では、ごく最近になってようやく電車列車の採用が試みられ

るようになってきているものの、基本的に旅客列車は機関車牽引客車列車の発想に基づいて開発されてきている。TGVやICEは、東海道新幹線の成功に学んで建設されたにもかかわらず、列車方式の点では機関車牽引客車列車の発想を依然として引き継いでいるのである。このことからも、東海道新幹線の革新性が、電車列車の採用という列車方式の選択に求められることが理解できよう。ではなぜ、東海道新幹線では、旅客列車が電車列車となったのであろうか。

　上述したように、現在日本の長距離旅客輸送の分野においては、動力分散方式が支配的となっている。したがって事後的にみれば、東海道新幹線の列車方式として動力分散方式である電車列車が採用されたことは、ごく当たり前の技術選択のように思えるかもしれない。しかし日本でも、明治の鉄道創設期から1950年代まで、欧米と同様に長距離旅客輸送の分野では、動力集中方式が支配的であった。1950年代までは異端であったともいえる動力分散方式である電車列車が、なぜ東海道新幹線という長距離旅客列車に採用されるまでに至ったのであろうか。その理由として、電車列車の技術特性が、日本の鉄道システムに適していたことがしばしば指摘される。

　しかし、長距離旅客列車を電車化することが国鉄の一部の技術者たちによって構想されはじめた時点においては、現在日本ではすでに一般化している長距離高速電車を、日本のみならず世界の鉄道において見出すことはほとんど不可能であり、今日すでに顕在化している電車列車の技術特性は潜在的でしかなかった。そのため、長距離旅客列車の電車化という発想は、その当時の鉄道における常識から逸脱したものとみなされがちであった。新幹線旅客電車に代表される長距離高速電車を実現させるまでには、長距離旅客列車の電車化を構想した技術者たちが、在来線用の長距離高速電車の開発を通じて、当初逸脱と思われていた自らの構想を正当化していかなければならなかったのである。

　本章では、長距離旅客輸送の分野において、高速化の進展とともに、電車列車の支配性が高められていった過程について、「逸脱した構想」が「正当

化された構想」へと変化していく過程に焦点を当てながらみていく。

2　列車方式と電車化構想

　この節では、まず本章で焦点を当てている列車方式について説明する。このことによって、長距離旅客列車の電車化がなぜ逸脱した構想であったのかを明らかにする。そのうえで、長距離旅客列車の電車化の構想について説明する。

1　電車列車の技術特性

　機関車牽引客車列車と電車列車はそれぞれ、動力集中方式と動力分散方式という異なる列車方式に属する。両者は、列車の編成構成における動力装置あるいは動力車の配置の仕方によって区別される。

　動力集中方式は、動力装置を列車編成の一部に集約して装備する方式である。その典型である機関車牽引客車列車は、動力車である機関車が動力装置を装備していない客車を牽引するタイプの列車である。他方動力分散方式は、動力装置を列車編成全体に分散して装備する方式である。その典型である電車列車では、動力装置が列車編成を構成する複数の車両の床下に分散して装備されている。このような動力装置の配置の相違は、旅客の乗り心地に大きく影響する。機関車牽引客車列車では、機関車と客車というかたちで動力装置が旅客から分離されるので、列車走行時に発生する振動や騒音が旅客から遮断される。それに対して電車列車では、旅客が乗車するスペースの床下に動力装置が装備されているので、振動や騒音が直接的に旅客に伝わり、乗り心地が悪くなってしまう。この「乗り心地の悪さ」は、電車列車の大きな短所である。その一方で電車列車は、次のような技術特性により、「機動性」の点で機関車牽引客車列車よりも優れている。

　　軽軸重……軸重（車軸1本当たりの車両重量）が軽ければ、走行時に列車が軌道に与える負荷が小さくなるので、列車の速度向上に有利となる。

高加速・減速性能……加速・減速性能が高ければ、高速走行距離が長くな
　　るので、所要時間の短縮というかたちで高速化につながる。
　高制動性能……制動（ブレーキ）性能が高ければ、高速走行を行っても安
　　全性を維持できる。
　高車両運用効率……電車列車は折り返し運転が簡単に行えるので、車両運
　　用効率が高くなる。
　以上のように、機関車牽引客車列車と電車列車は、相互に一方が他方より
もすべての点で優れているわけでない。両者には、それぞれ長所と短所があ
るのである。こうした技術特性は、列車方式の棲み分けの形成に大きな影響
を与えた。国鉄では創設期以降、特急列車、急行列車、準急列車などの長距
離旅客列車は、一貫して機関車が客車を牽引する機関車牽引客車列車であっ
た。その一方で電車列車の運用は基本的に、大都市の近距離旅客輸送の分野
に限定されていたのである。
　電車列車の運用が、近距離旅客輸送の分野に限定されていた主たる理由は、
乗り心地の点において、電車列車が機関車牽引客車列車に劣るということに
あった。乗り心地が悪いということは、電車列車の長距離運転を実施するう
えでは致命的な短所であると考えられていた。長距離旅客列車は、たとえば
東京～大阪間などの長距離を走行する列車であるので、当然旅客の乗車時間
が長くなる。したがって、長距離旅客列車においては、乗り心地がサービス
上の重要な要素となるのである。そのために、長距離旅客列車は電車列車で
はなく機関車牽引客車列車であることが一般的になっていたのである。
　すでに説明したように、電車列車は乗り心地の点では機関車牽引客車列車
よりも劣るものの、軽軸重、高加速・減速性能、高制動性能、高車両運用効
率などの技術特性により、「機動性」の点においては優れていた。短距離を
多数の駅に停車しながら頻繁運転される近距離旅客列車では、乗り心地より
もむしろ機動性が重要となる。そのために、電車列車は長距離旅客列車には
適さないけれども、近距離旅客列車に適していると考えられていたのであっ
た。ところが1940年代後半になると、電車列車を特急列車、急行列車、準

急列車などの長距離旅客列車に運用することが一部の国鉄技術者たちによって構想されはじめられるようになった。その一方で、乗り心地の悪さゆえに電車列車の運用は短距離旅客輸送の分野に限定されていたために、長距離旅客列車を電車化するという構想はなかなか理解を得ることができなかったのである。

2 電車化構想

　列車方式の運転距離による棲み分けが確立されていた中で、長距離旅客列車を電車化するという構想を推進していった中心人物は、後の東海道新幹線の建設において技師長として重責を担った島秀雄であった。島は、太平洋戦争終結直前の時期から長距離高速電車の開発を構想し、その実現のための基礎的な調査を開始していた。太平洋戦争終結後、国鉄において戦後復興が総力をあげて進められていく過程で、島は復興後の国鉄における新しい総合的輸送体系のあり方を模索していた。その中で長距離旅客輸送の分野について島は、軽軸重、高加速・減速性能、高車両運用効率などの技術特性を持つ電車列車の高い機動性に着目し、電車列車による幹線旅客輸送を構想しはじめていたのである。

　その一方で同時に島は、長距離高速電車を開発するためには、その当時の電車の決定的な短所であった車両振動を改善することが重要な課題の一つであることも認識していた。ところがその当時、車両振動が生じるメカニズムについての本格的な解析はほとんど行われていなかった。このような状況において島は、電車の振動を改善するためには、まず車両の振動理論を確立することが必要であると考えた。この考えを実現させるために島は、1946年12月に「高速台車振動研究会」を発足させた。この研究会では、車両振動を改善するために解決すべき課題が明らかにされるとともに、その解決に向けた基本的な方向性についても検討が加えられた。高速台車振動研究会は、1949年4月に開催された第6回をもって終了した。その後車両振動研究は、台車に関する要素技術の開発における課題として進められた。その成果は、

在来線長距離高速電車の開発で活用され、さらには新幹線旅客電車用の高速台車に結実することになる。

高速台車振動研究会にみられるような一連の車両振動研究では、太平洋戦争終結後国鉄に受け入れられた航空機分野出身の研究者・技術者が、重要な役割を果たしたことも注目される。たとえば第1回目の高速台車振動研究会で発表された研究成果は、すべて航空機分野出身の研究者・技術者によるものであった。海軍航空技術廠から戦後国鉄に移り、高速台車振動研究会のみならず、その後の車両振動の理論化に多大な貢献をした松平精は、移籍直後に島から次のように要請されたという。

> 「私（島秀雄—筆者注）は将来の鉄道には電車型式の列車を高速で長距離に走らせたいと思っていますが、今この辺を走っている電車は、振動がひどいし、音もうるさいし、あんなものではやって行けません。これをぜひあなたの研究によって改良してもらいたい」(松平, 1993, p. 27)。

鉄道の分野では、「電車は振動が大きい」という考え方が、すでに強固に定着していた。こうした状況において、電車の振動を改善するために、振動現象の研究がすでに盛んに行われていた航空機分野出身の研究者・技術者に新しい発想を、島は期待していたのであろう。

高速台車振動研究会を設置し、長距離高速電車の開発を推進していた島は1948年に、車両開発部門である工作局の局長に就任し、国鉄における車両開発の責任者となった。その後、工作局では、「国鉄電化計画概要」という資料が作成された。この資料の中には、「大都市付近の近郊列車の電車化」「東海道線全線電化後の東京〜大阪間における電車列車の運転」などの内容が、計画・構想として示されていた。この計画・構想を背景にして、最初の長距離高速電車として事後的に位置づけられる80系「湘南電車」が開発されることになる。

3　長距離高速電車の萌芽

　この節では、後の長距離高速電車の萌芽と位置づけられる 80 系「湘南電車」の開発過程および運用の発展過程についてみていく。このことによって、電車列車が長距離幹線旅客輸送の分野へ導入されはじめた時期の国鉄の動向について明らかにする。

1　湘南列車の電車化構想

　東海道線東京〜沼津間（126.2 km）には、「湘南列車」と呼ばれる中距離普通列車が機関車牽引客車列車によって戦前から運転されていた。1940 年代後半になると、この湘南列車は、通勤時間帯の混雑が激しくなり、輸送力の増強が強く要請されるようになっていた。

　そこで、湘南列車の輸送力の増強方法が検討された。島秀雄を中心とする長距離高速電車の開発を構想していた技術者たちは、湘南列車を電車化すれば、高加速・減速性能、高車両運用効率などの高い機動性によって輸送力の増強ができると考え、湘南列車の電車化を主張した。しかし、営業距離が 100 km を超える旅客列車での電車運転の経験がなかったその当時の国鉄では、車両振動が大きく、乗り心地の悪い電車を営業距離が 100 km を超える旅客列車へ運用することは、旅客へのサービスの観点から問題視される傾向が強かった。こうしたことから、湘南列車の電車化については、なかなか理解が得られず、むしろ反対する意見が強かった。このことに関連して、島秀雄は次のようにいう。

> 「湘南電車の最大の難敵は、何といっても国鉄内部の機関車列車への執着であった」（島，1977, p. 103）。

　最終的には、電車列車の長所（機動性の高さ）が評価され、湘南列車を電車

化することによって、輸送力の増強がはかられることになった。そのために1950年に完成する車両が、80系「湘南電車」である。

2 80系「湘南電車」の開発

　80系電車の開発は、機関車牽引客車列車の置き換えが目的であった。そのため80系電車は、電車でありながら客車と同様の旅客設備を備えた車両として開発されることになった。たとえば80系電車では、客室と出入口がデッキによって区切られたタイプの車内レイアウトが採用された。こうしたタイプの車内レイアウトは、客車では一般的であったものの、電車では初めての試みであった。さらに80系電車では、将来の長距離高速電車の発展を意識し、車内設備だけではなく、車体や台車などについてもその当時としては斬新な技術が採用されている。

　電車でありながら、それまでは客車列車が果たしていた役割を与えられた80系電車は当初、「電動列車」と呼ばれた。その当時旅客輸送の分野において、「列車」とは一般に「長距離」運転される列車のことを意味していた。その一方で電車は、その運用が短距離旅客輸送の分野に限定されていたために、「列車」のカテゴリーには分類されなかった。そのため、「電車列車」ではなく「電動列車」という言葉が使われたものと思われる。電車の長距離運転が一般化した今日では、電車列車という言葉は一般化している。このような用語の点においても、80系電車が電車の伝統から逸脱した車両であったことが示されている。

　運用面や技術面において従来の電車とは大きく異なる特性を持つ80系電車の開発では、組織の点においても、それまでの電車開発の仕組みとは異なる新しい開発の仕組みが必要とされた。国鉄の車両開発は、工作局動力車課・客貨車課において行われていた。動力車課では機関車と電車の開発、客貨車課では客車と貨車の開発が、それぞれ行われていた。80系電車の開発においては、このような開発の仕組みが問題となった。80系電車は、電車でありながら客車の車内設備を持った新しいタイプの車両であった。このこ

とから、80系電車を「電車」と定義するべきなのか、あるいは「客車」と定義するべきなのかが問題となったのである。80系電車を電車と定義するのであれば、同電車の開発は動力車課の担当となる。客車と定義するのであれば、客車貨車課が開発を担当することなる。最終的には、車両開発部門に蓄積されてきた技術を有効活用するために、モーターや台車などの動力関係を動力車課が、車体構造や艤装などの車体関係を客貨車課がそれぞれ担当することになった。つまり、従来の「課」という枠組みを横断するかたちで、開発が進められたのである。それまでの電車開発とは異なる開発の仕組みの下で、開発が行われたことからも、80系電車が新しいタイプの電車であることが理解できよう。

3 湘南電車の運転開始と準急列車の電車化

　80系電車は1950年1月に完成すると、同年3月から運転が開始された。完成から営業運転開始までの試運転のための期間が短かったことなどから、80系電車は運転開始当初さまざまな車両故障に見舞われた。そのため一部の湘南列車については、80系電車による運転を中止し、機関車牽引客車列車に戻された。こうした臨時的措置によって、80系電車に改良工事が加えられた。その結果、次第に車両故障は減少し、安定した性能を発揮するようになった。機関車牽引客車列車から80系電車への置き換えによって、湘南列車の輸送力増強は当初の計画どおりに実現された。湘南電車は、その当時としては画期的な電車の長距離運転であった。

　湘南列車の電車化が実施された当時、東京と熱海・伊豆方面を結ぶ準急列車が機関車牽引客車列車によって週末に運転されていた。この準急列車に対する需要は大きく、その増発が検討されていた。そこで、80系電車の運用効率を高めるためにも、同電車を利用して週末に東京〜熱海・伊豆方面間に臨時準急列車を試験的に運転することが計画されるようになった。この計画は実行に移され、1951年3月から80系電車準急の運転が開始された。この80系電車準急は、「湘南準急」とも呼ばれた。湘南準急の運転開始によって、

臨時列車ではあったものの、電車による、特別料金を必要とする優等列車が国鉄に初めて誕生することになった。80系準急列車は、機関車牽引客車列車と比較すれば乗り心地は劣っていたものの、電車列車の利点である高い機動性を発揮し、利用者には好評であった。そのため80系電車準急は、臨時列車から季節列車を経て、1954年10月からは定期列車となった。

　湘南準急が発展していく一方で、東海道線の電化が推進されており、1956年11月に全線電化が完了した。その後、東京～名古屋間（366 km）と名古屋～大阪間（190.4 km）それぞれに、機関車牽引客車列車によって運転されていた準急列車の混雑が激しく、改善が要請されるようになっていた。そこで、これらの客車準急を80系電車によって電車化するとともに、その際に同時に列車の増設によって利便性の向上をはかることが計画された。この計画に基づいて、80系電車による準急「東海号」（東京～名古屋間）および準急「比叡号」（名古屋～大阪間）の運転が、1957年10月から開始された。電車準急「東海号」と「比叡号」はともに、湘南準急と同様に高い機動性を発揮した。たとえば、名古屋～大阪間の所要時間についてみれば、客車特急が途中1駅停車で2時間30分台であったのに対して、電車準急は途中10駅停車にもかかわらず2時間40分台であった。高い機動性を誇った「東海号」と「比叡号」は、利用者から好評であった。80系電車による長距離運転の実施は、長距離高速電車の可能性を示すものとなった。

4　長距離高速電車の発展・確立

　前節でみてきた80系「湘南電車」は、湘南列車の輸送力の増強を目的として開発され、その後次第に長距離旅客輸送の分野へと運用範囲を拡大していった。80系電車は開発当初から長距離高速電車として開発された電車というよりも、事後的に長距離高速電車として位置づけることができる電車である。この節では、80系電車とは異なり当初から長距離高速電車として開発された151系「こだま」形電車の開発過程および運用の発展過程について

みていく。

1　特急列車の電車化構想

東海道線の全線電化の見通しが立ちはじめた 1950 年代半ば頃になると、東海道線東京〜大阪間 (556.4 km) に運転されていた、伝統的看板列車である特急「つばめ号」と「はと号」の全線電化後のあり方が検討されるようになってきた。この時期すでに、80 系電車の開発によって長距離旅客列車の電車化の可能性が示唆されていた。しかしながら、1956 年 11 月の東海道線全線電化の時点においては、特急列車は機関車牽引客車列車で運転されることになった。このことは、機関車牽引客車列車を基本とした長距離旅客輸送体系が構築されていたその当時の国鉄においては、当然の選択であったといえよう。

その後特急列車の利用者は増加し、1957 年になると東海道線東京〜大阪・神戸間に特急列車が新たに 2 往復増設することが計画されるようになった。東海道線の全線電化によって、特急列車の東京〜大阪間の所要時間が 8 時間から 7 時間 30 分へと短縮されていたものの、最高速度は依然として 95 km/h であり、本格的なスピードアップとはいいがたかった。そこで旅客サービスの水準を向上させるために、新設される特急列車では、95 km/h から 110 km/h への最高速度の向上および制限速度の緩和によって、東京〜大阪間の所要時間を 6 時間 30 分に短縮することが計画されたのである。所要時間を 6 時間 30 分に短縮することができれば、列車ダイヤ上の工夫によって、目的地（東京・大阪）における滞在時間はわずかなものの、東京〜大阪間の鉄道による日帰り旅行ができるようになる可能性があった。このことから、新設特急列車はビジネスでの利用客を主たる対象とした「ビジネス特急」と呼ばれ、従来からの特急列車とはタイプの異なる列車とされた。

この計画を実現するためには、機関車牽引客車列車と電車列車のどちらが有利になるかが問題となった。技師長であった島秀雄[1]は、新設特急列車を電車列車とすることを考えていた。ところがその当時、長距離旅客列車は機

関車牽引客車列車であることが原則であった。このことから、国鉄内部では新設特急列車を電車化することに対して否定的な意見が強かった。

そこで島の指示によって1957年2月に「電車化調査委員会」が国鉄本社に設置され、新設特急列車に関する検討が開始された。電車化調査委員会では、機関車牽引客車列車と電車列車のどちらが有利となるかが、資金、効率、技術などの側面から検討された。最終的には、軽軸重、高加速・減速性能、高運用効率などの電車列車の技術特性が評価されるとともに、電車列車の欠点とされてきた乗り心地についての改善の見通しも立っていたことからも、新設特急列車は電車列車とする方が合理的であるという結論が出された。この結論を踏まえて、1957年11月に、1958年秋から東海道線に電車特急を運転することが正式に決定された。この新設特急列車は、「こだま号」と後に名づけられた。「こだま号」用に開発された車両が、151系「こだま」形電車である。151系電車は、500 kmを超える距離で営業運転するために開発された本格的な長距離高速電車である。

2 小田急 SE 車の開発と高速度試験

「電車化調査委員会」において、新設特急列車についての検討が行われている時期に、その電車化を促進する要因となった可能性のある興味深い出来事があった。それは、小田急電鉄の特急列車用高性能電車の開発と高速度試験の実施である。

1940年代後半以降小田急では、新宿〜小田原・箱根湯本間の特急列車の高速化が追求されていた。1950年代半ばになると、高性能電車の開発によって、高速化をはかることが決定された。技術力の点で制約のあった小田急は、国鉄の鉄道技術研究所に車両開発の協力（指導）を要請し、小田急と鉄道技術研究所の共同開発というかたちで開発が進められた。この共同開発により1957年6月に、最新技術が随所に採用された軽量・低重心・流線形・連接式電車である3000形電車が完成した。3000形電車は、SE（Super Express）車と呼ばれ、性能面では設計上145 km/h以上の速度での走行が可

能であるとされていた。SE 車は完成後、新宿〜小田原・箱根湯本間の特急列車として運用され、同区間の所要時間の短縮を実現させた。その一方で、小田急は SE 車の限界性能を確認するために、自社線路上で高速度試験を実施したものの、曲線区間が多く 145 km/h 以上の速度での走行状態を確認することができなかった。

そこで、小田急は国鉄に対して、SE 車の高速度試験を線路条件の優れている国鉄東海道線で実施することを要請した。私鉄車両の高速度試験を国鉄線路上で実施した前例はなく、国鉄内部ではこの要請に対して強い抵抗がみられた。しかし、長距離高速電車の開発を推進しようとしていた島秀雄らは、この高速度試験は鉄道技術の発展に貢献するものであるとして、小田急からの要請を受け入れることを主張した。最終的には、島らの意見がとおり、小田急 SE 車の東海道線での高速度試験が実施されることになった。

SE 車の高速度試験は、1957 年 9 月に実施された。この高速度試験では、145 km/h という速度が記録された。この速度記録は、その当時の狭軌鉄道における世界記録であった。このような私鉄車両の国鉄線路上での高速度試験という異例の措置のねらいは、技術的データを収集するということのみならず、国鉄内部に対して電車列車のよさをアピールすることにも置かれていた。このことについて、島秀雄は次のようにいう。

> 「私としては、このテストは国鉄の電車列車導入に対する基本的データの収集をねらったものだったが、それ以上に国鉄内部に対するプロパガンダだったのである」（島、1977, p. 105）。

SE 車の高速度試験において世界記録が達成されたことは、80 系電車による準急列車の電車化とともに、新設特急列車の電車化に少なからぬ影響を与えたものと思われる。国鉄の技術協力および高速度試験の実施といった SE 車にかかわる一連の動向については、国鉄という組織の内部では得にくかった長距離高速電車の可能性を検証する機会が、小田急という外部組織に求め

られたと解釈することができよう。

3　151系「こだま」形電車の開発

　すでにみてきたように、80系「湘南電車」の開発（1950年）によって、電車の長距離運転の有効性が示されつつあった。しかし国鉄では、依然として幹線輸送の中心は機関車牽引客車列車であったので、80系電車の開発以降、新系列の長距離高速電車の開発を直接的な目的とした技術開発は行われていなかった。その一方で、国鉄車両近代化の流れの中で、1950年代半ば以降、客車や通勤電車などでは新技術の開発が進められていた。これらの新技術の開発は、必ずしも長距離高速電車の開発を意図したわけではないものの、本格的な長距離高速電車である151系電車の開発に結果的に貢献することになる。

　電車特急の運転についての検討が行われている時期に、国鉄では通勤用の101系電車の開発が進められていた。1957年6月に完成した101系電車には、さまざまな新しい試みが盛り込まれていた。その中でも、カルダン方式の駆動装置と軽量小型モーターを組み合わせた動力システムは、電車の高速化と乗り心地の改善をはかるうえで決定的に重要な技術となった。さらに台車については、「高速台車振動研究会」の設置以降、車両振動を改善するための技術開発が継続されていた。その成果の一つとして、この時点では車両振動の大幅な低減を可能とする空気バネ台車の実用化が可能となっていた。これらの新技術が長距離高速電車で利用可能であることが、1957年10月に実施された101系電車の高速度試験において検証された。また1955年には、車体に本格的な軽量化構造が採用された軽量客車である「ナハ10」形が開発された。「ナハ10」形客車で採用された軽量化構造の技術は、電車の車体の軽量化で活用することが可能であった。

　これらの動力システム、台車、車体などについての新技術が採用され、1958年9月に本格的長距離高速電車として151系電車は完成した。151系電車にはこれらの新技術のみならず、浮床構造の床、固定窓、空気調和装置な

どの居住性を高めるための新しい試みが随所に採用された。その結果151系電車は、特急列車という最も格式の高い列車に運用するのにふさわしい快適な乗り心地の車両となった。

4　ビジネス特急「こだま号」の運転開始

　ビジネス特急「こだま号」の運転は、当初の計画では1958年10月に実施されるダイヤ改正に合わせて開始されることになっていた。「こだま号」の運転開始は、このダイヤ改正における重要項目の一つであった。ところが、「こだま号」の運転開始は、ダイヤ改正の1ヵ月後の1958年11月まで持ち越されることになった。それは、151系電車の完成が同年9月であったため、10月から運転を開始するとすれば、同車の試運転を十分に行うことができないことになってしまうからであった。そこで、約1ヵ月にわたって151系の試験走行を行ったうえで、「こだま号」の営業運転が開始されることになった。

　「こだま号」の運転開始を遅らせたことの背景には、80系「湘南電車」での苦い体験があった。すでに説明したように、試運転を十分に行うことなく営業運転を開始した80系電車は、営業開始直後に頻繁に車両故障を起こした。そのため、湘南列車の一部を機関車牽引客車列車に戻さざるを得なくなった。「こだま号」の運転は、正式な決定事項であったものの、営業運転開始直前まで、その成功を危惧する意見が少なからず存在していた。それゆえに、十分な試運転を実施せずに営業運転を開始し、故障が頻発する事態となれば、電車特急に対する信用が得られなくなってしまうおそれがあった。実際、試運転を実施してみると、当初予測していなかったような問題点が発見された。これらに対する処置を講じた結果、1958年11月から東京～大阪・神戸間2往復の「こだま号」は順調なスタートをきった。当初の計画では、「こだま号」の東京～大阪間の所要時間は6時間30分であったが、軌道強化改良工事が一部の区間で完了していなかったこともあり、慎重を期して暫定的に6時間50分に設定された。「こだま号」は、所要時間の短縮と優れた居

住性により、利用者から高い評価を受け、運転開始当初から高い乗車率となった。「こだま号」はその当時、世界に類例をほとんどみない電車の本格的な長距離高速運転であった。

「こだま号」の運転開始は、「ビジネス特急」というカテゴリーに限定されてはいたものの、国鉄の最重要幹線である東海道線の特急列車の電車化である。このことは、機関車牽引客車列車による幹線輸送体系が伝統的に構築されてきた国鉄においては、きわめて大きな変化であったといえよう。

5 客車特急の電車化

151系電車は、営業運転では最高110 km/hで運転されていたが、設計上は160 km/h程度の速度での走行が可能とされていた。そこで、151系電車の限界性能を確認するために、1959年7月に同電車の高速度試験が実施された。この高速度試験において、151系電車は狭軌鉄道の世界記録となる163 km/hを記録し、その当時の国鉄における電車技術の水準の高さが証明された。その一方で1959年9月から、ダイヤ上の余裕時間を切り詰めることによって、「こだま号」の東京〜大阪間の所要時間は6時間50分から6時間40分に短縮された。

新鋭車両によって運転されている「こだま号」が乗客から高い評価を受ける一方で、国鉄の伝統的な看板列車である客車特急「つばめ号」と「はと号」の陳腐化が問題となってきた。もっとも、これらの客車特急に使用されていた機関車や客車は旧型車両であったために、「こだま号」の運転が計画された頃から、早晩新型車両に取り替えることが検討されていた。ただし、新型車両に取り替える際に、従来どおりの客車特急とするのか電車特急とするのかは決定されていなかった。「つばめ号」と「はと号」を電車化するかどうかは、「こだま号」の成果を確認してからということになっていた。そのため、特急列車用の新型機関車の開発計画も推進されていた。

既存の客車特急の電車化については慎重論があったものの、電車特急「こだま号」の成功によって、電車特急に対する評価が高まったために、「つば

め号」と「はと号」についても電車化することが決定された。しかし、151系電車をそのまま「つばめ号」と「はと号」に運用することには問題があった。それは、「こだま号」がビジネス特急として位置づけられていたために、客車特急に連結されていた展望車や着席形式の食堂車が連結されていなかったことである。そこで、これらの設備を備えた車両が新たに151系電車に連結された。また客車特急の電車化の際に、「はと号」は「つばめ号」に統合され、「つばめ号」が2往復とされることになった。

　客車特急の電車化は、1960年6月から実施された。それ以降、特急列車の東京〜大阪間の所要時間が6時間30分に短縮されるとともに、「こだま号」と「つばめ号」では新編成となった151系電車が共通に運用されるようになった。このことから、「ビジネス特急」と従来からの「特急」との区分はなくなった。「つばめ号」と「はと号」は、国鉄の最重要幹線である東海道線を走る伝統のある看板列車である。これらの看板列車が電車化されたということは、電車列車の有用性が認められるようになったことを示していると解釈することができよう。

6　東海道新幹線の開業

　151系「こだま」形電車の開発後、東海道新幹線建設の計画が実現に向けて本格化していた。冒頭で述べたように、1964年10月に開業する東海道新幹線は輸送力の限界に達しようとしていた東海道線の輸送力を根本的に増強するために建設されたものの、その一方で既存の鉄道システムにとらわれない高速輸送機関としての最適な鉄道システムの構築が構想されていた。

　東海道新幹線の建設において、島秀雄を中心とする長距離旅客列車の電車化を構想していた技術者たちは、列車方式として電車列車を採用することを考えていた。その一方で、東海道新幹線の建設では、鉄道システムの再構築がめざされていたので、列車方式についても慎重な検討がなされた。その結果、列車方式として電車列車が選択され、200 km/hを超える営業最高速度で走行できる革新的な長距離高速電車が開発されることになった。東海道新

幹線の旅客列車として電車列車が選択された主たる理由は、以下のとおりである。

- 電車列車は、軸重が軽い。このことは、列車の軌道や橋梁などへの影響の軽減を通じて、構造物の強度規格を低くすることを可能とする。
- 電車列車は、加速・減速性能が高い。このことによって、高速走行距離が長くなるので、所要時間の短縮につながる。
- 電車列車は、制動性能が高い。200 km/hを超えるような高速走行を実施する場合、安全上の観点から制動性能が重要となる。
- 電車列車は、折り返し運転が容易に行える。このことは、車両の運用効率の向上につながる。

これらの技術特性は、電車列車の長所である。つまり、電車列車の長所が評価された結果、東海道新幹線では電車列車が採用されたのである。これらの電車列車の長所が評価された背景には、電車特急「こだま号」の成功があった。

すでに説明したように、東海道線（在来線）に特急列車を増設することが検討されていた時期には、電車特急の運転に対して、なかなか合意が得られなかった。さらには、既存の客車特急「つばめ号」と「はと号」の電車化については、慎重が期された。これらのことから、「こだま号」の運転が開始されるまでは、電車列車の長所が理解されていなかったと考えることができる。それに対して、電車特急「こだま号」が成功したことによって、東海道新幹線の列車方式の選択が行われた時点では、電車列車の長所が評価されるようになっていた。その結果東海道新幹線では、列車方式として電車列車が選択されたのである。

5　おわりに

これまで、80系「湘南電車」から151系「こだま」形電車を経て、新幹線旅客電車に至る、日本における鉄道の高速化の過程についてみてきた。こ

の節では、これまでの議論を整理したうえで、技術構想の正当化について言及する。

1 長距離高速電車の発展過程としての高速化

　国鉄では創設期以降、機関車牽引客車列車を基軸とした幹線輸送体系が構築されてきていた。こうした状況において、1940年代後半以降、島秀雄を中心とする一部の国鉄技術者たちによって、長距離高速電車の開発を通じて電車列車を基軸とした幹線輸送体系へ再構築することが構想されるようになった。島らの長距離高速電車の構想は、80系「湘南電車」の開発によって、その第一歩が示された。80系「湘南電車」は、湘南列車の電車化を目的として開発された。その後、「湘南準急」の運転を経て、「東海号」と「比叡号」の運転へと、80系電車の運用範囲は拡大されていった。80系電車の開発および発展によって、長距離高速電車の可能性が示されたのである。

　東海道線全線電化後、特急列車の新設が計画されるようになった。この時点ではすでに、準急列車の電車化によって長距離高速電車の可能性が示唆されていた。さらに、カルダン方式の駆動装置と軽量小型モーターを組み合わせた動力システム、空気バネ台車、軽量化構造などの新技術の開発により、長距離高速電車の開発は技術的には可能であった。こうした状況において島らは、新設特急の電車化を主張したものの、容易には認められなかった。そのため「電車化調査委員会」が設置され、新設特急の電車化が検討された。それと並行して、小田急SE車という私鉄車両の開発・高速度試験への協力というかたちで、長距離高速電車の可能性が検証された。このような過程を経てようやく、新設特急を電車化することが決定され、151系「こだま」形電車が開発された。その一方で、伝統のある看板列車「つばめ号」と「はと号」の電車化については、慎重が期された。「つばめ号」と「はと号」の電車化は、電車特急「こだま号」の成功が明確になってからであった。

　「こだま号」の運転開始から「つばめ号」および「はと号」の電車化に至る、特急列車の電車化の過程は、長距離旅客列車の電車化が技術的には可能

であったにもかかわらず、「長距離旅客列車に動力分散方式である電車列車を採用する」という考え方に対する合意が、151系電車が開発される時点においては、国鉄内部で完全には形成されていなかったことを示している。151系電車の成功によって、初めて長距離旅客列車の電車化についての合意が国鉄内部で形成された。つまり、長距離旅客列車の電車化が、国鉄内部で正当化されたのである。その結果、東海道新幹線の旅客列車は電車列車となったのである。

　日本の鉄道高速化の過程は、東海道新幹線によって非連続性がもたらされた。しかし、この一見非連続的にみえる高速化の過程は、列車方式の観点からみれば、80系「湘南電車」にはじまる長距離高速電車の連続的な発展過程であったのである。

2　技術構想の正当化

　1950年代以降の日本における鉄道の高速化の過程は、長距離高速電車の連続的な発展過程であったことを指摘した。このことに関連して強調しておきたいことは、長距離高速電車の発展過程は連続的であったものの、自然にかたちづくられた発展経路ではなかったということである。

　あえて単純化していえば、鉄道車両は人間の開発活動を通じて生み出される技術的成果である。技術的成果としての鉄道車両に注目すれば、長距離高速電車の発展過程は、一見単なる車両性能の向上の過程として解釈されるかもしれない。しかしこれまでみてきたように、技術的成果が生み出される過程に注目すれば、長距離高速電車の発展過程は、島秀雄らが自らの技術構想を実現させていった過程であると解釈することができる。

　機関車牽引客車列車を基軸とした幹線輸送体系がすでに確固として構築されていた国鉄においては、島らの電車化の構想は容易には受け入れられず、伝統から逸脱した考え方であった。そのため島らは、電車化の構想を正当化していかなければならなかった。たとえば、「こだま号」の運転開始から客車特急の電車化に至る過程を思い起こしていただきたい。事後的にみれば、

特急列車の電車化は技術的には可能であった。それにもかかわらず、特急列車の電車化は複雑な経路をたどった。「電車化調査委員会」での検討、小田急 SE 車の開発・高速試験への協力、「こだま号」での成功などを経て、ようやく電車化の意義が国鉄内部で広く認められるようになった。この一連の出来事にみられるように、長距離高速電車の発展過程は、電車化の構想の正当性が高められていく過程であったのである。

　すでに指摘したように、1950 年代以降の日本における鉄道の高速化の過程は、長距離高速電車の発展過程であった。その背後には、長距離旅客列車の電車化を構想した人々が、機関車牽引客車列車を基軸とした幹線輸送体系の下での制約を克服しながら、自らの技術構想を実現させていく努力の過程があったのである。長距離高速電車の発展過程は、伝統から逸脱した人間が、自らの正当性を高めていった過程であるといえるのではないだろうか。

注
1) 電車列車による幹線輸送体系の構築を構想していた島秀雄は、80 系電車の成功によって、自らの構想を実現させるための基礎を築いた。しかし島は、1951 年 4 月に発生した「桜木町事故」を契機として、自らの意志で同年 8 月に国鉄を退職した。その後住友金属工業に勤務していたが、1955 年 12 月にその当時の国鉄総裁十河信二に請われて、副総裁格の技師長として国鉄に復帰していた。なお桜木町事故とは、京浜東北線桜木町駅に進入しようとしていた電車のパンタグラフ（集電装置）に工事中の架線がからまったことが原因となり、同電車で車両火災が生じた事故のことである。

引用文献
松平精「高速鉄道技術の黎明（その 1）」『RRR』第 50 巻第 3 号、1993 年、pp. 25-29.
島秀雄『D 51 から新幹線まで：技術者のみた国鉄』日本経済新聞社、1977 年
島秀雄『新幹線そして宇宙開発：技術者 60 余年の記録』レールウエー・システム・リサーチ、1987 年

参考文献
Inayama, K., "JNR's Choice of Traction System：From Loco-hauled to

Multiple-unit Trains," *JRTR*, No. 27, 2001, pp. 40-45.
齋藤雅男『驀進』鉄道ジャーナル社、1999 年
住田俊介『世界の高速鉄道とスピードアップ』日本鉄道図書、1994 年

第II章
日本におけるコンビニエンス・ストアの発展とフランチャイズ・システム

1 はじめに

　本章の課題は、日本のコンビニエンス・ストア企業がフランチャイズ・システムを採用した経緯と、同システムがコンビニエンス・ストア業界で制度化していくプロセスを解明することにある。あらかじめ「フランチャイズ・システム」の定義を明確にしておけば、それは、「フランチャイザー（特権を提供する企業＝本部）がフランチャイジー（特権を受ける企業＝加盟小売店）に対して、一定の報酬の見返りとして、商号・商標等を使用して事業活動を行う権利、免許を与え、さらに組織づくり、教育訓練、マーチャンダイジング、経営管理などに関する助成活動を行う継続的関係」（通商産業省企業局・中小企業庁，1972, p. 17) のことである。

　表II-1からわかるように、今日、日本のコンビニエンス・ストア企業は、その大部分がフランチャイズ・システムを採用している。しかし、このことは、必ずしも自明の事柄ではない。ここでは、2つの事実を想起する必要がある。

　第1の事実は、コンビニエンス・ストア業態発祥の地であるアメリカにおいて、支配的な店舗所有形態であり続けたのは、直営店を中心に店舗を展開する直営店システム（レギュラー・チェーン・システム)、もしくは直営店とフランチャイズ店とが混在する混在型システムだったことである。また、第2の事実は、日本でも、アメリカから業態を移入した1960年代末から80年代初頭にかけての時期には、直営店システムを採用するコンビニエンス・ストア

表Ⅱ-1　チェーン所有形態別コンビニエンス・ストア店舗数の推移　（単位：店）

区分	1982年		1985年		1988年		1991年		1994年		1997年	
	店舗数	(%)	店舗数	(%)	店舗数	(%)	店舗数	(%)	店舗数	(%)	店舗数	(%)
FC	3,881	44.1	8,814	58.4	13,708	61.5	17,761	58.2	26,847	71.7	34,150	71.7
VC	3,582	40.7	4,352	28.8	5,127	23.0	7,355	24.1	7,499	20.0	4,923	10.3
RC	827	9.4	1,500	9.9	3,054	13.7	5,127	16.8	2,905	7.8	7,224	15.2
他	510	5.8	434	2.9	401	1.8	275	0.9	181	0.5	1,318	2.8
合計	8,800	100.0	15,100	100.0	22,290	100.0	30,518	100.0	37,432	100.0	47,615	100.0

注：FCはフランチャイズ・チェーン、VCはボランタリー・チェーン、RCはレギュラー・チェーンを示す。
出所：『食品商業別冊　コンビニエンス・ストアのマーチャンダイジング全研究』商業界、1987年、『食品商業別冊　コンビニエンス・ストアのすべて』商業界、1990年、『食品商業別冊　'93コンビニエンス・ストアのすべて』商業界、1993年、『食品商業3月号臨時増刊　コンビニ1998年春号』商業界、1998年、より作成。

企業が相当程度存在したことである。

　第1の事実だけであれば、日本とアメリカでは経営環境が違うのだから、それぞれの環境に対応するコンビニエンス・ストアの店舗所有形態が異なるのは当然だという見地から、日本の場合には、コンビニエンス・ストア企業が「自明の事柄」としてフランチャイズ・システムを採用したという見方が成り立つかもしれない。しかし、第2の事実を考慮に入れると、このような見方は妥当性に欠けることがわかる。初期の日本のコンビニエンス・ストア業界において直営店システムが相当程度存在したという事実は、当時、フランチャイズ・システムが決して「自明の事柄」でなかったことを物語っている。それでは、一部の日本のコンビニエンス・ストア企業は、なぜフランチャイズ・システムを採用したのだろうか。そして、当初、一つの選択肢に過ぎなかったフランチャイズ・システムが、やがてわが国における支配的な店舗所有形態となったのは、なぜだろうか。

　本章では、この2点について、歴史的事実に照らし合わせて分析を進めるが、ここで、そのための有用な手掛りとして、アメリカにおける1960年代

末からのフランチャイズ・システムの経済合理性をめぐる議論の進展に目を向けておきたい。F. ラフォンテインと P. J. カウフマンの整理（Lafontaine and Kaufmann, 1994）によれば、その過程で登場した代表的な 2 つの見解は、①フランチャイズ・システムの本質を、他の企業との補完関係によって資源制約を克服する点に求める「資源制約説」（Oxenfeldt and Kelly, 1969）と、②それを、実現可能な最適サービス水準を引き出す点に求める「インセンティブ説」（Mathewson and Winter, 1985；Williamson, 1985）とであった。「資源制約説」に従えば、日本のコンビニエンス・ストア企業は、成長機会をとらえる際に直面した経営資源の制約を克服するために、フランチャイズ・システムに依拠したことになる。一方、「インセンティブ説」に従えば、コンビニエンス・ストア企業は、フランチャイジーとの協調関係を通じて直営店システムよりコスト・パフォーマンスに優れたサービス提供の仕組みを構築しえたからこそ、フランチャイズ・システムを選択したことになるのである。

　本章では、これら 2 つの所説を手掛かりにして、分析を進める。日本のコンビニエンス・ストア企業がフランチャイズ・システムを採用した経緯と、同システムがコンビニエンス・ストア業界で制度化していくプロセスを解明するため、具体的には、第 3 節で資源制約説、第 4 節でインセンティブ説をそれぞれ念頭においた検討を行うが、その前に次節で、わが国におけるコンビニエンス・ストアの発展過程を概観することにしよう。

2　日本におけるコンビニエンス・ストアの発展過程

　日本最初のコンビニエンス・ストアといわれる「マイショップ豊中店」が小売主宰のボランタリー・チェーンの形態で開店したのは、1969 年のことである。その後、コンビニエンス・ストアは、既存の小売業態がとらえることのできなかった「消費の即時化」（矢作, 1994, pp. 58-63）という消費行動の変化にいち早く対応し、「近く」で（立地）、「いつでも」（時間）、「日常生活に必要なものが揃う」（品揃え）という 3 つの要素からなる利便性を実現する

表Ⅱ-2 コンビニエンス・ストアの売上高、
店舗数、平均日商の推移

年次	売上高 (億円)	店舗数 (店)	平均日商 (万円)
1982	21,776	23,235	25.7
1985	33,829	29,236	31.7
1988	50,125	34,550	39.6
1991	69,849	41,847	45.7
1994	83,353	48,405	47.2
1997	108,312	61,932	47.9

注：①売場面積 50 m²以上 500 m²未満、②セルフ方式を採用、③営業時間 12 時間以上または閉店時刻 21 時 00 分以降。ただし、1997 年から①売場面積 30 m²以上 250 m²未満、②セルフ方式を採用、③営業時間 14 時間以上、④食料品を取り扱っていること、へと変更になった。本表では連続性を確保するために、1997 年度数値を旧定義に合わせた。
出所：通商産業省『商業統計表　業態別統計編』各年版。

ことによって、急速な発展を遂げた。

　筆者は、すでに別の機会に、日本におけるコンビニエンス・ストアの発展過程について、各種の統計データを利用し、売上高・店舗数・平均日商の推移や個別企業の店舗展開のあり方を詳しく分析したことがある（高岡，1999b）。ここでは、その分析結果の概要を紹介する。

　表Ⅱ-2は、各種データのうち、1997 年まで 3 年ごとに刊行された『商業統計表　業態別統計編』が伝える内容をまとめたものである（『商業統計表』の業態別調査はその後 1999 年にも行われたが、コンビニエンス・ストアの定義が表Ⅱ-2のそれとは大きく異なるため、ここでは、同調査については言及しない）。この表からもわかるように、日本のコンビニエンス・ストアの売上高と店舗数は、1990年代まで一貫して急速に増加した。ただし、その増加率は 1990 年代に入るとやや鈍化し、そのことは、とくに平均日商の推移において顕著であった。日本のコンビニエンス・ストアの 1 店舗当たり平均日商は、1980 年代に急

伸したのち、1990年代には頭打ちになったのである。

　日本のコンビニエンス・ストアの急速な発展過程を個別企業の店舗展開という側面から検討すると、2つの特徴を指摘することができる。これらの特徴は、すでに別稿（高岡，1999a）で分析した日本のスーパーマーケット・チェーンの店舗展開と比較すると、一層鮮明になる。

　第1は、店舗展開のスピードがきわめて速かったことである。1993年の時点で223店を擁し、日本最大のスーパー・チェーンであったダイエーの場合は、1973年（当時の店舗数は108店）からの20年間に店舗数を2.06倍にした。これに対して、1997年の時点で7001店を有し、日本最大のコンビニエンス・ストア企業であったセブン-イレブン・ジャパンの場合は、1977年（当時の店舗数375店）からの20年間に店舗数を実に18.67倍にした。この2社の比較から明らかなように、コンビニエンス・ストアの店舗展開は、スーパーのそれに比べて、非常にスピードが速かったということができる。

　第2は、特定の地域への集中性が著しかったことである。この点についても、日本最大のスーパー・チェーンのダイエーと日本最大のコンビニエンス・ストア企業セブン-イレブン・ジャパンとを比較すると、ダイエーの1993年時点における店舗所在都道府県数は35であったのに対し、セブン-イレブン・ジャパンの1997年時点におけるそれは25にとどまったことがわかる。また、ここで注目すべき点は、1996年度の売上高ランキングにおけるコンビニエンス・ストア上位30企業（日経流通新聞1997年7月24日付）のうち、6位のサンクスアンドアソシエイツと7位のミニストップを除く28企業が、店舗数が最多の都道府県を一貫して変化させなかったことである。これは、総店舗数がはるかに少ないスーパー・チェーンの場合にもある程度みられた現象であるが、その程度は、コンビニエンス・ストアの方が著しかった。日本のコンビニエンス・ストアの店舗展開における地域集中性は、スーパー・チェーンのそれより強かったのである。

　ここまで振り返ってきたように、日本のコンビニエンス・ストアの発展過程においては、売上高と店舗数の両面にわたる急速な成長と、チェーン展開

におけるスピードの速さおよび強い地域集中性とが観察された。これらの事実のうち、とくに後者の点は、わが国のコンビニエンス・ストア企業がフランチャイズ・システムを採用したことと密接なかかわりを持っている。

3　フランチャイズ・システムの採用による資源の補完

　アメリカでは直営店システムないし混在型システムが支配的であり、日本でも直営店システムが相当程度普及していた状況の下で、わが国の一部のコンビニエンス・ストア企業は、なぜフランチャイズ・システムを採用したのだろうか。本節では、冒頭で紹介した「資源制約説」を念頭に置きつつ、この点を考察する。

　日本のコンビニエンス・ストア企業は、「近く」で（立地）、「いつでも」（時間）、「日常生活に必要なものが揃う」（品揃え）という3つの要素からなる「利便性」を実現して、前節でみたような急速な発展を遂げた。この節での結論を先取りすれば、コンビニエンス・ストア事業の成長にとって重要な意味を持った「立地」、「時間」、「品揃え」の3要素のうち「立地」と「品揃え」については、フランチャイズ・システムによる資源補完メカニズムが明瞭に作用したということができる（「時間」については、次節で検討する）。つまり、日本のコンビニエンス・ストア企業は、「立地」と「品揃え」による「利便性」を実現するうえで、必要とされる経営資源（必要資源）と実際に保有する経営資源（保有資源）と間の格差を、フランチャイズ・システムを活用することによって解消したのである。以下では、この点を、「立地」、「品揃え」の順で詳しく説明する。

　まず、利便性が高い「立地」とは、端的にいえば、「店が近くにある」ということである（佐藤, 1983）。伝統的に近隣型の中小小売業者が多数存在する日本において、後発の小売業者として登場したコンビニエンス・ストア企業は、消費者の需要とマッチする利便性が高い「立地」を確保するために、既存の中小小売業者が保有していた「店が近くにある」という資源を手中に

収めることを求められた。

　日本におけるコンビニエンス・ストア店舗の出自別内訳の推移を1985年から97年にかけて3年ごとに追うと、コンビニエンス・ストアの各店舗は、伝統的な業種店から業態転換したものが多いという事実を知ることができる。業種店から業態転換した店舗の総店舗数に占める割合は、85年で63.7％、88年で70.0％、91年で79.7％、94年で89.1％、97年で89.2％に達した（通商産業省, 1985；商業界, 1987；商業界, 1990；商業界, 1993；商業界, 1998）。この事実が示すように、当該期日本のコンビニエンス・ストア企業は、そのオーナーシップまで手に入れるかそうでないか（別言すれば、買収するか非買収のまま組織化するか）は別として、伝統的な近隣型中小小売店が保有していた利便性が高い「立地」という資源を獲得する戦略を採用したのである。

　次に「品揃え」についてみれば、コンビニエンス・ストアの優位性は、「商品の種類が多く、日常生活に大体間に合う」点にあった（佐藤, 1983）。つまり、コンビニエンス・ストア企業は、「日常生活に大体間に合う」商品の「品揃え」を、消費者の「近く」に立地し、「いつでも」営業している店舗において実現する必要に迫られたわけである。

　1972年に刊行された『コンビニエンス・ストア・マニュアル』（通商産業省企業局・中小企業庁監修, 1972）によれば、当初想定されたコンビニエンス・ストアの標準店舗の売場面積は、時間距離5分以内に1500世帯が存在する第1のタイプで売場面積184 m^2、バック・ルーム32 m^2であり、800世帯が存在する第2のタイプで売場面積103.5 m^2、バック・ルーム18 m^2であった。この狭い売場とバック・ルームしか確保できないという制約の下で、「日常生活に大体間に合う」商品を「品揃え」するために、日本のコンビニエンス・ストア企業は、情報システムと物流システムの両面で、大がかりな革新を成し遂げなければならなかった。

　情報システム面における革新が推進されたのは、限られた空間で効率よく商品を品揃えするためには、需要情報を正確に収集・分析する必要があったからである。各コンビニエンス・ストア企業は、売れ筋商品を絞り込むと同

時に、機会損失の排除に努めた。1983年にセブン-イレブンがPOSシステムを導入して以来、日本のコンビニエンス・ストア企業は、競い合うように情報システムに対する投資を進めた。その際、「情報システムなどの投資にはスケールメリットが必要」(『週刊ダイヤモンド』1998年6月20日号, p. 31) であったため、各コンビニエンス・ストア企業が店舗展開のスピードを速めるメカニズムが生じた。

物流システム面における革新も、情報システム面におけるそれと同様、狭い売場とバック・ヤード(バック・ルーム)しか許容されない店舗に、適切な商品を品揃えし続けることを目的として推進された。在庫費用を削減し、効率的な多頻度小口配送を行うシステムが構築されたのである。日本のコンビニエンス・ストア企業は、エリアごとに配送センターを設置することによって配送費用・時間を節約すると同時に、保管や注文処理などによる物的流通費用の上昇を抑制した。既述のように各コンビニエンス・ストア企業は、成長の初期段階から、非常に強い地域集中出店戦略を志向したが、これは、「配送エリアが狭隘でも店舗密度が格段に高ければ、エリア内の流通ロットが大規模化し、分散的在庫投資では失われる規模の利益」(矢作, 1994, p. 90) を獲得できるためであった。

それでは、日本のコンビニエンス・ストア企業は、上記の戦略的行動を推進するに当たって必要とされる経営資源(必要資源)と、実際に自らが保有する経営資源(保有資源)と間の格差を、どのようなメカニズムで解消したのであろうか。先に指摘したように、日本のコンビニエンス・ストア企業は、既存中小小売業者を組織化するフランチャイズ・システムを採用することによって、必要資源と保有資源との間の格差を解消したのである。

伝統的な近隣型中小小売店が保有していた利便性が高い「立地」という資源を獲得する戦略は、フランチャイズ・システムの採用によって、所有権の移転を伴わないかたちで実現されることになった。1985年のアンケート調査によれば、コンビニエンス・ストア・チェーンへの加盟審査条件のうち「比較的高い優先順位をつけるチェーンが多い条件」として、回答企業(74

社）の多くは、「物件の立地条件」（31社）、「経営者の人柄」（14社）、「経営者の意欲」（13社）などをあげている（通商産業省産業政策局，1985, p. 95）。この調査結果から、当時のコンビニエンス・ストア企業が、フランチャイズ加盟店に求めていた最重要の保有資源の一つは、「立地」であったことが読み取れる。

　しかしながら、上記の事実を指摘するだけでは、日本のコンビニエンス・ストア企業がフランチャイズ・システムを採用した理由についての説明としては、不十分である。なぜなら、コンビニエンス・ストア企業が中小小売店が保有していた利便性が高い「立地」という資源を獲得するにあたっては、フランチャイズ・システムとは異なる選択、つまり、その所有権を含めて手に入れるという選択も可能だったからである。それでは、なぜ、業態の勃興期に一部のコンビニエンス・ストア企業は、利便性が高い「立地」という資源を保有する中小小売店の所有権そのものを獲得しなかったのであろうか。

　ここで注目すべき点は、日本のコンビニエンス・ストア企業が採用した多数の店舗を特定の地域に集中的に出店する戦略は、それが競争関係にある複数の企業によって同時に選択される場合には、各企業の店舗展開のスピードをさらに加速させる結果をもたらすことである。1976年に刊行されたポピュラーな解説書は、「現実に昭和51年（1976年―筆者注）5月現在、セブン・イレブンは100店舗を突破している。昭和49年5月に、第1号店が東京・豊洲にオープンして、2年で100店舗を越えていることからも出店スピードの早さがうかがえる。またセブン・イレブンでは『採算に乗せるには500店舗以上は必要である』といわれていることからも、増々スピードアップされた出店計画がとられると予測される」（伊東・柿原，1976, p. 111）と述べている。

　利便性が高い「立地」に多数の店舗を急速に展開しなければならないという条件は、所有権の獲得を伴わないフランチャイズ・システムが選択される決定的な理由となった。一部のコンビニエンス・ストア企業は、利便性が高い「立地」を所有権（もしくは賃貸借による使用権）ぐるみ獲得し、直営店によ

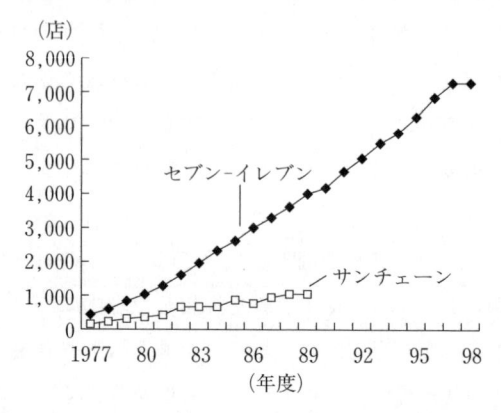

図Ⅱ-1 セブン-イレブン・サンチェーンの店舗数の推移
出所:「コンビニ調査」日経流通新聞、各年分。

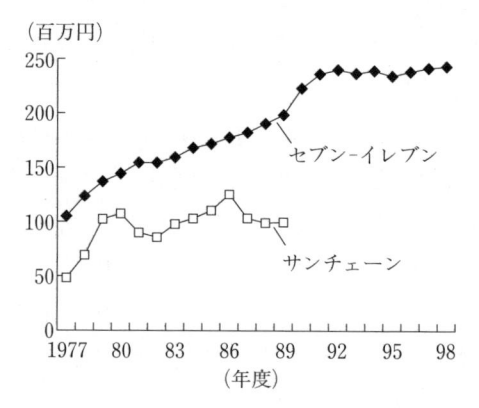

図Ⅱ-2 セブン-イレブン・サンチェーンの1店舗当たり売上高の推移
出所:「コンビニ調査」日経流通新聞、各年分。

るチェーン構築を選択した(いわゆる、レギュラー・チェーン方式)が、そのような企業は、所有権(ないし使用権)の保持に固執する中小小売店主の姿勢によって店舗開設競争での立遅れを余儀なくされ、次第に淘汰されていったのである。

　図Ⅱ-1と図Ⅱ-2は、フランチャイズ店を中心に展開したセブン-イレブンと直営店を中心に展開したサンチェーンとの店舗数および1店舗当たり売

上高の推移を示したものである（両図においてサンチェーンの数値が1989年度までしか記入されていないのは、同年3月にサンチェーンがローソン・ジャパンに吸収合併されたためである）。これらの図から明らかなように、セブン-イレブンは、店舗数においても、1店舗当たり売上高においても、一貫してサンチェーンを大きく上回る伸びを示した。サンチェーンの店舗数増加面での立ち遅れは、直営店方式に固執したことの必然的帰結であった。また、1店舗当たり売上高面での劣位は、店舗展開のスピードで遅れをとった結果、先に述べた「品揃え」をめぐる情報・物流システムのスケールメリットを十分に享受することができなかったからだとみなすことができる。

　ここまで一部の日本のコンビニエンス・ストア企業（フランチャイザー）が、資源補完という観点からフランチャイズ・システムを採用した経緯を振り返ってきたが、本節の最後に一つだけ補足しておきたい論点がある。それは、コンビニエンス・ストアのフランチャイジーとなった中小小売店にとっても、フランチャイズ・システムが魅力的なものだったことである。

　紙幅の制約上ここでは詳しく立ち入ることはできないが、高度経済成長期後半以降、日本の中小小売業者を取り巻く経営環境は厳しさを増した（東京商工会議所，1967；深見・佐藤・田島，1969；中小企業庁編，1976）。このことは、中小小売業者がコンビニエンス・ストアに転換する誘因を生み出したと考えられる。

　1982年にコンビニエンス・ストア各店の代表者に対して実施されたコンビニエンス・ストア開店動機調査の結果によれば、各店の代表者がコンビニエンス・ストアに加盟した最大の理由は、「本部の経営上のノウハウ（の獲得―筆者注）」（34.0％）であった（佐藤，1983, p. 93）。消費者行動の多様化に示される経営環境の変化を目の当たりにして将来への不安を強めた中小小売業者が、店舗の所有権（ないし使用権）を保持したまま、本部で開発した事業を、本部の指導の下に、相対的に低いリスクで遂行できるというモットーを掲げるフランチャイズ・システムへ加盟することは、ある意味で当然の動きだったといえよう。

第Ⅱ章　日本におけるコンビニエンス・ストアの発展とフランチャイズ・システム　53

4 インセンティブ・デザインの精緻化とフランチャイズ・システムの普及

　前節では、「資源制約説」を念頭に置きつつ、一部の日本のコンビニエンス・ストア企業がなぜフランチャイズ・システムを採用したかという問題を検討した。本節では、「インセンティブ説」に基づき、一つの選択肢に過ぎなかったフランチャイズ・システムがわが国のコンビニエンス・ストア業界において支配的な店舗所有形態となったのはなぜかという論点を掘り下げる。

　この論点を考察するうえで手掛りになるのは、わが国のコンビニエンス・ストア業界にフランチャイズ・システムを定着させるうえで主導的な役割を果たしたセブン-イレブン・ジャパンのフランチャイズ店（FC店）の構成変化である。セブン-イレブン・ジャパンのFC店は、土地・店舗をFC店側が手当てするAタイプ店（標準方式）と、土地・店舗を本部側が手当てするCタイプ店（経営委託方式：この場合には、FC店オーナーは委託を受けて経営を行うだけである）とに、大別される（この他、土地・店舗の他に設備什器をもFC店側が手当てするBタイプ店があったが、実際にはBタイプ店は例外的な存在にとどまった）（アイテマイズ, 1986, p. 84）。図II-3からわかるように、セブン-イレブン・ジャパンのFC店に占めるCタイプ店の割合は、年々増加した。同図にはセブン-イレブン・ジャパン以外の日本のコンビニエンス・ストア企業で唯一長期にわたって『有価証券報告書』が利用できるファミリーマートの数値も合わせて示してあるが、Cタイプ店のウエイト上昇は、ファミリーマートの場合にも当てはまった（図II-3において、セブン-イレブン・ジャパンの方が、ファミリーマートより、FC店に占めるCタイプ店の割合が低いのは、コンビニエンス業界の上位企業ほど、既存の中小小売店をAタイプ店として自社のフランチャイズ・チェーンに組織しやすいからである）。

　土地・店舗を本部側が手当するCタイプ店の場合には、前節で検討したような意味での資源補完メカニズムは生じない。Cタイプ店のウエイトが当

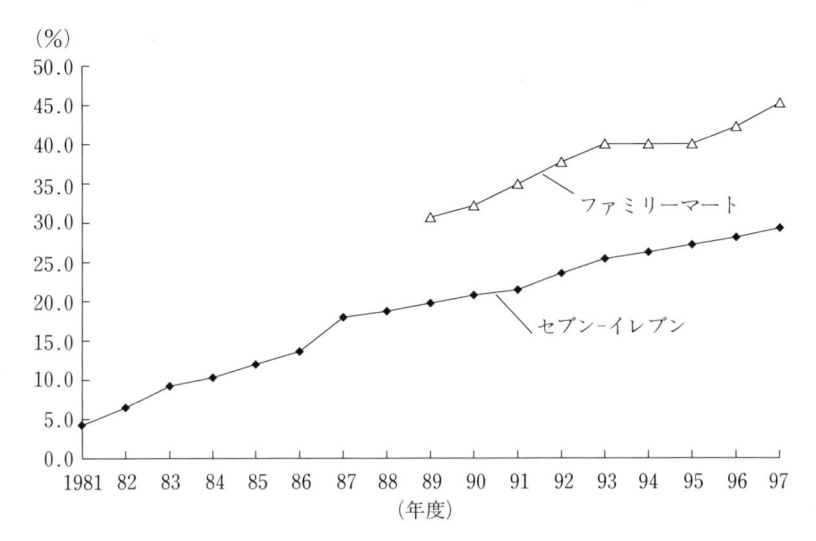

図Ⅱ-3 セブン-イレブンとファミリーマートの総店舗数に占めるCタイプ店の割合（推計）

注：ファミリーマートのCタイプ店店舗数は以下の方式により推計した。① 1997年度『有価証券報告書』に記載された加盟店への貸与建物面積を、『週刊ダイヤモンド』1988年6月20日号、pp. 24-25に記載されたファミリーマートのCタイプ店店舗数で除して、Cタイプ店の1店舗当たりおおよその平均面積（175 m²）を算出する。②各年度ごとの加盟店へ貸与建物面積を、このCタイプ1店舗当たり平均面積（175 m²）を除す。

出所：セブン-イレブン・ジャパン『有価証券報告書』各年版、ファミリーマート『有価証券報告書』各年版。

初低位であり、その後徐々に上昇した事実は、日本のコンビニエンス・ストア企業が資源補完のためにフランチャイズ・システムを採用した（正確にいえば、Cタイプ店以外のフランチャイズ店を多数組織した）という、ここまでの議論を支持する意味合いを持つ。資源補完機能が作用しないCタイプ店のウェイトが上昇したのは、ひとまず、日本のコンビニエンス・ストア企業が、成長に従って、資源制約から徐々に解放され、資源補完メカニズムへの依存度を低下させたからだとみなすことができるからである。

しかし、それでもなお残る問題がある。なぜ、セブン-イレブン・ジャパ

ンは、資源制約から徐々に解放された局面で、直営店を増やさずに、Cタイプのコンビニエンス・ストア企業が採用したフランチャイ
プのFC店を増大させたのだろうか。この問題を考える際にクローズアップされるのが、本章の冒頭で紹介した「インセンティブ説」である。フランチャイズ・システムの本質を、他の企業との関係を通じた資源制約の補完・克服に求める「資源制約説」に対して、「インセンティブ説」の特徴は、それを、適切なパフォーマンス（関係各企業が望ましいサービス水準を提供することによって、システム全体が高い効率性を達成している状態）の実現に求めることにある。「インセンティブ説」を適用すれば、セブン-イレブン・ジャパンが直営店ではなくCタイプ店を選択したのは、Cタイプ店を含むフランチャイズ・システムが、インセンティブ・デザインを内包して店舗運営者を動機づける点で優れており、適切なパフォーマンスを引き出しやすかったからだ、ということになる。

　それでは、日本のコンビニエンス・ストア企業が採用したフランチャイズ・システムにおいては、どのようなインセンティブ・デザインがインプットされていたのだろうか。以下では、セブン-イレブン・ジャパンが構築したインセンティブ・デザインを概観する。なお、ここでセブン-イレブン・ジャパンをとりあげるのは、資料面の事情もあるが、日本のコンビニエンス・ストア業界においてフランチャイズ・システムが定着していく過程で、セブン-イレブン・ジャパンという先進企業が、同システムについてモデルとなるようなインセンティブ・デザインを構築したことの意義は、決定的に大きかったと判断するからである（日本の場合とは異なり、アメリカでは、優れたインセンティブ・デザインを構築する先進企業が登場しなかったため、コンビニエンス・ストア業界においてフランチャイズ・システムが衰退することになった）。

　1998年の時点で、セブン-イレブン・ジャパン会長の鈴木敏文は次のように述べている。「契約書こそノウハウだ」（『日経ビジネス』1998年5月25日号、p. 110）。これは、契約書ですべての取引に関する取決めを行うことができるという意味ではない。契約書の中にフランチャイジーを動機づけるさまざまな工夫が盛り込まれている、ということである。フランチャイジーから望ま

しいサービス水準を引き出すためにセブン-イレブン・ジャパンが設計した仕組みは、①ロイヤリティと、②スーパーバイザー（巡回指導員）によるモニタリング、の2つを中心的な内容としていた。

　①のロイヤリティについては、セブン-イレブン・ジャパンが日本で最初に、粗利分配方式によるロイヤリティの徴収を開始したことの画期性がしばしば指摘される（たとえば、金，2001）。同社が設立当初の1974年に、親会社であるアメリカのサウスランド社から導入した粗利分配方式は、それまで日本で普及していた売上高固定ロイヤリティや売上高変動ロイヤリティに比べて、加盟店のインセンティブ向上の点で優れた効果を発揮した。売上高固定ロイヤリティや売上高変動ロイヤリティの場合には、売上高を最大化しようとする本部（フランチャイザー）側と粗利益を最大化しようとする加盟店（フランチャイジー）側との間にしばしば齟齬が生じたが、粗利分配方式はこの問題点を解決したのである。粗利分配方式は、74年当時はセブン-イレブン・ジャパンだけが採用したが、その後次第に業界内に浸透し、99年度にはコンビニエンス・ストア業界上位10社のすべてがロイヤリティの徴収に関して同方式を選択するに至った（金，2001, pp. 53-54）。

　粗利分配方式は、日本のコンビニエンス・ストア業界の歩みとともに量的に拡大しただけではなかった。それは、質的な進化も遂げた。粗利分配方式の内容にまで目を向けると、同方式が最初から完成していたわけではなく、加盟店のインセンティブを向上させるような工夫が徐々にデザインされ、精緻化されていったことが明らかになる。

　先に触れたように、小売業態間競争におけるコンビニエンス・ストアの優位性を支えた要素の一つは「時間」であったが、セブン-イレブン・ジャパンは、24時間営業を行う店舗を増やすことによってその優位性を確立するために、ロイヤリティ体系を操作した。設立当初は営業時間にかかわらず同率であったロイヤリティを、1979年9月から、24時間営業店舗については粗利益（月間売上総利益）の43％、それ以外の営業店舗については粗利益の45％、というロイヤリティ体系に変更したのである（セブン-イレブン・ジャパ

ン編, 1991, p. 24)。セブン-イレブン・ジャパンが24時間営業を開始したのは1976年のことであったが、その後、24時間店舗の総店舗数に占める割合は、1985年51.6％、88年72.8％、91年82.0％、94年90.6％、97年96.3％、と一貫して上昇した。

　また、セブン-イレブン・ジャパンでは、ロイヤリティに関連して、水道光熱費負担の分配方式についても工夫をこらした。他社よりも高率のロイヤリティを徴収する代わりに、水道光熱費の87％を本部で負担するという契約を作成したのである（アイテマイズ, 1986, p. 84）。もし、水道光熱費を本部側が全額負担した場合には、店舗側には、無駄使いをチェックしようというインセンティブが生じない。反対に、水道光熱費を店舗側が全額負担した場合には、店舗側はなるべくその出費を抑制する（そのことは、当然のことながら、「店舗が暗い」、「商品の鮮度が悪い」などの事態を引き起こし、ひいては、チェーン全体としての統一イメージが損なわれたり、「品揃え」の評判に傷がついたりする危険性がある）という行動を選択する可能性がある。そこで、セブン-イレブン・ジャパンは、水道光熱費を、本部側と店舗側で一定の比率で分担する方式を採用したのである。また、この分担比率（本部側）は、試行錯誤を繰り返したのち、1988年までに80％へ低下した（アイテマイズ, 1989, p. 71）。

　一方、②のスーパーバイザーとは、各店舗を巡回して経営指導を行う本部の指導員のことである。スーパーバイザーの本来の役割は経営のアドバイスを行うことであるが、現実にはスーパーバイザーは、契約で取り決めた店舗の清掃や店員の適切な対応などのサービスが提供されているか、品切れを起こしていないかなどについて、加盟店をモニタリングする機能も果たしている。このスーパーバイザーのモニタリング機能によって、フランチャイジー（加盟店）側の機会主義的行動は抑制され、「品揃え」などが確保されて、コンビニエンス・ストアの競争上の優位性が確立することになったのである。

　さらに、セブン-イレブン・ジャパンは、上記の①と②以外にも、展開する店舗のタイプ改善などの措置を、試行錯誤しながら推進した。既述のように同社は、設立当初、3つの形態（Aタイプ店・Bタイプ店・Cタイプ店）のフ

表II-3 セブン-イレブンの直営店・FC店別1店舗当たり売上高の推移

(単位:百万円)

年　度	直営店1店舗当たり売上高	FC店1店舗当たり売上高
1977	111.2	105.8
1980	97.2	153.0
1983	124.7	162.9
1986	139.7	179.1
1989	167.6	198.6
1992	177.1	237.8
1995	162.6	234.0

注:1) FC店は、Aタイプ店[標準方式]とCタイプ店[経営委託方式]の合計。直営店は、直営店[地区事務所併設]と運営委託店[Cタイプ店への移行]の合計。
2)「運営委託店」とは、「Cパターンへの移行期間にある店舗」のことであり、「24時間営業・年中無休」、「委託から6ヵ月間は店舗運営費は本部負担」、「店長(委託代理主)は固定給料(月額30万円)制」、「本部直営店の中から希望する店舗を選ぶ」、という特徴を備える。
出所:セブン-イレブン・ジャパン『有価証券報告書』各年版、「コンビニ調査」日経流通新聞、各年版。

ランチャイズ店(FC店)を想定していたが、事業を展開するうちに、「土地、建物、設備什器ともオーナー所有」であるBタイプ店の新規募集を廃止するに至った(1985年時点でのBタイプ店は1店舗のみであった)(アイテマイズ, 1986, p. 84)。セブン-イレブン・ジャパンが、3つのタイプのうち、唯一、設備什器がオーナー所有であるBタイプ店を事実上廃止したのは、Bタイプ店の方式が加盟店による設備什器への投資抑制をもたらし、結果として鮮度のよい商品の「品揃え」が維持されなくなることを避けるための措置であった。

以上のように、セブン-イレブン・ジャパンは、フランチャイジーから適切なサービスを引き出す工夫を次第につくりあげていった。表II-3は、セブン-イレブンの1店舗当たり売上高の推移を直営店・FC店(Cタイプ店を含む)別に示したものであるが、この表から明らかなように、1977年時点では

直営店の1店舗当たり売上高がFC店のそれを上回っていた（1977年は、このデータを把握できる最初の年度である）。しかし、その後の1店舗当たり売上高の伸びは、FC店の方が直営店を上回った（ただし、直営店の中には、各地域に1店舗ずつ設置されたトレーニング店〔1店舗当たり売上高が低い〕が含まれているため、直営店とFC店の1店舗当たり売上高が交代した時期を、この表から直接的に特定することはできない）。これは、同社が、フランチャイジーのインセンティブを向上させる契約を精緻化させていったプロセスを反映しているものと考えられる。

本節で述べてきたような、セブン-イレブン・ジャパンが構築したインセンティブ・デザインは、日本の他のコンビニエンス・ストア企業にもある程度伝播した。その結果、フランチャイズ・システムを採用するわが国のコンビニエンス・ストア企業のパフォーマンスは、総じて高くなったと推定される。「80年代はトップチェーンのシステム・オペレーションのノウハウ、商品開発力などが基準となり、下位チェーンがレベル向上を果たしていった標準化の時代」（日本労働研究機構編集，1995，p. 31）だったのである。

5 おわりに

本章では、日本のコンビニエンス・ストア企業がフランチャイズ・システムを採用した経緯と、同システムがコンビニエンス・ストア業界で制度化していくプロセスの解明を試みた。一部のコンビニエンス・ストア企業がフランチャイズ・システムを採用した理由については「資源制約説」を、一つの選択肢に過ぎなかったフランチャイズ・システムがわが国のコンビニエンス・ストア業界において支配的な店舗所有形態となった理由については「インセンティブ説」を、それぞれ手掛りにして分析を進めた。ここまでの検討を通じて得られた結論のポイントは、以下のとおりである。

石油危機以降の日本では、「消費の即時化」という新しいニーズが高まり、それが、新業態であるコンビニエンス・ストアにビジネス・チャンスをもたらした。日本のコンビニエンス・ストア企業は、現出したビジネス・チャン

スをとらえるべく積極的に事業展開したが、その過程で一部の企業は、不足する経営資源を中小小売業者との間で補完するためにフランチャイズ・システムを採用するという戦略を選択した。コンビニエンス・ストア企業（フランチャイザー）とフランチャイズ店（フランチャイジー）との間の資源補完メカニズムは、フランチャイズ店側が有していた土地・店舗とそれに密着した利便性の高い立地という、経営諸資源を軸に展開された。

　コンビニエンス・ストア企業は、「立地」や「品揃え」からなる「利便性」を実現し、「消費の即時化」のニーズを充足するため、情報システム面と物流システム面における投資を必要としたが、それは、固定投資を伴うものであったから、急速な多店舗展開を必然化した。また、物流システムの効率性を確保するためには、その出店を地域集中的に展開する必要があり、限られた地域で好立地を確保しなければならないという事情は、急速な多店舗展開の必要性をさらに高めた。しかしながら、当該期のコンビニエンス・ストア企業は、そのために必要な資源を十分に持ち合わせてはいなかった。その結果、セブン-イレブン・ジャパンのような一部の日本のコンビニエンス・ストア企業は、所有権移転に伴う交渉費用が大きかったと想定される中小小売業者の「立地」を買い取らずに利用する方式を選ばざるを得ず、フランチャイズ・システムを採用することになった。つまり、資源調達コスト削減の目的でフランチャイズ・システムを選択する企業が現出したわけであるが、このことは、販売額の低下等の要因により将来の不安にさらされていた既存の中小小売業者にとっても、小売ノウハウの獲得などの点で歓迎すべきことであった。

　資源補完メカニズムを担うものとして日本のコンビニエンス・ストア業界に導入されたフランチャイズ・システムは、やがて業界全体に普及していくことになった。その普及のプロセスで作用したメカニズムは、導入期のそれとは異なっていた。

　1970年代以降の日本のコンビニエンス・ストア企業は、成長するに従って資源制約から徐々に解放されたが、それにもかかわらず、中小小売業者と

の間のフランチャイズ・システムは、今日に至るまで定着し続けてきた。このことは、レギュラー・チェーン・システムに比べてフランチャイズ・チェーン・システムの方が、効率性が高かったことを示唆している。これは、フランチャイザーであるコンビニエンス・ストア企業とフランチャイジーである中小小売業者が、互いに適切なサービス水準を提供しあうことによって関係全体のパフォーマンスを向上させるべく、契約などの面で試行錯誤を繰り返した結果、フランチャイズ・システムのシステムとしての効率性が上昇したからである。トップ企業であるセブン-イレブン・ジャパンを中心にインセンティブ・デザインが精緻化されることによって、フランチャイズ・システムはより高度なものとなり、他の行為主体によって広く受容される制度として定着していった。フランチャイズ・システムは、いわゆる「制度化 (institutionalization)」のプロセスを経て日本のコンビニエンス・ストア業界にしっかりと定着したのであり、事後的に観察すると、それがあたかも当初から「自明の事柄」だったかのように錯覚されるほどになったのである。

　以上が本章の要約であるが、最後に、中小小売商の側の戦略的行動が、コンビニエンス・ストア企業によるフランチャイズ・システムの採用を決定づけた事実について触れておきたい。既述のように、日本のコンビニエンス・ストアによるフランチャイズ・システムの採用に関して、指導的役割を果たしたのは、セブン-イレブン・ジャパンであったが、同社の会社史によれば、当時のトップマネジメントは、1号店を直営店とするかフランチャイズ店とするかで、意見が分かれていた。決断は、まだセブン-イレブン・ジャパンの営業チームがサウスランド社での研修のために渡米していた最中に、東京都江東区豊洲で酒販店を経営していた山本憲司氏（当時23歳）が、新聞記事をみてフランチャイジーとして名乗りをあげたことによって、下されることになった。このアプローチをきっかけにして、セブン-イレブン・ジャパンは、1号店をフランチャイズ店として出店することにしたのである（セブン-イレブン・ジャパン、1991, pp. 30-32）。このことは、直営店中心のサンチェーンの事例はもちろんのこと、1978年に初めてフランチャイズ方式の1号店

を開設したファミリーマートが、それ以前に「直営店を5、6店やってという期間が3、4年あった」(商業界、1992, p. 44)事実とも、対照的である。

　セブン-イレブン・ジャパンは、いち早くフランチャイズ店網の形成に着手し、情報・物流システムの構築やフランチャイジーとの契約などの面で試行錯誤を繰り返しながら、フランチャイズ・システムを確立していった。その結果、コンビニエンス・ストアの事業展開にとってフランチャイズ・システムは十分に効率的なシステムとなり、セブン-イレブン・ジャパンを同業他社が追随したため、フランチャイズ・システムは日本のコンビニエンス・ストア業界における支配的店舗所有形態となった。コンビニエンス・ストアが成長軌道に乗る以前に取引に参加した者、つまり、リスクをあえて引き受けた山本氏のような戦略的行動者が、安定成長期のコンビニエンス・ストア企業にフランチャイズ・システムの採用を選択させたという事実経過は、戦後日本流通史のダイナミズムを伝える出来事として、きわめて興味深い。

引用文献

アイテマイズ『日本の総合小型店チェーン』〔1986年版〕1986年
アイテマイズ『日本の総合小型店チェーン』〔1989年版〕1989年
深見義一・佐藤肇・田島義博『流通問題入門』有斐閣、1969年
伊東和也・ウィリアム・キヨ・柿原『コンビニエンス・ストア：躍進する新小売業の実態』商店建築社、1976年
金顕哲『コンビニエンス・ストア業態の革新』有斐閣、2001年
Lafontaine, F. and Kaufmann, P. J., "The Evolution of Ownership Patterns in Franchise Systems," *Journal of Retailing*, Vol. 70, 1994, pp. 97-113.
Mathewson, F. G. and Winter, R. A., "The Economics of Franchise Contracts," *Journal of Law and Economics*, Vol. 28, 1985, pp. 503-526.
日本労働研究機構編集『コンビニエンス・ストアの経営と労働に関する調査研究』日本労働研究機構、1995年
Oxenfeldt, A. R. and Kelly, A. O., "Will Successful Franchise Systems Ultimately Become Wholly-Owned Chains?," *Journal of Retailing*, Vol. 44, 1969, pp. 69-83.
佐藤聖「コンビニエンス・ストアの集中出店と地域小売商業：宮城県コンビニエンス・ストア実態調査結果を中心に(1)」『流通とシステム』No.36、

1983 年
商業界『食品商業別冊　コンビニエンス・ストアのマーチャンダイジング全研究』1987 年
商業界『食品商業別冊　コンビニエンス・ストアのすべて』1990 年
商業界『食品商業別冊　'92 コンビニエンス・ストアのすべて』1992 年
商業界『食品商業別冊　'93 コンビニエンス・ストアのすべて』1993 年
商業界『食品商業 3 月号臨時増刊　コンビニ 1998 年春号』1998 年
セブン-イレブン・ジャパン編『セブン-イレブン・ジャパン：終わりなきイノベーション 1973-1991』セブン-イレブン・ジャパン、1991 年
高岡美佳「高度成長期のスーパーマーケットの資源補完メカニズム：日本の『流通革命』の実像」『社会経済史学』第 65 巻第 1 号、1999 年 a
高岡美佳「日本のコンビニエンス・ストアの成長過程における資源補完メカニズム：フランチャイズ・システムの採用」『経営史学』第 34 巻第 2 号、1999 年 b、pp. 48-53
東京商工会議所『調査資料 42-6　小売商業の発展と経営者意識』1967 年
通商産業省『商業統計表（産業編）』〔1985 年版〕1985 年
通商産業省企業局・中小企業庁監修／流通経済研究所編『コンビニエンス・ストア・マニュアル』流通経済研究所、1972 年
通商産業省産業政策局『コンビニ・ミニスーパーの実態』1985 年
中小企業庁編『中小企業白書』大蔵省印刷局、1976 年
Williamson, O. E., *The Economic Institutions of Capitalism*, New York：The Free Press, 1985.
矢作敏行『コンビニエンス・ストア・システムの革新性』日本経済新聞社、1994 年

参考文献

ミルグロム, P. R.=ロバーツ, J.（奥野正寛他訳）『組織の経済学』NTT 出版、1997 年
柳川範之『契約と組織の経済学』東洋経済新報社、2000 年

第III章
異質な他社を通じた競争優位の確認と追求
：日本におけるテレビ産業の発展過程

1 はじめに

1950年代に生成して数年のうちに急成長を遂げた日本のテレビ産業は、1980年代にVTRに生産金額と生産台数を抜かれるまで、日本の電子工業の牽引役を果たした。1965年のテレビジョン受像機（以下、受像機）の生産金額は、電子工業全体の生産金額の約15％を占め、1970年には約20％に達した。1950年代前半からの約15年間の間に、受像機の生産金額が約52倍の成長を遂げると同時に、日本の電子工業全体の生産金額も約4倍の規模となったのである。

こうしたテレビ産業の歴史の中で、1950年代前半からの10年間は注目に値する時期であった。受像機の量産が始められた1953年における約1万4000台という生産台数は、5年後の1958年には早くも100万台レベルに達し、翌59年には280万台レベルとなった。これはイギリスにおける生産台数を超え、アメリカの2分の1に達する数値であった。また1962年には約500万台となってアメリカにおける生産台数に迫り、約10年間で400倍近い成長を遂げたのである[1]。

この章は、日本のテレビ産業が初期に急速に成長した要因を明らかにするものである。あらかじめ結論を示しておけば、それは個々の企業が独自の技術的優位性を活用しつつ受像機の生産を行い、産業全体としてみた場合には、基盤技術が異質な諸企業による市場競争が展開されたためであった。具体的にいえば、アセンブル企業は、ラジオ受信機の組立てを通じて蓄積してきた

生産技術を活用して受像機の量産を開始して以降、性能向上や低価格化を実現するために、従来の基盤技術である生産技術を主に進化させつつ受像機を開発した。このためアセンブル企業は初期の受像機市場において地位を占めることになったのであるが、こうした受像機市場に参入して競争するために、重電企業はブラウン管や真空管などの能動部品開発体制が自社に存在することを最大限に利用して、高い性能の受像機を開発していった。重電企業による受像機市場への参入とその後の技術開発の展開をまのあたりにしたアセンブル企業は、受像機設計や生産工程における新しい技術を先駆的に開発し、市場における競争に対応した。

　受像機市場に基盤技術がそれぞれに異なる企業が参入した結果、ある企業による技術開発は、他の企業にとっては、自らが技術を開発する際の一つの準拠点となりえた。つまり準拠点が互いに大きく異なることになったため、それぞれの企業は、自社の基盤技術の持つ意味や市場における自社の技術的優位性を確認することが結果として可能になった。こうした可能性を可能性で終わらせることなく、それぞれの企業は主体的にこの準拠点を利用して、他の企業にとっては異質であるが、自らの優位性に対しては忠実に技術開発を行った。大きく異なる他社の存在を利用して、自社技術の持つ意味を理解して行動を選択する、この行動を準拠点として、他社もまたそれ自身の技術の持つ意味を理解して行動を選択するという循環的な技術開発競争が展開されたのである。このことにより、大量生産と製品価格の低下が実現され、小型受像機に関する物品税率と相まって、日本のテレビ産業は急速に成長したのであった。

2　テレビ技術と生産技術の結合：産業生成過程の特徴

　今から半世紀前の1950年代初頭、そもそもどのような企業が受像機製造を開始したのだろうか。これをみるために、当時の受像機市場のシェアを確認することから始める。

表III-1 1950年代前半の受像機市場のシェア

	1953年		1954年		1955年	
1位	早川	22.9％	早川	26.4％	早川	24.5％
2位	松下	21.8％	東芝	17.5％	松下	16.9％
3位	東芝	16.2％	松下	16.0％	八欧無線	14.9％
4位	八欧無線	9.6％	八欧無線	11.6％	東芝	9.7％
5位	日本コロムビア	7.4％	日本コロムビア	10.2％	日本コロムビア	7.3％
6位	七欧通信機	4.1％	七欧通信機	5.8％	七欧通信機	6.9％
7位	協立電波精機	3.3％	ミタカ電気	4.3％	三洋	6.0％
8位	日本電気	1.5％	山中電機	2.5％	三菱	4.2％
9位	一番電気	1.2％	三菱	1.5％	日本ビクター	2.1％
10位	ミタカ電気	0.8％	三光社製作所	1.2％	三光社製作所	1.6％

注：生産台数によるシェア。上位10社のみ記載したため、合計は100％とならない。
出所：公正取引委員会事務局（1959）p. 50.

　表III-1から、上位10社の大部分は、戦前以来ラジオ受信機の組立てを行ってきたアセンブル企業であること、またそのうち早川電機と松下電器の2社で約40％のシェアを占めていることが読み取れる。実はこのことは、第1にアセンブル企業は戦前以来ラジオ受信機の生産を事業の主部門としていたがゆえに受像機生産へのインセンティブが高まったこと、第2に戦前以来ラジオ受信機の生産を通じて蓄積された生産技術が受像機生産に活用されたことを表している。以下ではこうした論点を明らかにしつつ、日本のテレビ産業の生成過程を提示していくことにする。

1　アセンブル企業の受像機生産へのインセンティブ形成過程

　戦前から戦後にかけてラジオ受信機の製造を事業の主部門としてきたアセンブル企業は、1940年代末にラジオ受信機需要の低下によって経営危機に陥ることになる。この経験により、多数のアセンブル企業はテレビという新製品の製造を開始しはじめた。まずこうした意思決定がなされるプロセスをみていくことにする。

　太平洋戦争中、ラジオ受信機（以下、ラジオ）は軍国主義思想の普及に好個

な手段であるという理由から、民需品であるにもかかわらず生産制限は課せられず、1941年頃までその生産量は拡大した。しかし42年以降は、資材難や空襲のために生産量は次第に減少し、45年度の生産量は約8万7000台となった。戦前における生産台数のピークは41年度の約91万台であったが、その10％以下となったのである。これに加え、戦災のために一般家庭における受信機約174万台、およびメーカーと卸売業と小売業における在庫の大部分が消滅した。こうした中で、終戦直後のラジオは心に安らぎを与える娯楽と情報源として用いられたため、ラジオおよびその部品は「飛ぶように売れる」状況となった。

　一般市民によるラジオの需要に加えて、連合国最高司令官総司令部（General Headquarters：GHQ）の通信政策からもラジオに対する需要が生じることになった。1945年10月に設置されたGHQは、通信の確保と保全を日本政府に最初に厳命した。この日本の通信復興に関して占領政策は2つの目的を持っていた。一つは連合軍施設の通信能力の確保であり、もう一つは日本の一般への通信サービスを回復することであった。このためGHQが設置された日に、同組織内に民間通信局（Civil Communications Section：CCS）が設けられ、CCSは通信行政を一元的に掌握することになった。その具体的な任務は、通信分野における非軍事化、すなわち旧日本陸海軍の無線局および電信電話局の閉鎖ないし転用、および日本軍の宣伝機関となっていた放送局の民主的再編、さらには通信機器の生産増強の指導であった。こうした一連の通信政策の背景には、「戦前の日本はバンドの切り替えができないようなラジオをつくらせて、そのうえ間違った情報を流したから、戦争を起こした」というGHQの認識があった。

　1945年10月11日、CCSは「チャンネルを自由に選択できる」ラジオ400万台の生産命令を下した。これを受けた商工省は生産計画を策定し、各社を招集して振り分けた。この生産計画のうち、松下電器、早川電機、戸根無線、双葉電機、大阪無線の在阪5大企業が約3分の1を引き受けた。残り3分の2は大手企業と在関東企業が引き受けた。ここでいう大手企業とは、

三菱電機、東京芝浦電気、日立製作所、沖電気工業、富士通信機、日本無線、岩崎通信機など、従来の生産品目が重電機や通信機の企業であった。また、在関東企業とは山中電機、七欧無線、ミタカ電機、八欧電気、帝国電波、原口無線などであった。これらの企業は、生産割当てによりラジオの生産を確保し、その生産量を増やしていった。こうしたCCS主導の生産は、1948年まで続けられた。

以上の状況から理解されるように、軍需品用の生産資材が工場内に残存する重電企業、あるいは戦前にラジオ生産を事業の主部門としたアセンブル企業は、それぞれ軍需生産から民需生産への転換あるいは企業再建の一手段として、ラジオの生産を開始したのであった。また、一部のアマチュアも生活を支えるためにラジオを製作し、それを販売した。1945年末45社であったラジオを製造する企業の数は1946年末には68社となり、その生産実績はアマチュアものを含めて前年の7倍強となった。1948年度は、月間6万台から7万台ものラジオが生産された。

しかし1949年に実施された、いわゆるドッジラインの日本経済に対する影響はきわめて大きく、企業によるラジオ生産も減少傾向を示しはじめた。49年末の月産生産台数は5万台、50年4月の企業による出庫台数は約1万8000台となったのである。この中で、ラジオ卸商や小売商あるいはアマチュアが自作した安価ないわゆる「アマチュアもの」ラジオが市場において増加しはじめた。1949年度にはメーカー製品が約60万台に減少する一方で、アマチュアものの生産台数は約39万台に増加し、市場の約40％をも占める状況となったのである。

ドッジラインによるデフレとメーカー製ラジオに対する需要の低下のため、松下電器や早川電機などのアセンブル企業は経営危機に陥った。早川電機社長早川徳次はドッジライン期の経営状況を次のように振り返る。

「すでに売上計上済みとなっている商品が、大手配電会社や一流問屋筋からも返品されてきた。手形事故はかさむ一方である。…（略）…全商

品に対して、販売価格の平均16％程度まで下げた。…（略）…
　4月、5月は受信機組立作業を一時停止して、もっぱら在庫品の消化とラジオ受信機部品その他の販売に全力を注いだが、やっぱりダメ。6月までの月平均売上1500万円は昨年同期のわずか40％に過ぎないのである」（日本経済新聞社編，1992, p. 106）。

　これに対して真空管などの能動部品に対する需要は安定していた。企業による真空管需要こそ減少傾向にあったが、アマチュアによる需要は増加しつつあったからである。このため、真空管などの能動部品を自社生産し自社製ラジオに組み込む一方で、その外販も行ってきた企業は、ラジオ生産を中止し、能動部品の生産および外販に特化しはじめた。ただし、管球製造を事業の一部門としていた重電企業の経営状況もやはり悪化した。事業の柱である重電に対する需要の規模は小さく、企業再建整備と民需生産への転換が進展しなかったため、人員整理を行わざるを得ない状況に置かれることになったのである。

　こうしたデフレ経済の下で各企業が経営再建を行う中、朝鮮動乱が勃発しアメリカ軍の緊急軍需品が日本に対して発注されたため、1951年には鉱工業生産は戦前レベルを越えるとともに、電機企業各社の業績は回復した。しかし休戦会談が始まって特需によるブームが沈静化すると、経済自立が改めて日本の課題となった。このため鉄鋼、石炭、海運、電力など多くの産業は合理化のための設備投資に乗り出し、政府もこれを支援する体制を整えはじめた。

　企業が経済合理化問題に直面していたこの時期、テレビ放送実施の日程が策定されはじめていた。すなわち、1950年11月からテレビジョン定期実験放送が開始され、テレビジョン調査委員会による調査研究、電波管理委員会が日本科学技術連盟海外技術調査委員会に委託した「テレビジョン及びマイクロウェーブ技術の現状」調査が行われていた。また、電波法と放送法と電波管理委員会設置法のいわゆる電波三法が1950年に制定され、テレビ放送

の方式に関する決定がなされた。

　以上のような経済合理化問題とテレビ放送実施決定という経営環境の中で、アセンブル企業は、従来日本の市場には存在しなかった新製品、すなわち受像機の発売を開始するという意思決定を行った。この意思決定が可能になった要因として、日本企業は早くも戦前にラジオの次の主力商品は受像機であると認識し、テレビ技術を蓄積してきたことがあげられる。

　そもそも日本におけるテレビ・システムの技術開発は、はるか戦前の1920年代に浜松高等工業の高柳健次郎によって始められ、技術的な観点からみて、1930年代後半にはテレビ放送は可能となっていた。こうして高柳を中心とする研究が展開される中で、企業はテレビをラジオの次世代の製品として認識し、浜松高等工業に人材を求め、テレビ技術の蓄積を開始したのである。その最初は1931年、早川電機社長早川徳次の高柳への「ラジオに次いで、じきにテレビの時代がきます。愛弟子をぜひ当社に……」という手紙であった。その結果、高柳研究室の笹尾三郎は早川電機に入社することになった。また1935年、松下電器も浜松高等工業に研究者を求め、久野古夫が松下電器に入社することになった。彼は自分が採用された理由を「テレビがそろそろものになりそうだ、浜松と関係をつけようと思って私をよんだようです」[2]と回顧する。『静岡大学工学部50年史』においても、戦後各社のテレビ技術開発を主導した技術者たちは、戦前期に採用されていたことが確認される。

　この浜松高等工業の高柳健次郎を中心とする技術者ネットワークは、①松下電器や早川電機というアセンブル企業、②東芝や日立製作所や三菱電機など重電および管球製造企業、③沖電気など通信機製造企業、④神戸工業など管球および部品製造企業などで構成され、戦時中から終戦直後にかけても機能した。こうした事業の主力部門の異なる多様な企業にテレビ技術は伝播し、その進化もみられたため、それらの企業にとって、受像機という製品に対応可能な状況がすでに形成されていたのである。

　このうち、1950年代初頭に蓄積してきたテレビ技術を積極的に活用し、

テレビ産業を生成せしめる主役となったのは、松下電器や早川電機など、戦前以来ラジオのアセンブルを事業の主部門としてきた①のアセンブル企業群であった。これは、戦後のラジオ需要の変遷から理解されるように、従来これらの企業が事業の主部門としてきたラジオの市場が成熟しはじめたためであった。その結果、50年代前半の受像機市場においては、アセンブル企業がその大半を占めることになったのである。

2 生産技術の蓄積と活用：受像機産業の生成

多くのアセンブル企業が受像機の生産を開始する中で、早川電機と松下電器はその生産量を急速に拡大させていった。これは、両社が戦前以来のラジオ生産を通じて蓄積してきた生産技術を受像機の量産に活用したからであった。ここでいう生産技術とは、一つは作業工程分割の仕方や作業方法などアセンブル工程におけるノウハウ、もう一つが部品量産用機械の製作能力であった。ラジオ生産において蓄積されていった生産技術の成果は、表III-2に示される戦前のラジオ市場の状況によって確認することができる。すなわち松下電器と早川電機の2社で、日本のラジオの約半分を占める生産を行って

表III-2 戦前のラジオ受信機工業における松下電器と早川電機の市場専有度

年度	松下電器		早川電機		全社生産合計	全メーカー数	2社合計シェア
1935	42,759	29%	42,795	28%	153,974	23	56%
1936	159,408	38%	64,121	15%	427,287	25	52%
1937	196,889	49%	85,698	21%	406,753	26	69%
1938	221,063	37%	90,131	15%	604,462	30	51%
1939	224,936	30%	124,558	17%	740,356	33	47%
1940	237,535	28%	134,677	16%	852,903	33	44%
1941	264,869	29%	126,986	14%	917,011	37	43%
1942	175,706	21%	148,956	18%	841,301	38	39%
1943	174,002	23%	92,060	12%	741,816	45	36%
1944	47,140	30%	31,675	20%	157,153	39	50%

注：生産実績の単位は台。
出所：公正取引委員会事務局調査部編（1951）p.33より作成。

いたのである。このラジオの大量生産を可能にした生産技術こそ、50年代前半に松下電器と早川電機の受像機生産の拡大を可能にした技術であった。以下では、松下電器と早川電機をとりあげて、ラジオの量産を通じて生産技術が蓄積され、それが受像機量産に応用されたことを明らかにしていく。

　ラジオの生産を通じて培われた生産技術の一つは、アセンブル工程に関するノウハウであった。1925年に日本でラジオ放送が開始されると、多くのラジオ生産者と無線知識を持つ多くのアマチュアが鉱石ラジオを生産しはじめたが、早川電機は早くも月産1万台という生産を実現した。1912年に金属加工業から始まった同社は、1915年には早川式繰出し鉛筆（現在のシャープペンシル）を発明し発売した。200人体制のシャープペンシル工場では、当時としては珍しい流れ作業が用いられた。この経験を踏まえて、鉱石ラジオ工場には流れ作業が導入された。その様子は同社の『IEマニュアル　No・1』において次のように記録されている。

　「動力源こそついていないが、木製の手送り台が各工程の作業机に連結したコンベアとなっており、鉱石ラジオの流れ作業による組立が行われている。坐り作業（正座）を廃止して腰かけ作業にし、部品のおき方、工具の使い方などすべてに工夫があり、すみずみまで整理整頓が行きとどいている」。

　当時のラジオの組立ては、1人で作業を行った場合、完成には2時間を要した。しかし、早川電機では流れ作業の採用により、1人にすると1台当たりの組立時間を50分に短縮しえたのであった。また真空管ラジオ時代が到来すると、早川電機は生産性のさらなる向上を実現した。同社は大阪平野にトランス、スピーカー、キャビネットなど部品生産用第2工場を建設し、大阪西田辺の本社工場においてアセンブル体制を整えた。西田辺工場では、早川徳次が発明した間歇式コンベア装置が用いられ、工場全体の1台当たりの組立時間は56秒にも短縮化されたのであった。

このアセンブル工程に関するノウハウは、受像機工場において活用された。1953年に設立された大阪平野の本社受像機工場では、エンドレス・チェインコンベア装置が使用された。つまり、部品取付け、配線工程、シャーシ・エージング、調整工程、箱入れ工程など、「引き込み」を行わない一貫した流れ作業を採用し、工場全体として1分間に6台の生産体制が実現されたのである[3]。既述の高柳門下生笹尾三郎や早川電機製第一号受像機開発に参加した服部正夫らは本社工場を設立する前にアメリカRCA社を訪問した。そこでは、受像機量産のために「引き込み」を利用した流れ作業が行われていた。これは、コンベア上の半製品が作業員の前に流れてくると、彼らはいったんそれを自分の手元に引き込んで作業を行い、それが終了するともとのラインに乗せるというものである。これをみた笹尾や服部らの感想は「これでは能率があがらん、たいしたことはないな」というものであった[4]。

　ラジオ生産において培われたアセンブル工程におけるノウハウが受像機工場に活用された様子は、松下電器からもうかがえる。同社では、1954年月産1万台の生産が可能な茨木工場建設の決定がなされたが、それまでの暫定措置として、門真工場において月産5000台生産を行うとされた。もともと松下電器のテレビ事業部は、ラジオ事業部内にテレビ課として設立されたという経緯を持つ。そのために、ラジオ工場のあった門真に受像機工場が設立されることになった。この門真工場について久野古夫は「テレビ工場ができることになったときには、うちのラジオ事業部の生産技術者がきて、その段取りをやりました」と述べている。また、彼が1955年にアメリカの受像機メーカーを見学したときのことを次のように『エレクトロニクス』に寄稿している。

「テレビの組立については有名なRCA、それからシルバニヤ、それからハリクラッタ。まだカラーテレビの始まる前で白黒テレビだけだったが長いベルト・コンベヤの前に大勢の人がとりついている光景は壮観だった。しかし、私たちがラジオを作るに使っている手法と別に変わったと

ころはなかった」。

　もう一方の生産技術とは、部品量産用機械の製作能力であった。松下電器がラジオの自社生産を開始した契機は、製品の故障率を低下させるためであった。すなわち、1931年、松下電器がラジオの販売を開始したとき、その生産は国土電機に委託された。しかし、そのラジオの故障は多かった。これについて委託生産先の国土電機側は、「ラジオってのは難しいもんだ、部品を使って組み立ててるんだから故障するのは当たり前だ、修理する技術のある店にしか売らんでくれ」と松下幸之助に対していったが、彼は「部品さえしっかりしたものをつくれば、故障が少なくていいラジオがつくれる」と考え、大阪十三に部品工場を建設し、工業学校出身者を採用しその生産にあたらせた。また、戦時中に松下電器に飛行機の生産を要請した海軍の佐波次郎は、『海軍技術者たちの太平洋戦争』において、同社工場の様子を次のように回顧する。

　　「それから関西へいくたびに松下の工場をみていると、設備に大きな金をかけていないが、工夫して効率のいい仕事をしている。大型プレスが欲しいと思っても、新品を買わず船のプロペラ軸などを買ってきて、自分たちで独特のものを作っている」（碇、1989、p. 221）。

　このような量産用機械の製作能力は早川電機においても蓄積されてきた。もともと飾職人であった早川徳次は、同業者から「機械マニア」といわれるほどさまざまな機械を使用して、シャープペンシルやラジオなどの生産にあたった。すなわち、スイス製自動シボリ機や顕微鏡、硬度計など最新鋭の機械が同社に備えられていた。1938年に入社した服部は、回想録『私の記録No. 001』において、入社当時の様子を次のように記す。

　　「ここ（早川電機研究所―筆者注）は測定器が一式配置され、…（略）…オ

シロ、ブリッジ、を除いて笹尾さんのユニークなアイデアによる自社開発の測定器がほとんどでした。…（略）…笹尾さんは、新入社員が入ると、経歴のいかんを問わずこの工作室で旋盤を始め工作機械全般とヤスリの手仕上げまで、徹底的に指導されたものです。私も同様に、この工作室で2ヶ月ほどテーマーを数多く与えられ徹底的に鍛えられました」。

　早川電機では、製品設計者をはじめとするすべての技術者たちは、これらの機器の使用方法を必ず修得しなければならなかった。彼らはこの経験を通じて、部品を含めた製品の量産のためにどのような機械が必要なのか、どのような改良が必要なのかを理解できる能力を身につけた。このような生産技術もまた、受像機の量産に活用された。服部は受像機開発当初の様子を次のように記す。

「受像機の試作開始にあたって、受像機を構成する部品の調査から初め、その中で重要な部品を探し出すことに集中し、…（略）…次の三ツの部品が極めて重要であることが明らかになって参りました。
- 1・チューナー、電波の入り口で超短波の新部品で、性能と商品企画を左右する。
- 2・偏向コイル、ブラウン管の電子線を偏向させるコイルで全く新部品。
- 3・フライバックトランス、ブラウン管に高電圧を与える高電圧発生トランス。

この三ツに的を絞り自社開発し、自社生産した」。

　これらの部品の量産用機械は、早川電機内部で製作された。チューナー量産用金型および偏向コイルは試作課にて、フライバックトランスに関するハネカムコイルの量産型巻線機は工作課においてそれぞれ製作され、受像機の工場で使用されたのである。服部は、早川電機とRCAの量産技術を比較し

て、次のように述べている。

「RCAの機械はアメリカ式の生産にあったもので、日本人では使えないものでした。例えば、プレス機なんかアメリカ人の体力にあわせたもので、とてもじゃないけど日本人なんかには使えない。プレスするものを持ち上げるのが大変だったり、プレスする場所が高すぎたり、日本人には無理でした。あるいはね、むこうのは一個一個加工するものだったけど、そんなんじゃ能率があがらんということで、いっぺんに5個ずつできるものをつくったり、そうやって、いろいろ自分のところで作ったりしました」。

以上の状況から理解されるように、すでに戦前の時点でラジオ製造を通じて高い生産技術を蓄積していた松下電器と早川電機は、それを活用して受像機の量産を開始した。このため1950年代前半に多くのアセンブル企業が受像機市場に参入する中で、両企業は受像機の量産を実現し、市場におけるシェアを確保できたのであった。

3　基盤技術がそれぞれ異なる諸企業による競争：テレビ産業の発展過程

1　重電需要の低下と家電市場への参入

1950年代後半に入ると受像機の生産量はさらに拡大し、受像機量産が始まって5年後の58年には約100万台に達し、製品価格も急速に低下していった。表III-3により50年代後半の受像機市場のシェアを確認すると、松下電器と早川電機が依然として上位を占める一方で、先に示した高柳健次郎を中心とする技術者ネットワークにおいて②に属する企業、すなわち日立製作所、三菱電機といった重電企業が参入し、シェアを拡大していることがわかる。実はこうした重電企業の受像機を含めた家庭用電気製品市場への参入は、

表III-3 1950年代後半の受像機生産量のシェア

	1956年		1958年		1960-61年	
1位	早川	16.9％	東芝	18.2％	松下	20.2％
2位	松下	15.7％	松下	17.3％	東芝	17.6％
3位	八欧無線	12.7％	早川	16.9％	日立	13.4％
4位	東芝	12.6％	日立	10.6％	三洋	11.0％
5位	三菱	10.6％	三菱	9.9％	早川	8.9％
6位	三洋	10.0％	三洋	9.3％	三菱	8.3％
7位	日本コロムビア	5.6％	八欧無線	8.0％	八欧無線	7.2％
8位	日本ビクター	3.3％	日本ビクター	4.5％	日本コロムビア	4.7％
9位	七欧通信機	3.0％	日本コロムビア	4.4％	日本ビクター	4.2％
10位	日立	2.3％	大阪音響	0.9％	新日本電気	1.7％

出所：平本（1994）p. 55およびp. 79より作成。

技術開発競争を促進させるものとなった。こうした論点を明らかにするために、以下では重電企業とアセンブル企業それぞれの技術開発プロセスを確認していく。まず、重電企業が一時的ではあったが重電需要の低下に直面し、それを契機に家庭用電気製品市場（以下、家電市場）へ本格的に参入するプロセスから示すことにする。

　1950年代初頭、重電企業はアセンブル企業と異なる経営戦略を採用していた。まず朝鮮戦争による特需以降、重電企業は真空管の生産量を増加させた。当時のアメリカでは、生産された真空管が軍需品に優先的に配分され、ラジオや受像機に使用される民需用真空管が払底したため、50年秋以降アメリカから日本に対して大量の真空管需要が発生したからである。

　これを受けて重電企業各社は管球の量産のための技術導入を行い、アメリカ市場への対応をはかった。終戦後の重電企業では、戦前に比べて高性能な周波数変換管や新型真空管などの開発と生産が可能になっていた。また、CCSの技術指導により、すでに各企業の真空管生産方法は改善され、その品質も上昇しはじめていた。ただし、生産方法は労働集約的であった。たとえば、1949年においては、受信用真空管6Ｃ6の部品の加工および組立は25工程あり、各部分は手作業を必要としていたのである。しかし、管球の

量産技術の導入により、このような生産方法は一変した。すなわち陽極、陰極、グリッド、ヒーターなどの部品は専用機械によって製造され、ガラス部分とグリッドとその他部品の結合、バルブの洗浄や乾燥、捲線や半田づけ、封じ排気などが一挙に自動化され、4秒間に1本の真空管生産が可能となり、月産15万本の真空管生産が実現されることになったのである。

このように、重電企業は真空管量産の体制の確立に努めたが、これを利用した製品の一つである受像機への対応は、すでにその製造開始を決定していたアセンブル企業と比較すると消極的であった。たとえば1952年9月26日付の日本経済新聞では、東芝の事業方針は「セットの生産は当分見合わせブラウン管と小型真空管に力をいれるつもりで、来期の研究費として7000万円を計上している」と示されている。

重電企業の戦略は、1950年代の企業合理化問題のプロセスにおいてもアセンブル企業とまったく異なった。重電企業は、この時期の企業の合理化投資やそれを支える政府の合理化政策という経済環境の中で、重電需要への対応をもう一方の事業の柱としていたのである。たとえば『東芝百年史』において、同社の1950年からの4年間に重電部門の売上げが12億円から85億円へと伸びたことが記録されている。重電企業各社の全生産額に占める重電部門への依存度も上昇した。その数値は54年上期に東芝では約50％、日立製作所においては約40％、三菱電機では約65％にも達していた（公正取引委員会事務局編，1959）。

しかし重電企業は、1953年後半、後の時点から振り返れば一時的なものとなったが、大きな経営環境の変化を経験することになった。すなわち、日本経済は物価の上昇と貿易赤字の顕在化にみまわれ、政府が財政金融面での引締め政策を実施した結果、日本経済は不況にさらされた。このため、重電の受注実績は減少傾向を示しはじめたのである。官公需分は前年の約70億円から約68億円に、民需分は約481億円から約384億円へとそれぞれ減少した。こうした状況に置かれた重電企業は、日本経済新聞の中で、次のように記される。

「なんでも日立製作所や東芝のように1ヶ月最低4、50億円の売り上げがないと赤ランプというところでは、いつもならすんなりとまとまるはずの来期の受注予算計画が、なんと3週間もんでもなおラチがあかないという。…(略)…電力会社の需要激減や残り少ない引合いに対する販売合戦、出血受注などで七転八倒しているというのが実状のようだ」(日本経済新聞1954年9月15日付)。

また重電需要は今後低い水準で推移するという観測も一般化した[5]。すなわち1954年に入ると、高い経済成長はここで終わったという著しく悲観的な見方や、これ以降は3％から4％程度の通常の経済成長が再開されるという予測が一般化したのである。さらに1955年度の景気動向については、当年度よりもさらに10％から20％下回るという見通しが広く持たれはじめていた。

こうした1953年下期からの不況に対処するために、重電企業は家電市場へ本格的に参入しはじめたのである。重電企業の売上高利益率が3％から4％程度であったのに対して、家電市場は松下電器や早川電機に6％から8％あるいは9％という高水準の売上高利益率をもたらしていた(向坂、1960)。この時期の重電企業各社の家電製品に関する事業計画を確認してみる。日本経済新聞では、重電企業の当年度計画は次のように発表された。

「一、地方の小売店の売り上げを増加するために、各社ともこれまで生産していた扇風機、電気冷蔵庫、ミキサーなどモーターの応用品以外に、家庭用乾電池、蓄電池、バキューム・クリーナー、電熱製品などを製造していく傾向がある。…(略)…」(日本経済新聞1954年6月16日付)。

また1955年度の重電各社の家電製品に関する計画は以下のように伝えられた。

「▽日立製作所＝①…（略）…②家庭電気品関係では茂原工場で量産している真空管類を大阪の早川電機に供給してラジオの生産を再開する。…（略）…昨年まではモーターを応用した家庭電気品（扇風機、電気洗たく機、電気冷蔵庫など）に限られていたが、今年はヒーター（電熱器）関係の家庭品（トースター、電気アイロンなど）も量産する。…（略）…
▽東芝＝…（略）…
▽三菱電機＝①家庭電気品関係では14インチのテレビ・セット、普及用のポータブル・ラジオの量産を4月以降始める。同系会社昌光硝子の完成とともに蛍光灯の量産（月産30万本）を始める」（日本経済新聞1955年2月23日付）。

こうした計画に基づき、実際に重電企業は家電製品の生産を開始した。たとえば『日立製作所史2』によれば、同社は1954年秋ミキサーの試作品を完成させ、1955年初頭から「日立スーパーミキサー」の量産販売を開始した。またこれまで主流であった攪拌式電気洗濯機に加え、絞り機とタイマー付きの移動渦巻き式電気洗濯機を発売しはじめた。これと同様の動きは、『三菱電機社史』からも確認できる。

以上から理解されるように、重電企業は家庭用電気製品へ製品ラインを拡大する戦略を採用し、その一部門として受像機の生産を開始したのである。ただし、家電市場においてはアセンブル企業による製品のシェアがすでに優勢となりつつあった。

この時期、消費者が購入を開始した家電製品の一つは扇風機であった。これはモーター技術を使用した製品であり、戦前には日立製作所や東芝や三菱電機などの重電企業が寡占的に生産と販売を行っていた。このため、1955年の時点では重電企業は扇風機市場の大部分のシェアを確保できた。しかし、松下電器などのアセンブル企業のシェア拡大速度は高まりつつあった。

同時期にブームとなったもう一つの製品として電気洗濯機をあげることができる。1952年に1万5000台であった生産は、わずか2年後の54年には

26万台となった。このような電気洗濯機ブームの中で、その生産量を顕著に拡大した企業は三洋電機や松下電器であり、54年の2社合計の生産量は全体の60％を上回った。54年に重電企業が本格的に電気洗濯機の生産を開始したとき、すでに三洋電機や松下電器などのアセンブル企業が、圧倒的なシェアを確保していたのである。

このような家電市場に参入するために、重電企業は製品の低価格化をはかり、これに対してアセンブル企業も低価格化で対抗した。その様子はたとえば日本経済新聞で次のように示される。

> 「デフレ形と銘打った廉価のものはラジオ、テレビ、蛍光灯に多くみられる。なかでも一時1万数千円といわれた五球スーパーを九州方面に6000円で売った東芝に『ダンピングもはなはだしい』と猛省をうながす連判状を突きつけた三洋電機、松下電器、早川電機などの関西陣が、それから2ヶ月も経たないうちに対抗策としてMT管を使った小売値4500円の超デフレ型から8000円の五球スーパーという普及型を市販し始めた」（日本経済新聞1954年9月15日付）。

その結果、1954年末頃には「だしぬけに値下げを発表『これで当分大丈夫』とほっとしたあくる日、それを一段と下回る安売りを決行するメーカーが必ず飛び出す」家電市場が形成された。すなわち家電市場をめぐってアセンブル企業と重電企業が競争を開始し、家電市場の一部分である受像機市場においても同様の状況が生じつつあった。このため各企業は、製品の競争力を実現するために、独自の優位性を活用しつつ技術開発を進めることにしたのである。

2 管球部品開発体制の利用

重電企業は受像機の生産を本格的に開始しはじめたとき、管球部品の自社開発体制を利用して製品の競争力を実現した。受像機用ブラウン管の原理が

戦前に高柳健次郎によって考案されて以来、重電企業はその設計および製造を行ってきた。ただし、その製造工程はかなり労働集約的であったため、各重電企業はブラウン管を含めた管球の量産を実現するために、1950年代初頭の技術導入ブームの中で量産技術を導入した。たとえば『茂原工場30年史』によれば、日立製作所茂原工場の技術者の相手先企業への派遣や装置の導入、相手先企業の技術者の招聘が行われた。この結果、日立製作所のブラウン管生産量は急速に拡大していった。同社の1953年ブラウン管の生産量は約500本であったが、55年には約6万5000本となった。すなわち、日立製作所はブラウン管の量産方法については技術導入を行い、管球生産体制を整備したのであった。

　この茂原工場で量産されるブラウン管や真空管を利用して、戦前以来通信機を主として生産してきた戸塚工場において受像機の量産が始められた。当時の状況については、次のように記される。

「戸塚工場における日立テレビジョン受像機は1955年8月（昭・30）の時期から、かれこれおおよそ1ヵ年は、良品として市場へ出せる検査合格品は甚だ僅少であったということである。製品の技術的本質に関する点で不充分であるならば、ふるい立ってその改善に突き進む張り合いを感ずる技術陣も、いわばつまらぬミス——例えばキャビネット中に残された芥が映像の画面に落ちてくる——といった場合では、やり場のないいらだちにさいなまれた。

　……（略）……

　試作段階の少量生産では大体全数良品であるものが、量産段階に移行するとばらつきが混入する。量産段階で品質の同一性が維持できないという煩みは深刻であった。例えば1,000台生産の内に不肖の子が何台か現われる。不肖の発生が非常に少なくなる状態にまで追い詰める苦心は並々ならぬものであった」。

こうした状況は1957年に入るまで続き、その生産量は拡大しなかった。アセンブル体制の整備に関して、戸塚工場では終戦直後にラジオの生産が始められたが、1949年には同事業は中止されたという事実がある。その理由については、次のように記される。

　「作番についての考え方、経費割掛の仕方においても意識的に通信機とは異なる方式が採用された面もあったが、通信機生産の支配的雰囲気に圧倒されて思い切った措置を採用しえなかった。とくに無線部門では、戦争生産では概して少量生産に終始した体験からすれば、この機種の生産においては、随分量産的な方法が採用された筈であったが、いわゆる無線の一品料理を基調とした日立式オーソドックスな作業進行システムにのっとって、それをできるだけ量産的に転換するという手法以上に踏み出すことをなしえなかったという。かくのごとき量産体制不徹底の甘さが、ラジオ受信機生産を黒字経営に転じえなかった最大の原因であったとされている」。

　すなわち、戸塚工場は有線通信機を「一品生産」してきたために、終戦後に大量生産品という性格を持つラジオのアセンブル工程を整備する際には問題が生じた。そして、利益を得られないままに、ラジオ生産は終えられたのである。1950年代半ばになって、アセンブル企業が蓄積していたような生産技術、とくに松下電器や早川電機にみられた生産技術が十分に蓄積されていない中で、日立製作所戸塚工場はラジオ製造よりもはるかに工程数の多い受像機を製造しはじめた。このため、受像機の量産体制の整備には時間がかかることとなったのである。
　こうした状況の中で、日立製作所の受像機開発者たちは、社内における管球の設計と開発体制を活用して、受像機開発を開始した。日立製作所茂原工場においてブラウン管や真空管の開発を主導した橋本一二は、回想録『マンダラをまねたメモランダム』において次のように記す。

「長浜君と私は、仕事の上では昭和30年のはじめごろ、いよいよ日立もおくればせながらテレビ受像機を横浜工場で生産しはじめた頃からのつきあいと思う。…（略）…彼はテレビ受像機の製造の立場よりいつもブラウン管や真空管に対する改善要求がうるさく、かつ一般的に日立以外にお買い上げ願っている顧客とはちがった、例えば消費電力の少いものの要求やら、カラーテレビ時代をみこしてのアップルチューブの試作依頼等つぎからつぎに要求をよこしたものであった。…（略）…白黒ブラウン管、カラーブラウン管、小型受信管について彼の提案や要求はほとんどあたって、ついに業界での後追いの日立テレビをして収益性の高いものにしたことは今更ながら、頭が下がるばかりである。これにつづいてカラーテレビの時代になるや、無故障、省電力のアイデアを出しオールトランジスターテレビの開発に着手し、これも例によって関係工場に対し半導体のいろいろの要求を出し、ブラウン管についても更に鮮明な画がうつるようなアイデアと要求を出し、皆さんもご承知と思うが、業界でついに独占的なオールトランジスター受像機を完成し、どこのテレビメーカーも垂涎おくあたわざる事態を現出した」。

「長浜君」とは、日立製作所戸塚工場に所属し、受像機開発を主導した長浜良三をさす。こうした後の時代のトランジスタを用いた受像機やカラー受像機まで含めた記述から理解されるように、日立製作所の受像機は能動部品の性能を向上させて、受像機全体の性能をあげようとしていた。このことについては、『日立製作所戸塚工場史』におけるラジオ・テレビの年次生産という項目からもうかがい知ることができる。たとえば、1956年度に生産された受像機に関して、一番初めに記される特徴は次のとおりである。

「キメの細かい美しい画像を特長として注目を引いたが、SM-100型にはメタルバックブラウン管を使用し、フィルタガラス（アイレスト・スクリーン）を使用して明るい場所で見てもコントラストを増すとともに、

チラツキを軽減する効果…（略）…。セットの小型軽量化のため70度偏向から90度偏向への転換が望まれていたが、秋に入ってこれが実現をみることとなり、水平偏向出力の増大のため12 DQ 6-A（6 DQ 6-A）の開発とともに14″については画面が約20％広くなるスピニングタイプブラウン管（14 RP 4-A）を採用した…（略）…」。

　ここで注目すべきは、茂原工場でつくられるブラウン管が70度から90度に広角化されたことを利用して、受像機全体の小型化を実現している点である。また12 DQ 6-A、6 DQ 6-Aとは茂原工場で製造される真空管の品番を表しているが、高性能な真空管およびブラウン管によって、画質の向上をはかったのである。
　また1957年に関する記述の1行目は以下のとおりである。

　「FMB-490、FMB-790およびFMB-290の3機種は14″テレビ受像機として需要の中心をなすもので、これらはいずれも90度偏向メタルバックブラウン管を使用した最初の製品として注目をひいた…（略）…」。

　ここから1957年も前年と同様の受像機開発がなされたことが確認できる。さらに、1959年について、同様に1行目の記述に注目すれば、次のとおりである。

　「性能面の向上において特筆すべきことは、高周波回路に超高感度真空管6 R-HH 1（または4 R-HH 2）周波数変換回路に5 M-HH 3を採用することにより、感度は約6 dB、雑音指数も約3 dBと飛躍的に改善された…（略）…」。

　これ以降も、日立製作所はブラウン管のショートネック化を他社に先駆けて開発し、部品として採用することにより、受像機の性能向上と低価格化を

実現していった[6]。すなわち日立製作所は、新開発された部品、とくに管球性能および特性の改良を通じて受像機の競争力を実現していったのである。

3 新しい受像機設計とアセンブル技術の展開

　1950年代後半の受像機市場において要求される競争力実現のために、重電企業は社内の管球設計開発体制を利用した。これに対して、アセンブル企業は受像機の設計やアセンブル工程の改良を通じて、市場競争に対応したのであった。以下では、50年代の受像機の技術的変化を通じて、これを明らかにする。

　まず、受像機のキャビネットについて、木材から金属あるいはプラスチックへの転換がはかられた。50年代に用いられたキャビネット素材は、木材、金属ハードボード、プラスチックなどがあげられる。この中で50年代前半は木材が主流であった。しかしこれは、原材料である木材単板の入手およびその品質管理が難しいため、受像機の低価格化の実現を阻害する要因であった。この問題を解決するために、成形合板や木目印刷のなされたハードボードが採用された結果、原材料費の低下がもたらされた。またこのようなキャビネット素材の変更によって、大型プレス機械やベンダー機の導入も可能になり、工数削減がもたらされ、生産性が上昇した。

　こうした受像機の外側における変化は、内部の設計の変化を伴った。たとえば、50年代のシャーシの種類には、水平型、垂直型、二段型、U型、分散型があった。このうち50年代前半の主流は水平型であったが、後半になると垂直型が主流になった。垂直型のメリットは、受像機の正面をほとんど受像面で占めることができるため、キャビネットの小型化を可能にすることであった。

　垂直型の採用を可能にした技術は、トランスレス回路や小型チューナーなど、新開発された部品であった。トランス電源と垂直型シャーシを組み合わせた場合、漏洩磁束が映像のハム誘導現象を引き起こすという問題が発生した。トランス電源を採用する以上、水平シャーシを採用せざるを得ず、した

がってキャビネットの小型化は困難であった。しかし、トランスレス回路が開発され、ハム誘導現象の発生問題が解決され、回路全体もトランス式に比べはるかに小型軽量になった。またチューナーについては、ドラム形タレット式からロータリ・スイッチ式へと変化した。たとえば、前者は幅 82 mm、高さ 84 mm、奥行き 117 mm であったが、後者における数値はそれぞれ、69 mm、72.5 mm、98 mm となり、容積が 40％小型化された。

　以上のような受像機設計の変化に伴って、その量産方法も変化した。たとえば、水平型シャーシが主流であった 50 年代前半の組立工程では、ラグ板という基板に部品が一つ挿入されるごとに巻線と半田づけの作業が繰り返された。これは、組立工程を労働集約的なものにした。しかし、上記のような受像機設計が実現された結果、ミスの特定を可能にし、配線工程の生産性も上昇した。部品を 1 人で数個ずつ差し込み、その工程がすべて終了した後、半田づけを 1 回で行うなどという技術が開発されたのである。

　組立工程の生産性上昇とともに、部品製造装置のさらなる自動化が進展した。その一例として、偏向コイルの製作方法があげられる。従来偏向コイルは線材をリング上に捲線し、木型に入れて木ハンマーでたたいて成型加工されていた。しかし、半自動 DY 捲線機の導入は、偏向コイルをラッパ状に捲線した後、別機械で加熱成型することを可能にした。

　新しい受像機設計および組立工程や部品製造工程における自動化技術が生み出された結果、工場全体の自動化が進展した。早川電機『IE マニュアル』は、50 年代後半の受像機工場を次のように描写する。

　「昭和 30 年代に入り機械と機械とをコンベアでつなぐことがさかんになった。すなわち運搬分析（マテリアル・ハンドリング）によって、ベルトコンベア方式はもとより、ローラーコンベア、トロリーコンベアを組み合わせた工場の立体化が進行し…（略）…プレス機械間はコンベアで連結され、プレス工程後は自動多点スポット溶接機を通り、塗装前処理工程に直結、静電塗装装置と乾燥炉をトロリーハンガー方式でくぐり抜け、

組立工程へと供給される一連の生産ラインが完成されたのである」。

以上に示された技術を他社に先んじて開発し、採用したのはアセンブル企業であった。たとえば松下電器は1955年5月に国産初のメタルキャビネットを発表し、同年8月早川電機もこれに続いた。また松下電器は1955年6月トランスレス回路、57年に音声回路にプリント基板を日本で初めて採用し、その販売を開始した[7]。

以上から理解されるように1950年代後半、アセンブル企業は生産性上昇とコスト低減をもたらす受像機、組立工程や部品製造工程における自動化技術を開発し、市場における競争に対応したのである。

4　おわりに

この章では、日本のテレビ受像機産業が生成して数年のうちに急成長を遂げた要因について検討してきた。この問題については、各企業が独自の技術的優位性を活用しつつ受像機を製造し、結果として、基盤技術の異なる諸企業による市場競争が展開されたことが重要な要因であったことが明らかとなった。

戦前期に形成された高柳を中心とする技術者ネットワークが機能し続けてきたために、事業の主力部門がそれぞれに異なる多様な企業において、受像機という製品の製作が可能になっていた。こうして蓄積されたテレビ技術を、各企業は技術的可能性という観点ではなく、経営戦略の観点から判断して活用した。戦前および終戦後を通じてラジオ生産を事業の主部門としてきたアセンブル企業は、1940年代末にラジオ需要の低下によって経営危機に陥った。この経験により、多数のアセンブル企業は、テレビという新製品により新市場を開拓することとしたのである。その結果、アセンブル企業は蓄積してきたテレビ技術と、ラジオの量産を通じて蓄積してきた生産技術を結合し、1950年代前半に受像機産業を生成させたのであった。

同時期の重電企業は従来の主部門である重電機や管球の需要が伸びはじめていたため、アセンブル企業と比較した場合、受像機生産へのインセンティブは小さかった。しかしこの後、重電部門の需要低下という経営環境の変化を契機として、重電企業は家電市場に参入した。その一部門として、技術者ネットワークを通じて蓄積されたテレビ技術を活用すべく、受像機の製造を開始したのである。この結果、競争的な受像機市場が形成されることになった。

　この中で各企業は自社の競争優位を追求する形で、受像機の開発と生産を行ったのである。具体的にいえば、重電企業は社内の管球開発体制を利用して、受像機の競争力を実現した。これに対してアセンブル企業は、新しい受像機の設計や組立工程や製造工程における新技術を生み出し、市場競争に対応した。

　結果として受像機市場に参入した企業の基盤技術がそれぞれに異なっていたがゆえに、ある企業が技術を開発するという行動は、他の諸企業が技術を開発するプロセスにおける一つの準拠点となりえた。この準拠点を主体的に利用して、各企業は自社の技術的優位性の持つ意味を確認し、築き上げてきた優位性をさらに進化させるかたちで技術開発を行った。この結果、日本のテレビ産業においては早期に大量生産と価格低下が実現され、小型受像機に関する物品税率と相まって、同産業は爆発的に成長したのである。それは、モデルの統一化、税制、外国技術導入といった他律的なプロセスではなく、企業の主体的かつきわめて戦略的なプロセスの結果であったことは特筆されてよい。

注
1) アメリカについては、M. E. Porter, *Cases in Competitive Strategy*, Free Press, 1983. イギリスについては『世界統計年報』。日本については通商産業省『機械統計年報』。
2) 筆者のインタビュー（日時：1995年10月23日10：00-13：00、場所：松下電器産業株式会社テレビ事業部、インフォーマント：松下電器産業株式

会社テレビ事業部技術顧問・久野古夫氏、松下電器産業株式会社テレビ事業部人事部副参事・小倉昇氏)。
3) 筆者のインタビュー（1995年8月30日13時―16時、レストランガーデン大和、インフォーマント＝元シャープ株式会社技術本部常勤顧問・服部正夫氏、シャープ株式会社広報室参事・井沢宏光氏)。
4) 筆者のインタビュー（1995年10月25日13時―16時、レストランガーデン大和、インフォーマント＝元シャープ株式会社技術本部常勤顧問・服部正夫氏)。
5) 中村隆英『昭和史(II)』東洋経済新報社、1993年、および日本経済新聞1954年4月14日。
6) 筆者のインタビュー（1996年12月5日13時30分―15時、橋本一二氏自宅、インフォーマント＝元株式会社日立製作所顧問・橋本一二氏、株式会社日立製作所情報事業本部主幹インストラクター・角行之氏、株式会社日立総合経営研修所主幹・廣田亮一氏)。
7) 松下電器産業株式会社テレビ事業部門『テレビ事業部門25年史』1978年、年表 pp. 3-5. およびインタビュー、1995年10月25日。

引用文献
碇義朗『海軍技術者たちの太平洋戦争：「海軍空技廠」技術者とその周辺の人々の物語』光人社、1989年
公正取引委員会事務局編『電機工業における経済力集中の実態』公正取引協会、1959年
公正取引委員会事務局調査部編『ラジオ受信機工業概況』公正取引委員会事務局調査部、1951年
日本経済新聞社編『私の履歴書：昭和の経営者群像（7）』日本経済新聞社、1992年
平本厚『日本のテレビ産業：競争優位の構造』ミネルヴァ書房、1994年
向坂正男編『機械工業』現代日本産業講座、岩波書店、1960年

参考文献
新宅純二郎『日本企業の競争戦略』有斐閣、1994年
長谷川伸「技術導入と日本のテレビ開発」橋本寿朗編『日本企業システムの戦後史』東京大学出版会、1996年

第2部

製品技術の成長

第2部

実証的研究の成果

第 IV 章
インクジェット技術の事業化プロセス：技術の多義性と応用展開の柔軟性

1 はじめに

　経営戦略を考えるうえで、技術は、重要な経営資源の一つとして、とりわけ近年注目されている。このことは、イノベーション（技術革新）にかかわる研究が盛んに展開されてきたことからも、理解できるだろう。

　しかしながら、企業経営において技術が重要視される一方で、既存のイノベーション研究では、十分に考慮されてこなかった問題がある。それは、研究開発によって生み出された技術を事業化するプロセスである。

　研究開発活動に経営資源を投入することによって、有望な技術が生み出され、その技術を特定の製品やサービスに向けて事業化していくという単純な図式が成り立つのであれば、技術の事業化はさほど大きな問題とはならない。詳しくは後述するが、実際に、技術の事業化プロセスをとりあげた研究でも、これまで中心的に考えられてきたのは、こうした単線的（uni-directional）なプロセスをいかにして短縮するかという問題であった。

　だが、技術は、知識として研究開発で生み出された時点において、本当に事業としての展開の方向性が規定されるのだろうか。先の「研究開発→技術的知識の生成→特定製品・サービスの事業化」という単線的な図式は、この規定関係を基盤としており、研究開発を重視する企業の多くでも想定されている。さらにいえば、この図式の背後にある「技術的知識に固有の論理→製品・事業展開の方向性」という「技術決定論（technological determinism）」に立った技術観は、少なくとも暗黙的には、広く社会で共有されている。

本章では、このような単線的な構図に対抗する、技術の事業化の新しい視点を、本書全体の主旨に沿うかたちで示していく。そこで基本となるのは、研究開発で技術的知識が生み出された時点では、技術展開の方向性は一義的に決まっておらず、異なる複数の可能性が存在しているというものである。この視点に立てば、技術の事業化プロセスには、技術的知識が生成された後にも、どのような製品領域やカテゴリーに応用していくのかという問題が、残されていることになる。そのプロセスをいかに管理していくかは、開発した技術的知識の可能性やその技術を開発した企業の地位を左右する重要な問題なのである。

　以下では、まず技術の事業化プロセスを既存の研究の前提に遡って整理したうえで、新たな概念枠組みを示す。その後で、その概念枠組みを示す一つの事例として、現在ではパソコン用パーソナル・プリンタを中心として普及しているインクジェット技術の事業化プロセスを、とくにキヤノンの対応に焦点を当ててみていくことにする。

2　技術の多義性と事業化の複線性

１　技術の事業化

　企業において、生み出された技術的知識を事業化していくプロセスは、必ずしも容易ではない。このことは、研究開発の成果である技術的知識のうち、少なからぬものは、利用されぬまま埋没しているという事実から理解することができる。たとえば、特許庁の調査によれば、現存するすべての特許のうち、製品・サービスとして実用化されたり、ライセンス供与されるなど、何らかのかたちで利用されている特許の比率は、わずか33％に過ぎない。実に67％もの特許が、将来的な利用を待っているか（23％）、あるいはまったく利用の見込みのない（44％）といったかたちで、未利用のままなのである。

　貴重な経営資源を投入して生み出された技術的知識の多くは、なぜ事業で利用されないのであろうか。また、そのような問題に対処するためには何が

必要なのだろうか。技術の事業化に関連した既存の研究では、生成された技術的知識が即座に事業化できるわけではなく、そのプロセスにはしばしば長い年月を必要とすることに注目して、その年月を短縮するためのさまざまな要件が検討されてきた。たとえば、アッターバック（J. M. Utterback）は、発明や発見など技術的知識が生成された時点から、実際にその知識が製品に具現化されるまでには、8年から15年の時間的なずれがあることを明らかにしている。また、バッテル研究所の調査によれば、技術的発明から商業生産までの平均年数は19.2年だとされる。これまでの研究は、このような技術の創造と事業化との間の時間的なギャップをいかに短縮できるかという観点から展開されてきたのである。

　そのようなギャップを短縮するための方法として具体的に考えられてきたのは、次のような要因である。①技術の事業化において、その技術に対する高いレベルのコミットメントと技術を売り込む強力な支援者の存在、②研究組織から開発組織への技術移転のための専門的な組織やシステムの整備、③技術を開発する段階から用途を明確に意識したアプリケーション志向の研究開発、④研究組織と開発組織のメンバーの緊密なコミュニケーション、⑤生産技術を含めて周辺技術の整備による、製品としての実現可能性の提示、などである。

　これらの研究では、表向きには異なる要因がとりあげられる一方で、その背後では、技術的知識を応用すべき製品分野は決まっていて、その所与とされる製品に向けて、効率的に技術的知識を移転する際に重要な要因を探るという問題意識が共有されている。応用すべき製品開発の場が明確であるとして、いかに速く効率的にそこにたどり着くことができるのかを考察しようというのが、これまでの技術の事業化に関する研究の基本的な発想なのである。そこで前提とされているのは、技術と製品との間の単線的な関係である。

2　技術の非単線的展開

　以上のように、既存の研究では、技術の事業化は単線的な関係としてとら

えられてきたが、現実にはこのような単純なプロセスを常にたどるわけではない。特定の製品開発に向けて研究組織から開発組織へと技術移転が効率的に行われ、技術が製品として円滑に具現化されるとしても、そのことが直ちに商業的な成功に結びつくという保証はない。

　技術的発明とその事業化に関する歴史的研究によれば、単線的モデルの想定とは異なり、技術はしばしば当初の目的とは異なる用途に事業化され、そこで商業的利益を生み出していく。たとえば、蒸気機関は大型の揚水ポンプとしての利用が当初想定されていたが、最終的に蒸気機関製造業の発展をもたらしたのは、小型原動機という大きく異なる位置づけであった。また、トランジスタがベル研究所で発明されたとき、当初は電子計算機の検波増幅回路での利用が考えられていた。しかし、それが実際に広大な市場を生み出したのはアメリカのレイセオン社やリージェンシー社、あるいは東京通信工業（現・ソニー）などによるトランジスタ・ラジオへの応用を通じてであった。

　同様の事例は、クイン（J. B. Quinn）がとりあげたいくつかのイノベーションの中にも、見受けられる。たとえば、人工芝は、もともとは平屋根や都心の学校のアスファルト校庭をより人間的な環境にすることが目的であったが、現在の用途はそうした当初の目的に限定されていない。エジソンの電球は、最初は船舶や草野球場での照明で使われた。また、航空宇宙用として開発されたグラファイトとボロンの複合材料は、予想外にもスポーツ用品に最大の市場を見出した。

　このように技術が当初の目的とは異なる用途に応用され、そこで商業的な成功を導くという事例は枚挙に暇がない。そうした事例は、日本企業でも、たとえば三洋電機において、最初は半導体スイッチング素子としての利用が進められていたアモルファス半導体が、太陽電池という新しい領域で初めて商業的に開花し、あるいは武田薬品工業で発見されたきわめて活性度の高いホルモン誘導体が、当初の乳癌治療薬としてではなく、前立腺癌の治療薬として大きな成果を収めたというように、さまざまな技術について広く観察される現象なのである。

3 技術解釈の柔軟性

　技術が開発された時点での目的と実際に成功を収める応用領域とがしばしば異なるという現象は、例外的に偶然生じたわけではない。それどころか、技術観、すなわちどのような存在として技術をとらえるかという原理的な問題にまで遡って考えると、このような現象は新しい技術を事業化するプロセスで、むしろ自然に発生するものだといえる。

　冒頭でも触れたが、一般的な技術観は技術決定論的な視点に立っている。技術決定論とは、技術が果たす役割や機能は、技術自体にもともと存在する論理によって規定されているという見方である。この見解からは、技術にかかわる企業活動では、研究開発活動において有用な技術的知識をいかにして生み出すかということが、最も重要な問題となる。技術に内在する論理が技術の役割や機能を規定すると考えるのであれば、最終的な事業化の可能性は技術的知識が生み出された時点で決まっており、企業側に残された課題はすでに技術的知識に内在する能力を、事業化プロセスでいかに円滑に実現するかということだけになる。「あの企業は技術を持っているから、ヒット商品を生み出せた」とわれわれが普通考えるような場合には、意識するか否かにかかわらず、この種の技術決定論的視点に立脚している。

　ところが、技術決定論だけが唯一存在する技術観なのではない。技術に関する最近の研究では、技術が果たす役割・機能は、技術自体に内包される論理によって規定されているのではなく、その技術的知識に関する解釈や意味づけについて、個人や企業といった行為主体の間で合意が形成されて、共有された信念として定着しているに過ぎないという見方が、議論されている。具体的には、「技術の社会的構成・形成」に関する研究（たとえば Pinch and Bijker, 1987；William and Edge, 1996）や、技術に対する「社会的認知アプローチ」（たとえば沼上, 1992；Garud and Rappa, 1994）、技術の「構造化」に関する研究（たとえば Weick, 1990；Orlikowski, 1992）といった議論である。

　これらの研究では、技術自体に内包される論理というものが存在しないか、もしくは存在していたとしても、技術的知識の利用という観点からはさほど

重要ではないと考えられている。いいかえると、生み出された技術的知識がいかなるもので、どのような目的に利用できるのかということは、人々によって考え出されて、それが人々の間で共有されることで定着するという点で、技術はすぐれて社会的な存在としてみなされている。技術には社会から独立した論理が存在しており、その論理が技術のあり方を規定することを前提とした技術決定論とは、異質な考え方に立っているのである。

　技術の解釈や利用可能性が「技術に内包された論理」という絶対的な根拠ではなく、人々によって共有された信念に基づいているに過ぎないのであれば、先にあげた事例のように、技術開発の初期段階で想定される特定の利用方法に向けてのみ、技術は発展するわけではない。

　たとえば、PHS（パーソナル・ハンディフォン・システム）では、当初音声通話が主たる用途として想定されていたが、最近ではデータ通信機能がより強調されている。もちろんPHSを使ったデータ通信は当初の目的からしても荒唐無稽な用途ではないし、通信事業者などがデータ通信にかかわる技術開発を進めてきたことがその背景にあるのだろう。しかし、PHSによるデータ通信は技術に内包された属性から「自然」に出てきたものではない。競合する携帯電話の普及やパソコンをはじめとする情報機器の発達といった環境の中で、企業側が主体的に発展方向を模索し、ユーザーが受け入れることによって、その方向性が社会的に生み出されてきたのである。

　つまり、技術には、少なくとも潜在的には多様な解釈があり、それぞれの解釈に沿った複数の発展方向が可能性としては常に開かれている。このような技術が抱える多義性は「解釈の柔軟性 (interpretative flexibility)」としばしば呼ばれる。たとえば放送される電波を受信して画像をみるための機械として多くの人がテレビをみなしているように、特定の用途が決まっているようにみえる状況でも、それは技術の論理によって動かしがたいものではなく、別の解釈に基づく発展可能性が封じられているだけである。実際に、VTRやテレビゲームといった新しい電子機器の出現に伴って、当初とは異なった意味づけがテレビに与えられてきたことからも、この点は理解できるだろう。

4 解釈提案プロセスとしての技術事業化

　技術は、内包された論理によって解釈や意味づけが一意的に規定されるのではなく、元来多義的で、各行為主体が共通の解釈をとることで発展の方向性が変わってくるのであれば、技術の事業化プロセスに対する考え方も、単線的モデルに基づくそれとは、自ら異なることになる。

　前述のように、技術の事業化に関するこれまでの研究では、技術的知識が応用されるべき領域を所与として、その過程をいかに効率的に展開するのかが中心的な問題とされてきた。だが、「解釈の柔軟性」を前提とすれば、技術の応用領域は絶対的な要因に基づくかたちで、事前に確定することは不可能になる。仮に技術の応用領域を所与として、事業化を進めるとすれば、その技術が有する潜在的な多義性を封じることで、技術の利用可能性を狭め、ひいては事業化の失敗につながりかねない。したがって、技術の事業化では、特定の目的を前提として効率化を進めることよりも、原理的に不明確な応用領域を確定していくプロセスが、決定的に重要となる。

　このような視点に立てば、適切な技術の応用領域は、一般的なマーケティング手法である市場調査などによって、常に「発見」できるわけでもない。新たに開発された技術は、事業化をはかる企業だけではなく、顧客をはじめとする他の行為主体にとっても、同様に「新しい」ものである。そのために、事業化を進める企業よりも顧客が適切な用途に関する知識を明確に持っているとは限らない。顧客のニーズが先験的に存在するという市場調査の前提が、成り立たないのである。さらに、『イノベーションのジレンマ』を著したクリステンセン（C. M. Christensen）によれば、技術開発で先行した企業であっても、顧客に対する市場調査に依拠しすぎると、既存の事業の枠組みから抜け出せないために、事業化段階での失敗につながる可能性すらあるとされる。

　事業化段階への効率的な知識の移転がこれまでの研究の主張ほどには意味を持たず、市場調査によっても事業化領域を確定できないとすれば、どのような視点から技術の事業化プロセスを考えるとよいだろうか。

　その一つの解答は、新たに生み出された技術的知識の解釈・利用法を行為

主体間で徐々に確定していくプロセスとして技術の事業化をみなすことだといえる。技術は多義的だとする本章の立場からは、新たな技術の事業化にあたっては、技術にも、顧客にも、めざすべき答えが先に用意されているわけではない。そのために、企業や技術者のみならず、顧客、供給業者といったさまざまな行為主体から構成される「関連社会集団（relevant social group）」(Pinch and Bijker, 1987) の間で、その技術的知識の解釈に関する合意が、時間とともに徐々に形成され、最終的に定着し固定するという一連の過程が、重要になる。

　その際に事業化をはかる企業にとって重要なのは、解釈が定着していく状況を単に傍観するのではなく、そのプロセスに主体的に関与することである。そのための具体的な方法の一つとしては、開発した技術をさまざまなかたちで積極的に製品化していくことが考えられる。上述のように、技術にも、顧客にも、技術を応用すべき領域に関する正確な知識は存在していない。そのために、技術の事業化プロセスでは、企業を取り巻く外部環境にめざすべき解答がすでに存在していることを前提とする定石的な経営戦略の策定手法を、利用することは難しい。仮に利用するとすれば、クリステンセンが指摘するように、最終的には生じない「仮構の解答」に対して努力を振り向けてしまう危険がある。そこで、外部に存在するはずの解答を探索するのではなく、解釈や利用法の提案を他の関係する行為主体に向けて行い、そこで生じた結果からさらに学習する「イナクトメント（enactment）」（本書終章参照）のプロセスとして、技術の事業化をみなす方が妥当であろう。その主たる方法が、多様な用途に向けた技術の製品化なのである。

5　技術事業化の複線的モデル

　技術の事業化プロセスに関して、既存の議論の立場とここで提示する立場との違いは、次のようにまとめることができる。これまでの研究で想定されてきた図式は、目標とする技術の応用領域を所与として、技術とその応用領域の間を一方向に直線でつないだ技術移転のプロセスとして理解できる（図

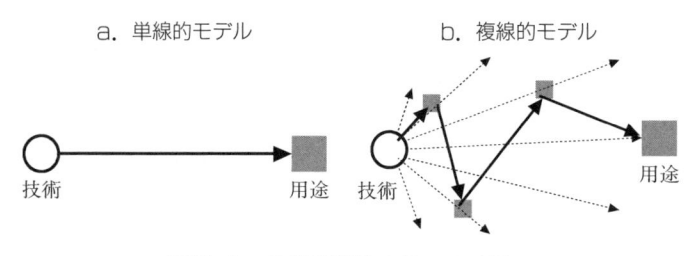

図IV-1 技術実用化の2つのモデル

IV-1 a)。この単線的な図式の下では、所定の目標に向けて、いかに効率的に技術を移転するかが重要な課題となる。また、この図式を前提とすると、当初想定されていた目標と結果として生じた応用領域が異なった場合には、技術の「論理」か、もしくは顧客側の要求に関して、十分に考察しなかったことから生じたことになる。したがって、技術の事業化プロセスで商業的に成功を収めるには、応用領域について入念な調査や検討を事前に加えることが前提となる。

それに対して、ここで依拠する立場からは、技術の事業化は、どのような方法を使ったとしても先験的に正確に知ることができない応用領域を確定していくプロセスである（図IV-1 b）。ここで前提となる図式は、前述の「単線的モデル」との対比で、「複線的モデル（multi-directional model）」と呼ぶことができる。このモデルで重要となるのは、主として製品化を通じた、解釈や利用法の提示である。ただし、そこでは、各企業は自らの解釈を一方的に提示するだけでもなければ、逆に自らは製品をやみくもに展開して、顧客にその「正誤」の判定を一方的に委ねるわけでもない。企業はある特定の解釈を具現化した製品を提示すると同時に、顧客や競合企業、供給業者といった解釈の構成過程に関係するさまざまな参加者がそこで示す反応をもとにして、さらに新たな解釈に基づく製品化を進めることで、技術の応用領域は確定されていくのである。このモデルは双方向的な関係に基づく試行錯誤の過程を示しているといってもよい。

この「複線的モデル」から考えると、技術の事業化における当初の目標と

結果的な応用領域のずれは、十分な考察を加えれば、事前に回避できるものではない。それどころか、各企業は、そのようなずれを避けるべき対象としてではなく、ともすれば意識しないままに自らがよって立つ技術の解釈や利用法を見直して、技術の潜在的な可能性を探る機会として、積極的にとらえることさえできる。

　技術の事業化プロセスに関するこの2つのモデルは、単に研究上の前提の違いを意味するだけではない。企業にとっても、どのような図式を前提とするかによって、企業活動の重点が大きく異なってくる。とりわけ、技術の応用領域に関しては、「単線的モデル」の下では、最も有望な唯一の目標を探索・設定しがちになるのに対して、「複線的モデル」に立脚すると、技術には多様な可能性があることを前提として、そのうえで応用領域としての適切な分野を絞り込むという、段階的なプロセスの有効性が明らかになる。複数の方向への試行錯誤的な製品化が単に冗長的なものに過ぎないのか、それとも埋もれているかもしれない技術の発展可能性を顕在化するうえで重要な役割を果たすのかという点で、2つのモデルはまったく異なった様相を人々に示すのである。

3　事例：インクジェット技術の事業化プロセス

　ここでは、以上で説明した技術事業化プロセスの複線的モデルを、キヤノンを中心とするインクジェット技術の展開を事例として、さらに考えていきたい。

　インクジェット技術とは、圧電素子（電圧の変化に応じて機械的に変形する素子）や発熱体などの力を利用してインクを噴射し、文字や画像を紙や布などに直接描いていく技術であり、現在では、近年急速に市場を拡大してきたパソコン用パーソナル・プリンタを中心に利用されている。インクジェット技術の開発と事業化には、1960年代以降、多数の企業がかかわってきたが、それらの多くは途中で開発を中断もしくは縮小させていった。このような中

で、キヤノンは、インクジェット技術をパソコン用パーソナル・プリンタとして応用することで、その市場を創造し、大きな利益機会を得ることに成功した。

キヤノンにおけるインクジェット技術の事業化プロセスには、技術の柔軟な解釈に基づき、多様な方向への積極的な製品化を通じてインクジェット技術の応用領域を確定していくという、技術事業化の複線的モデルの特徴が端的に現れている。

1 インクジェット技術の発明

インクジェット技術は、ワイヤドットや感熱・熱転写、電子写真、銀塩など他の記録技術と比べて構造が簡単で、普通紙が利用でき、カラー化がしやすいなど、記録技術としては理想的な要素を持つ技術として古くから知られており、1960年代から多くの企業が研究開発を進めてきた。そして、1970年代の前半には、オンディマンド方式といわれる、必要なときに断続的にインクを飛ばす新しい方式が発明され、小型化・低コスト化が容易になったことや、またアメリカのIBM社の特許申請が顕著になったことをきっかけとして、コンピュータや家電、複写機など多種多様な産業領域から数多くの企業がインクジェット技術の研究開発に相次いで参入した。

このような中で、キヤノンも1970年代半ばから、オンディマンド方式に焦点を当てた研究開発をスタートさせた。当時、オンディマンド方式では、圧電素子に電気信号を加えて変形させ、その力を利用してインクを飛ばすピエゾ（パルスジェット）方式が支配的な技術であった。しかし、ピエゾ方式に関する基礎的な原理はすでに特許で押さえられていた。そこでキヤノンでは、ピエゾ方式に変わる新しい方式を模索し、さまざまな実験が開始された。代替エネルギー源として光・電気・熱などを用いて試行錯誤が繰り返された結果、1977年7月に熱をエネルギー源とする独自のインクジェット技術（バブルジェット〔BJ〕方式）が開発された。

この時期、他社でも同様に、オンディマンド方式の新しいインクジェット

技術が発明されている。たとえばリコーでは、キヤノンとほぼ同時期に、ノズル内に発熱素子を設けて、その熱による気泡の発生でインクを吐出する同様の技術を完成させていた。また、アメリカのヒューレット・パッカード（HP）社も同じく、熱をエネルギー源とする技術を発明した。その他にも、エネルギー源として放電現象の力を利用するスパークジェット方式（オリベッティ社）など多くの新しい発明がなされている。一方、IBMやジーメンス、ゼロックス、日立製作所、松下電器、信州精器（現・セイコーエプソン）などを含め他の多くの企業は、それぞれ独自の方式を模索しながらも、既存のピエゾ方式に基づく研究開発に力を入れていった。

ピエゾ方式、BJ方式、スパークジェット方式などは、それぞれ長所と短所を持ち、その時点でどれが最も優れた技術であるかは明確ではなかった。たとえば、BJ方式に代表される熱源を利用する方式では、インクを噴射するノズルを高密度化できることから高速・高解像度での記録が期待できるものの、インクの目詰まりや焦げつき、インク気泡がつぶれる際に生じるヒーターの割れなどの問題点が認識されていた。

キヤノンでは、そうした問題が指摘されていたにもかかわらず、この新しいインクジェット技術を、幅広い用途に応用可能な「次世代記録技術」の一つとして、開発の初期段階からとらえていた。キヤノンがその当時手がけていた複写機やプリンタをはじめ、映像や画像・文字の記録に関連したその他さまざまな製品・事業領域に応用できる技術とみなしていたのである。実際、当時のキヤノンのプレスリリースでは、ファクシミリ、ワードプロセッサ、データプロセッサ、計算機、TVシステムなどをBJ技術の用途として想定したうえで、次のような説明が加えられていた。

「この技術の開発成功により、インクジェットのアプリケーションが飛躍的に拡大され、複写機をはじめ、各種OA機器用プリンタとして、またビデオなどのコンシューマー用カラー・プリンタとして使い得るものとして考えられます。文字どおり、インクジェットがオールマイティ

一な記録方式になるための可能性に道が開かれたといっても過言ではないと思われます」。

2 多様な用途への製品化の試み

　キヤノンがBJ技術を開発した1977年は、アメリカでコモドールの「PET」、タンディの「TRS-80」、アップルの「アップルⅡ」が発売されることで、パーソナル・コンピュータ市場が本格的に立ち上がった年でもある。日本においても、1980年以降、パソコンの市場規模は急速に拡大していく。

　このような中で、それまでインクジェット技術の開発を行ってきたほとんどの企業は、その用途をコンピュータ用プリンタに絞り、製品化を進めていった（表Ⅳ-1参照）。80年代前半には、アメリカのIBMやグールド、ゼロックス、アプリコン、プリンタ・カラー、アドバンスト・カラー・テクノロジー、西ドイツのジーメンス、イタリアのオリベッティ、日本では日本電気、富士通、沖電気、カシオ計算機、シャープ、リコー、信州精器（現・セイコーエプソン）、チノン、小西六写真工業（現・コニカ）などが、相次いでモノクロあるいはカラーのコンピュータ用プリンタを製品化している。また、それまでファクシミリやビデオ・プリンタへの応用を含めて複数の用途への製品化を行ってきた日立製作所や松下電器、三洋電機も、80年代半ばまでには、その主たる用途をコンピュータ用プリンタへと移していった。

　これらの企業に対して、キヤノンでは1980年代を通じて、インクジェット技術をコンピュータ用プリンタのみならず、さまざまな用途へと展開していった。

　キヤノンがインクジェット技術を最初に応用した領域は、まずカラー複写機である。この製品開発プロセスは、BJ技術が当初開発された製品技術研究所（現・中央研究所）において、全社的な研究開発の重点テーマの一つとして、BJ技術を利用したデジタル・カラー複写機が位置づけられることから始まった。この最初のBJ技術応用製品は、210mm（A4サイズ）幅にわたってノズルを8本/mmという高密度で並べたものであり、81年に「事務機

表IV-1 主要企業におけるインクジェット技術の応用領域(1980年代／試作を含む)

	コンピュータ・プリンタ モノクロ	コンピュータ・プリンタ カラー	ビデオ・プリンタ	ファクシミリ	プロッタ	その他
キヤノン	*	*	*			*
三洋電機		*	*	*		*
松下グループ	*	*	*	*		
HP	*	*			*	
日立グループ	*	*			*	
日本電気	*	*				
シャープ	*	*				
小西六	*	*				
信州精機（エプソン）	*					
チノン	*					
カシオ計算機	*					
Dataproducts	*					
Simens	*					
Olivetti	*					
リコー		*				
沖電気		*				
富士写真フィルム		*				
富士通		*				
ミノルタ		*				
リンゲージ・システム		*				
JUKI		*				
IBM		*				
Applicon		*				
Printa Color		*				
ACT		*				
Tektonics		*				
Iris Graphics		*				

注：試作品を含む。また、ヘッドのみは除外した。
出所：『日経エレクトロニクス』1981年10月26日号〜1990年12月10日号の各号におけるインクジェット関連記事より。

グランドフェア」と呼ばれる展示会に出品されている。

　その後、BJ技術は研究所での改良を経て、1983年に神奈川県平塚市のコンポーネント開発センターへ移管された。そこでは、プロセス技術の開発と

同時に、複数の製品への応用が進められた。その一つが、石油探査のコングロマリットであるシュランベルジャ社との共同開発によるグラフィック・プリンタ「SGR」である。この製品の開発は、1981年の「事務機グランドフェア」への出品を契機として、砂漠やジャングル、海上などの特殊環境下で利用可能な計測器用グラフィック・プリンタを必要としていたシュランベルジャ社から打診を受けたことにより、開始されている。キヤノンでは、BJ技術を飛躍的に高めると同時に、量産のための技術基盤を確立するためのものと位置づけて、この打診を受け入れた。最初に製品化したカラー複写機と同様、1 mm間隔に8本のノズルを並べること、また毎分30枚の高速プリントアウトというきわめて高い開発目標であったが、共同開発を通じてクリアし、1985年には製品試作が終了、翌1986年から量産が開始された。

コンポーネント開発センターで行われたもう一つの製品化の例としては、1983年末に開発が開始されたパソコン用モノクロ・プリンタ「BJ-80」をあげることができる。この製品は、すでにキヤノンで量産されていたドットインパクト・プリンタ「N-80」のパッケージを流用し、プリンタ・エンジンだけをBJ技術に代えたものであった。BJ技術の開発メンバーは、社内のさまざまな事業部にこの技術を利用した製品の開発を依頼して回ったが、なかなか受け入れてもらえなかった。そのため、事業部に受け入れてもらえるように、開発のコストがかからない方法として、パッケージの変更を伴わずにエンジンだけBJ技術を利用する方法を提案した。当時ドットインパクト・プリンタや熱転写プリンタを開発していた電子事務機事業部がこの提案を受け入れた結果として開発されたのが、「BJ-80」である。他の部品やシステムについても、できる限り既存のものを用いるという方針の下に開発が進められ、1985年末から量産が開始された。

その他にも、コンポーネント開発センターでは、1983年から1987年までの間にパソコン用カラー・プリンタやビデオ・プリンタ、電卓用プリンタなど多様な用途に向けた製品化が行われた。

しかし、こうして開発された製品はいずれも、大きな利益をもたらすもの

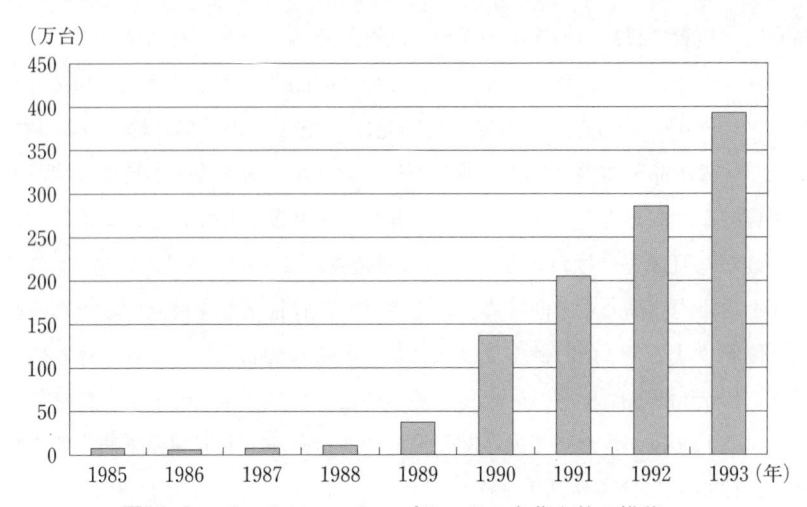

図IV-2　インクジェット・プリンタの出荷台数の推移
出所：電波新聞社編『電子工業年鑑』1988～1995年度版より作成。

とはならなかった。このような状況の中で、キヤノンでは、1987年には「Bプロジェクト」と呼ばれるトップ主導の全社的プロジェクトが発足した。このプロジェクトでは、記録技術に関連する部門の事業部長や開発センター長などを集中させて、各部門ごとにBJ技術の応用製品が検討された。

このような取組みの下で、キヤノンでは、さらに多様な製品が開発されていくことになる。1988年にカラー複写機「PIXEL PRO」やBJ-80を発展させたパソコン用モノクロ・プリンタ「BJ-130」、1989年からは各種のワープロ搭載プリンタ、さらに1990年には7万4800円という低価格の小型パーソナル・プリンタ「BJ-10ｖ」やビジネス用の「BJ-330」などが発表されているが、これらはそこでの代表的な成果である。

多様な用途への試行錯誤が繰り返される中、結果的にインクジェット技術の製品領域を開拓する役割を担ったのは、BJ-10ｖである。このプリンタは同じ時期に製品化されたノート・パソコンと連動するかたちで、パソコン用小型プリンタ市場を開拓し、大きな事業機会を形成することとなる。BJ-10ｖの製品化を契機として、インクジェット・プリンタ市場は、図IV-2に示

されるように、急速に拡大していったのである。

3 パソコン用プリンタ分野での製品化の試み

　広範な領域に向けて試行的な製品化に取り組んできたキヤノンの姿勢は、コピー機やコンピュータ用プリンタといった用途市場の開発だけにとどまらず、最終的に最大の用途市場として成長したパソコン用プリンタ分野の内部においても同様であった。つまり、同社はパソコン用プリンタという特定の製品領域の中においても、多様な用途に向けた製品化を行っていった。

　図IV-3は、1985年から1990年までに、日本企業が発表した主なパソコン用インクジェット・プリンタを、他のプリンタ方式（ドット・インパクト方式、熱転写方式、電子写真〔レーザー〕方式）との関係の下にプロットしたものである。この図からは、印字速度が製品の価格を規定している関係が存在しており、その枠組みを前提に、当時の主力技術であった熱転写方式とドット・インパクト方式、ならびに新規技術である電子写真方式の3方式の棲み分けが印字速度を基準として生じていたことがわかる。このような状況において、インクジェット・プリンタはパソコン用プリンタの中で、明確な位置づけは定着していなかった。そのために、各社では、インクジェット・プリンタ技術の応用領域は、さまざまであった。

　ここで注目すべきことは、キヤノンは他社よりも比較的広い領域でインクジェット・プリンタを製品化していた点である。たとえば、エプソンのインクジェット・プリンタはモノクロの中速プリンタに集中し、同社が主力としていたその他の技術を用いるプリンタと代替的な製品として位置づけていた。その一方で、当時インクジェット・プリンタの製品化に積極的であったシャープは、速度の割に価格が高いことから推察されるように、複数色のカラー・プリンタに特化した製品化を志向していた。また、チノンは熱転写方式のプリンタの主要領域である低価格・低速の1機種だけを発表しており、当時パソコン用プリンタで比較的高いシェアを獲得していたNECに至っては、技術開発を積極的に行っていたにもかかわらず、自社開発のインクジェッ

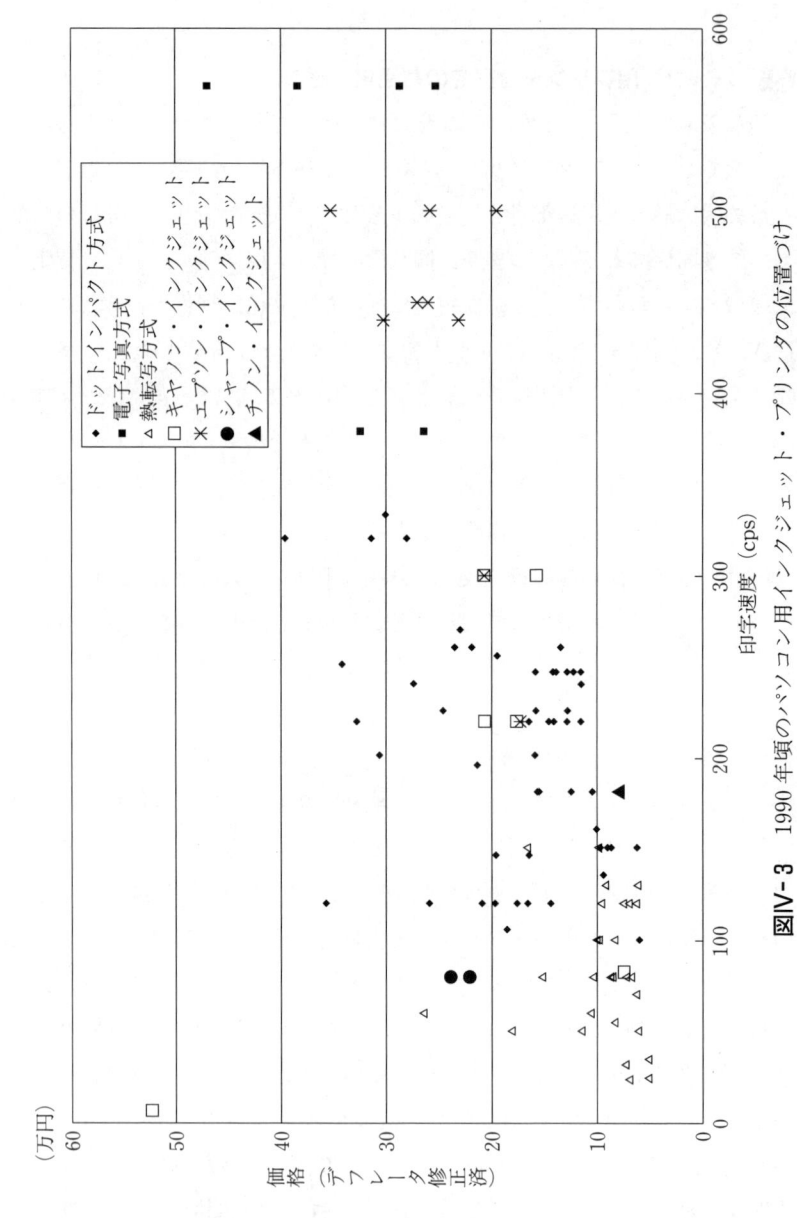

図Ⅳ-3 1990年頃のパソコン用インクジェット・プリンタの位置づけ

注：作図の目的上、電子写真方式の高速機（800 cps 以上）やライン・プリンタなどは除外している。

ト・プリンタはまだ製品化していなかった。

　これらの企業とは異なり、キヤノンは当時の主力製品であったレーザー・プリンタと重なる領域では製品化していないものの、中速据置型と低速携帯用小型のモノクロ・プリンタ、そしてカラー・プリンタと、比較的幅広い領域への製品化を行っているのである。このことから、上述のBJ-10ｖでの成功は、単に複写機やグラフィック・プリンタ、ビデオ・プリンタ、電卓用プリンタなどさまざまな用途への製品化ばかりでなく、このようなパソコン用プリンタ内部での幅広い製品化の結果といえるだろう。

　もちろん、そうした製品化は単にやみくもに行われたわけではなく、一連の流れの中で発展的に展開されていった。BJ-10ｖの開発にあたった斎藤敬・現キヤノン常務取締役は、この点について次のように述べている。

　「（パソコン用プリンタでは）それまでたくさんの商品計画があったわけですが、それらを振り返るとドット・マトリックスの互換機のような古いコンセプトが多かったんですね。要素の技術は非常に素晴らしいんだけど、商品にするところでコンセプトが良くなかった。ユーザーはこの技術にそのようなコンセプトを求めているのではなかったんです。そこで私は高性能を新しい形で表現し、何かユーザーが本当に驚き、喜ぶような商品、ドット・マトリックスにできないことをやろうと。それはやはりパーソナル市場であり、たとえばカバンに入ったら……、デスクの引き出しにしまえたら……など、超小型・薄型の新しい発想が生まれたわけです」。

4　インクジェット技術のさらなる展開

　キヤノンは、BJ-10ｖの成功を受けて、1991年にBJ製品開発の組織を「B製品事業部」として独立させた。そこでは、単にBJ-10ｖの後継製品を開発するだけではなく、1992年以降にはデジタル・カラー複写機やパソコン用カラー・プリンタ、捺染システム、DNAチップなど、さらに多様な用

途にBJ技術を応用し、事業機会を広げている。

キヤノンはすでに、1988年にカラー複写機「PIXEL PRO」を開発しているが、1992年4月には再びインクジェット技術を出力部分に採用したデジタル・カラー複写機「PIXEL JET」を開発し、発売した。その当時普及していた電子写真方式のデジタル・カラー複写機が、コンピュータとの入出力対応機能がついて約500万円、廉価版でも約200万円と高額であったのに対して、インクジェット技術を用いたこの製品は構造が簡単であり、80万円という低価格で発売され、市場に大きなインパクトを与えた。

また、1994年2月には、やはり低価格のコンピュータ用カラー・プリンタ「BJC-600J」を発売し、パーソナル・カラー・プリンタ市場の形成を促進した。10万円を切る価格で発売されたこの製品は、日本におけるカラー・プリンタ市場における低価格化の火ぶたを切るものであった。その後もキヤノンは、エプソンやNECの製品投入を受けて、同年9月には6万9800円の「BJC-400J」を投入している。このような中でパーソナル・プリンタ市場は、1994年に急速にカラー化が進み、1995年にはそれまでのモノクロからカラーへと移行していくことになる。

インクジェット技術はさらに捺染システムにも応用されていった。キヤノンは、1993年に鐘紡と技術提携し、高精細・高階調・フルカラーの画期的な布プリントが可能な「コンピュータ・デザイン・バブルジェット捺染システム」を共同開発した。このシステムは、キヤノンのBJ技術と、鐘紡のデザイン力や繊維加工技術、布精密搬送技術を組み合わせたものであり、400dpiの高精細インクジェットヘッドと階調化技術によって1640万色の表現を可能にした。従来の捺染システムに比べて、小ロット・短納期のフレキシブルな生産体制を可能とするとともに、色違いやパターンの拡大縮小などを直ちにプリントできることから、サンプル製作や少量多品種でも経済的な生産を実現できるものと期待されている。

さらに最近では、小さなガラス板に数千個の遺伝子の断片を貼りつけるDNA（デオキシリボ核酸）チップへの応用も進められている。BJ技術を用い

てインクの代わりにDNAが入った溶液を吹きつけることでDNAチップをつくろうという試みである。DNAは熱に弱いため、噴射時に熱でDNAの構造が壊れないように溶液の成分が検討されている。現在は研究用途が主体だが、病院や検査会社などで本格的に使われるようになれば、市場は大きく成長すると予測されており、インクジェット技術からの利益機会はさらに拡大していくことになる。

4　考察とインプリケーション

1　事例の考察

　以上で記したBJ技術の事業化プロセスを整理すると、キヤノンは、結果的に大きな市場を形成したパソコン用プリンタに最初から焦点を絞り、その開発に向けて効率的な技術移転を進めていったのではなく、むしろ技術の柔軟な解釈に基づいて多様な用途に製品化していく中から、事後的にパソコン用プリンタという一つの適切な応用領域を確定していったというプロセスをとらえることができる。しかも、その応用領域は、決してBJ技術の最終的な着地点とはとらえられていない。それは、技術の応用領域を確定していくプロセスの中での通過点に過ぎず、さらに複写機や捺染システム、DNAチップに展開されるなど、技術に対する解釈が常に固定されているわけではないのである。

　キヤノンの事例には、先に示した技術事業化の複線的モデルの視点が、次の2点で明確に示されている。第1に、技術は本質として多義的なものであり、新たに開発した技術を事業化しようとする企業は、技術的特性や外部環境といった何らかの絶対的な基準に依拠するかたちで、事業化の適切な方向性を事前に確定することはできない点である。BJ技術は、高速・高解像度での記録を可能とする特性を有していたが、結果として大きな利益機会を提供することとなったBJ-10vは低速小型プリンタであり、そうした特性を必ずしも反映したものではなかった。また、パーソナル・コンピュータ市場

の台頭という環境要因は、この技術の事業化の方向に影響を与えるものではあったが、それによって直ちにBJ-10vという小型パーソナル・プリンタの分野が明確となったわけではなかった。

　第2は、そうした技術の多義性ゆえに、技術事業化のプロセスでは「技術の応用領域を確定していく」という点が問題の核心であり、そこでは多様な方向への積極的な製品化を通じた学習が重要な意味を持つということである。事例の中で示されたように、キヤノンはBJ技術を広範な用途に応用し、さらに用途市場の内部でもさまざまなセグメントに向けて製品化を展開していった。そして、それぞれの製品化の試みは技術・市場面での学習をうながし、その後の製品化に発展的に生かされていった。キヤノンにおけるBJ-10vでの成功は、まさにこうした多様な用途・セグメントへ積極的な製品化の結果であった。

　技術の事業化プロセスについて、既存研究の多くは技術が応用されるべき領域を所与として、それへの応用をいかに効率的に展開するのかという単線的なモデルを想定してきたが、キヤノンにおけるインクジェット技術の事業化の事例は、そうした視点とは異なり、製品化と学習の試行錯誤を通じていかに潜在的に広範な応用領域の中から適切な領域を確定していくのかという複線的モデルの視点を浮き彫りにするのである。

2　技術事業化のための組織と管理

　技術の多義性を前提として、技術の事業化プロセスを考える際に最も重要な問題は、実際にこのような複線的モデルの視点を企業においてどのように実現していくことができるかという点にある。本章でとりあげたキヤノンの事例は、この点に関してもいくつかの示唆を提供している。

　まず、企業が技術の多様な用途への応用・展開を可能とするためには、技術に対する柔軟な解釈が不可欠となるが、キヤノンの事例は、解釈の柔軟性が単に技術の発明者など特定の個人によって導かれるばかりでなく、組織の能力によっても導かれうることを示唆している。キヤノンで生み出された

BJ 技術は、その発明者によって「次世代記録技術」ととらえられ、当初から柔軟な解釈が与えられていた。しかし、そうした側面とは別に、この技術に対する解釈の柔軟性は、異なる部門への技術の「植え替え」を通じても、維持・拡大されていった。BJ 技術は、最初に開発された製品技術研究所から、コンポーネント開発センターへ、さらには「Bプロジェクト」を通じて社内のさまざまな部門へと移植され、それを通じて異なる意味づけがなされた。そこには、技術を異なる文脈に置くことによって、そこから多様な解釈を導き出そうという組織的な取組みをみてとることができるのである。

　このような技術の植え替えによる解釈の柔軟性には、一つには組織における事業分野の多様性が関係している。すなわち、組織に異なる文脈を持つ多様な事業が存在していることで初めて、そうした柔軟な解釈が可能となる。

　ただし、複数の事業を抱えていることが、柔軟な解釈に直接つながるわけではない。そこで、単に多様な事業を有するだけではなく、異なる事業間を横断して技術を展開するための組織的な制度や管理システムを整備することが、さらに重要な意味を帯びてくる。当事者がどう認識しようと、技術が元来多義的であるならば、組織は技術の「解釈装置」として機能する。官僚制的な組織のように、「解釈装置」が固定的であれば、そこで想定される応用領域は限定されてしまう。そこで、他の事業部といった文脈が異なる下位組織に「植え替える」ことによって、より多様な解釈への道が開かれ、技術の潜在的可能性をより引き出すことができるのである。

　複線的モデルの視点から、企業が技術を多様な用途へ積極的に応用・展開していくうえでは、そこで発生する製品化のコストの問題も、重要な検討課題となる。企業にとって、限られた経営資源の中で、そうした多様な製品化を実行することは決して容易ではないからである。キヤノンでは、このような製品化のコストの問題は、一方でそれを吸収しうるだけの健全な財務構造によって顕在化しなかったとも考えられるが、他方ではコストを削減する製品化の方法によって回避されたとみることもできる。たとえば、グラフィック・プリンタ「SGR」の製品化においては他社との共同開発をとり入れ、

また最初のパソコン用プリンタ「BJ-80」では既存製品の筐体を流用し、コストのかからない製品化を志向している。複線的モデルにおいて、個々の製品化の試みは技術の応用先に関する企業としての仮説的な解の提示に他ならない。そこでは、多様な仮説の検証が可能となるように、より低コストで迅速な製品化の方法が検討される必要があるだろう。

さらに、技術が多様な用途へと応用・展開されていくためには、当該技術の持つ技術的な応用可能性も問題となろう。つまり、潜在的にさまざまな用途への応用が可能であるとしても、それを実現しうるだけの技術的な裏付けがなければ、実際の応用は難しい。この点においてキヤノンの事例が示唆的なのは、早期の段階で技術的な応用可能性を引き上げ、その後の技術の応用・展開の間口を拡張しようという企図をみてとることができる点にある。キヤノンではBJ技術の最初の応用先としてカラー複写機を選択したが、当時、製品技術研究所において技術開発計画の策定にかかわっていた中澤允伸・現キヤノン品質統括センター所長によれば、この背後には次のような問題意識があった。

「BJ技術をカラー複写機のプロジェクトの中に位置付けたのは、本当に複写機が作りたかったということもありますが、むしろ技術開発を促すためだった。具体的なターゲットとして複写機を設定することで技術開発は最も牽引される。技術開発のターゲットとしては複写機が一番難しかった」。

このように、技術の多様な用途への応用・展開の可能性を技術的な側面からとらえると、早期の段階において技術能力を向上させる試みが重要な意味を持つのかもしれない。

5 おわりに

　本章では、技術を事業化するプロセスには、技術の応用領域を所与として研究組織から開発組織へと技術を効率的に移転していく以上の問題があることを、従来の見方の背景にまで遡ってみてきた。実際にわれわれが見聞きする現象としては、当初の意図どおりに事業化が行われて、それが商業的成功に結びつく場合もある。ただし、ここでの議論を前提とすれば、それは技術に内包された論理によって、必然的に引き起こされたのではなく、当初の目的と事業化段階がたまたま一致したものだといえる。むしろ注目すべきなのは、そのような幸運な例ではなく、新たに開発された技術が商業的に成功しなかった場合であり、開発された知識自体ではなく、事業化のプロセスそのものである。

　ここでの見方を広げて考えれば、「画期的な」イノベーションは、何も新たに発明された技術的知識だけから生まれるとは限らない。これまで当たり前のように使っていた技術であるほど、技術に対する解釈や意味づけは固定化して、その応用領域がほとんど再考されないままに、事業が展開されることが多い可能性がある。潜在的な可能性が眠った状態にある経営資源が、実は目の前に存在しているのかもしれない。

　このような立場に立てば、イノベーションでは、技術者だけが重要な責務を担っているのではなく、経営者をはじめとする企業の多くの部門がその成功に大きな役割を果たすものだといえる。「技術革新」は技術だけの問題なのではなく、経営全体の問題なのである。

引用文献

Garud, R. and Rappa, M. A., "A Socio-cognitive Model of Technology Evolution," *Organization Science*, Vol. 5, No. 3, pp. 344-362.

沼上幹「認知モデルとしての技術」『ビジネスレビュー』40巻2号、1992年、pp. 50-65.

Orlikowski, W. J., "The Duality of Technology," *Organization Science*, Vol. 3, 1992, pp. 398-427.

Pinch, T. J. and Bijker, W. E. "The Social Construction of Facts and Artifacts," W. Bijker, T. Hughes and T. Pinch (eds.), *The Social Construction of Technological Systems*, MIT Press, 1987, pp. 17-50.

Weick, K. E. "Technology as Equivoque," P. S. Goodman *et al.* (eds.), *Technology and Organizations*, Jossey-Bass, 1990, pp. 1-44.

William, R. and Edge, D., "The Social Shaping of Technology," *Research Policy*, Vol. 25, 1996, pp. 865-899.

参考文献

クリステンセン, C. M. （伊豆原弓訳）『イノベーションのジレンマ：技術革新が巨大企業を滅ぼすとき』〔増補改訂版〕翔泳社、2001 年

石井淳蔵編著『マーケティング』現代経営学講座 11、八千代出版、2001 年

第V章

デジタルカメラ産業の勃興過程
：電子スチルカメラ開発史

1 はじめに

　本章では、デジタルカメラ産業を事例に、産業の勃興過程において技術開発活動がどのように継続され、方向づけられるのか、という問題を考える。このような問題を考えることが必要なのは、一般に新しい技術が製品というかたちになって普及し、産業が形成されていくまでに、時として長い年月が要されることにある。たとえば、現在ではパーソナルコンピュータから家電製品、自動車に至るさまざまな製品に搭載されているマイクロ・プロセッサは、発表されてから数年の間、どのような用途に利用可能であるのかさえ明確でなく、需要の規模に疑問が持たれていた。あるいは、数十年もの間、開発活動が続けられてきた太陽電池は、2001年の現在にはいまだ産業を形成するほどの市場規模を確立していない。

　産業の勃興過程における技術開発活動は場合によっては長期にわたって、その開発のための資源を獲得する必要があるのである。新しい産業の勃興は、旧来の産業枠組みからすれば「逸脱」であるけれども、この新しい産業の勃興にかかわる人々や、彼らが利用可能なモノ・カネは、旧来の産業枠組みから供給されることになる。新しい産業が勃興する、といっても、それは「無から有が生じる」ことを意味しているわけではないのである。

　だから、産業の勃興過程における技術開発活動への資源動員は、旧来の産業枠組みの中で「もっともだ」と人々に考えられ、合意が形成されるように行われることが必要になる。一般に製品市場の導入期には、市場取引がほと

んど行われていないため、将来的に十分な需要を期待することができ、事業として成立するのかについて客観的なデータを提示することが困難である。しかしその開発活動にはさまざまな資源動員が必要であるため、この資源動員の説得性を高め、他者に開発活動の正当性（legitimacy）を認めてもらうための理由づけが必要になる（Aldrich and Fiol, 1994；Howells, 1997）。

　開発活動の正当性を高めるような理由づけは、一般的な経営戦略論に基づけば、次のようなものが考えられる。第1に、競争戦略論の産業構造分析が示唆する既存事業への代替品の脅威である。既存事業の収益性を損なう代替品が産業として成立する可能性があり、これを阻みがたいのであれば、自らこの代替品の開発に積極的な資源投入を行い、旧産業で確立していたのと同等以上の競争地位を確立しようとすることが合理的になる。第2に、成長戦略にかかわる議論が示唆する新規事業への期待や既存事業に応用可能な中核的経営資源の育成である。技術開発活動の結果として、企業成長につながるような新規事業が期待でき、事業リスクの分散につながるのであれば、この技術開発活動に資源投入することは合理的である。同様に、技術開発活動の成果として生み出される経営資源が既存事業の競争力を高めるのであれば、この技術開発活動に資源投入することはやはり合理的になる。

　デジタルカメラ産業の勃興過程においても、新規事業への期待や既存事業への脅威、既存事業に応用可能な中核技術の育成といった要因が開発活動の継続と方向性に影響していたけれども、20余年にわたる開発の歴史において、これ以外の要因が開発コンセプトに重要な影響を与えていた。デジタルカメラ産業の勃興過程において、製品とこれを構成する技術の開発活動は、どのように継続され、方向づけられてきたであろうか。

2　デジタルカメラの開発コンセプト[1]

　日本のデジタルカメラ市場は、図V-1にみられるように、1990年代を通じて出荷台数を大きく伸ばし、急速に拡大してきた。1990年の時点で報道

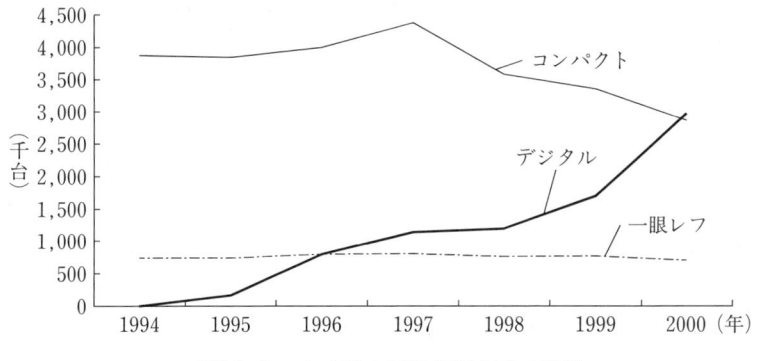

図V-1 カメラの国内出荷台数の推移

注：一般的な銀塩カメラと同様に携帯が可能な可搬型のデジタルカメラのみを集計の対象としている。
出所：日本電子工業振興協会および日本写真機工業会のデータを参考に筆者が作成。

　などの業務用向けにわずか数百台を出荷する程度であったのが、1996年には約75万台を出荷する一眼レフカメラを抜き、2000年度には300万台近くを出荷してこれまでカメラの主力市場であったコンパクトカメラをも出荷台数の点で凌駕している。ここで「デジタルカメラ」とは、電気的に撮像した画像の信号処理、記録を行う静止画撮影記録のためのカメラであり、一眼レフカメラとコンパクトカメラは、従来どおり銀塩フィルムを利用して静止画を撮像、記録するカメラである。以下では、後者の銀塩フィルムを使うカメラを「銀塩カメラ」と呼ぶことにする。

　デジタルカメラはパーソナルコンピュータ（以下、パソコン）との接続が可能な点で機能面において必ずしも銀塩カメラと等価ではないものの、デジタルカメラから出力されるハードコピーの画質向上から、近年では、デジタルカメラと銀塩カメラの市場は競合しており、将来的にデジタルカメラが銀塩カメラを代替していくだろうという認識が形成されつつある。図V-1では従来400万台前後であったコンパクトカメラの出荷台数減と呼応するかのように、1997年頃からデジタルカメラの出荷台数が急伸しているようにみえる。

しかし、1970年代から始まるデジタルカメラ開発の歴史を遡れば、銀塩カメラの代替がこれまで一貫した開発コンセプトであったわけでは必ずしもないことがわかる。デジタルカメラの基幹デバイスであり「電子の目」と呼ばれる半導体素子CCD（Charge Coupled Device）の発明に端を発した製品開発活動は、たしかに当初の時点において、銀塩カメラを代替するような電子式の静止画像撮影記録カメラ（以下、電子スチルカメラ）の開発をそのコンセプトにしていたけれども、20年に及ぶ開発、試作、市場導入の過程で、開発コンセプトとそれを構成する技術は変容していくことになる。1970年代の技術開発を経て1980年代に試作、市場導入された電子スチルカメラは、当時急速に普及を始めていた家庭用ビデオ・システムの一部と位置づけられていた。電子スチルカメラは、各家庭でビデオ機器に接続し、テレビ・モニタで画像を閲覧する「テレビ・フォトアルバム」として位置づけられていた。それが1980年代末頃に、画像信号の処理・記録方式を従来のアナログ・ビデオ方式からデジタル方式へと移行させ、1990年代半ばには「パソコン上での画像の閲覧・電送を強調する画像入力装置」として位置づけられるようになる。パソコンへの画像入力を可能にする「デジタルカメラ」は市場規模の拡大とともに、1990年代後半からさらに開発活動の方向性を変化させていく。当初、価格以外にパソコンとの連携性やパソコン・モニタ上での画質を主たる問題としていたデジタルカメラは、やがて銀塩カメラと同様にハードコピーとしてプリントアウトした際の画質水準を開発の重要な焦点とするようになり、将来「銀塩カメラを代替する」のではないか、という認識が生じはじめるのである[2]。

電子スチルカメラの開発コンセプトは、なぜこのように変遷してきたのであろうか。あるいは、やがて銀塩カメラを代替していく、という開発コンセプトが、開発活動の開始された1970年代に人々が意図したとおりに実現しようとしているのだとして、なぜ、家庭用ビデオ・システムやパソコンへの画像入力装置といった開発コンセプトを迂回的に経由せざるを得なかったのであろうか。デジタルカメラ産業の勃興過程において、電子スチルカメラの

開発にかかわってきた人々は何を資源にしてどのような理由づけをしながら自らの行為を説得的なものとして、開発活動に従事し、これを継続してきたのであろうか。電子スチルカメラ開発の歴史を紐解くことによって、デジタルカメラ産業勃興の過程をみていこう。

3　電子スチルカメラ開発史

1　CCDの登場と電子スチルカメラの構想

銀塩による化学的な撮像方式に代替するような、電子式の撮像方式が多くの企業で構想されるようになったきっかけは、光を電気信号に変える固体撮像素子、中でもベル研究所のボイル（W. S. Boyle）らが1970年にCCDを発表したことであった。CCDは当初、信号遅延素子として開発され、半導体メモリへの応用が考えられたこともあったけれども、多くの企業において注目されたのは、電子的に画像を入力するための「撮像」素子としての利用であった。日本ではソニーや松下電器、日本電気、東芝などの電機メーカーと、富士写真やオリンパス、キヤノンなどの銀塩写真システムにかかわる企業において、CCDを利用した電子の撮像システムが構想され、その開発の成果が技術ジャーナルや学会で活発に報告されるようになる。

たとえば、後にCCDと家庭用ビデオカメラの最大供給企業になり、先駆的に電子スチルカメラの試作発表を行ったソニーでは、中央研究所基礎第7研究室の越智成之がボイルらの論文を読んだことを契機として、1970年12月にCCDと応用製品の開発活動が開始されている。この開発活動は、やがて「社長直轄プロジェクト」になり、積極的な資源投入が行われるようになる。プロジェクトへの資源投入が認められたのには、主として2つの理由があった。第1に、電卓用MOS半導体市場からの撤退に象徴されるソニーの半導体技術凋落を挽回し、それを再生するための基幹技術としてCCDを位置づけることができる。しかも、これを強みとした民生用電子機器が展開できるようになる。第2に、銀塩フィルムを使っていたカメラを電子化すれば、

民生用カメラ事業を営むことができる。1974年にソニー中央研究所長に就任した菊池誠は次のように語っている。

「電気信号に直したら、信号処理の技術と、メモリと、映像技術と、何でもできる基盤は整った。それなら、フィルムを使わない、全部エレクトロニクスによるカメラができないはずはない。使いなれたカメラと同じくらいの大きさ、重さのカメラをつくることができれば、電子カメラの方がよいはずだ。フィルムを現像に持っていく必要がないからだ」。

　後に銀塩フィルムを利用した家庭用の8ミリ・シネカメラが、家庭用ビデオカメラに代替されたのと同じことが、静止画のカメラについても生じると期待されていたのである。
　他方、銀塩写真システムにかかわる企業においても、このような電子カメラによる銀塩カメラの代替の可能性が見過ごされていたわけではない。アメリカで1973年にTI (Texas Instruments) から電子スチルカメラ・システムの基本概念が特許として提出されたのに続いて、同様のシステムが、コダックやポラロイドからも提案されている。日本でも1975年頃から、銀塩写真システムにかかわる企業において、「銀塩写真を代替する可能性のあるもの」として固体撮像素子を使った電子スチルカメラの研究開発が開始され、従前の銀塩カメラ事業を脅かす代替の可能性が具体的な問題として技術ジャーナルや学会誌などで論じられるようになる。たとえば富士写真では、当時の中央研究所長水木栄一が *Scientific American* 誌の記事でCCDの記事を目にしたことがきっかけになり、1975年から電子スチルカメラの開発活動が開始されている。オリンパスやキヤノン、ニコンでも同様の技術開発が行われ、1970年代末に電子的な撮像システムにかかわるさまざまな特許出願がなされることになる。

2　CCDと固体家庭用ビデオカメラの開発

　CCDの登場によって、人々は従来の銀塩カメラに代わる電子スチルカメラを構想し、その技術開発活動を開始させたけれども、この開発活動はやがて、家庭用ビデオカメラの製品市場開発活動を利用するかたちで行われるようになる。これには主として2つの理由があった。第1に、1970年代から80年代半ばにおいて、電子的な画像（映像）信号処理・記録技術として手近に利用可能であったのが、当時盛んに開発が行われていた家庭用ビデオのそれであった。第2に、1970年代半ばからの家庭用ビデオ装置の急速な普及によって、従来業務用に供給されてきたビデオカメラが一般家庭にも導入され、銀塩フィルムを利用した8ミリ・シネカメラに代わって一定規模の市場を確立する、と期待されていた。

　結果、1980年代初頭までにCCDの性能向上とこれを搭載した固体家庭用ビデオカメラの実用化をめざす研究開発が急速に進められることになる。この開発活動は業務用で撮像デバイスとして利用されていた撮像管を、家庭用ではCCDで代替していこうとする活動でもあった。ソニー、松下電器、東芝、日立、といった電機メーカーが『テレビジョン』や『テレビジョン学会誌』などの学会誌や業界紙にその研究開発成果を頻繁に発表し、苛烈な開発競争が繰り広げられた結果、CCDは1980年代初頭までにその基本性能を大きく向上させている。搭載されるビデオカメラの大きさを決めるCCDチップの面積が縮小され、画質水準に影響する画像信号の転送効率と感度の向上、雑音水準の低下が、半導体基板の素材や電極の配置、CCD転送路のデザインの改良によって実現されている。同様に、解像度が著しく向上し、1974年に1万画素にも満たなかったのが、1980年代初頭の試作段階では、テレビ表示に必要な走査線解像度525本を満たす30万画素程度にまで達している。

　電子スチルカメラの基幹部品でもあるCCD実用化の成否は、固体家庭用ビデオカメラの実現と市場導入に大きな影響を受けていた。1980年代初頭には、生産の歩留まりの悪さと、代替されるはずの撮像管の急速な性能向上

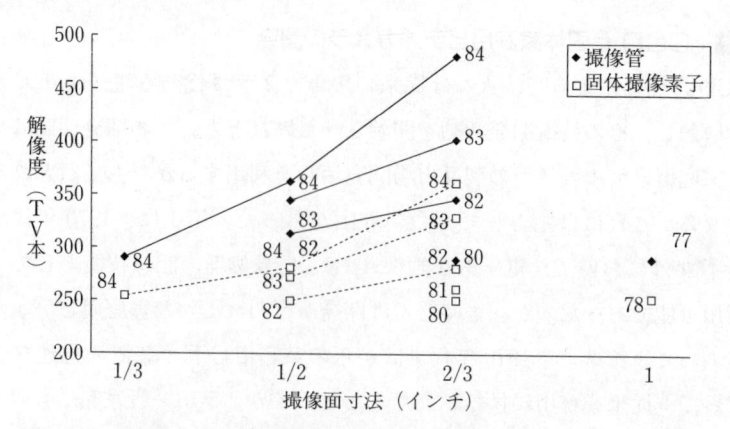

図V-2 撮像管と固体撮像素子における撮像面寸法の小型化と高解像度化

注：1）対象期間内に発表、発売された製品をプロットしている。固体撮像素子はCCDの他に、MOS型固体撮像素子など他の技術方式を採用するものを含む。
2）撮像管の解像度は通常、色搬送波周波数で表される。ここでは固体撮像素子の解像度と単位を揃えるために、1 MHz＝80 TV本という一般的な換算式を利用している。

出所：テレビジョン学会編『テレビジョン』・『テレビジョン学会誌』、日本経済新聞社『日経エレクトロニクス』・『日経マイクロデバイス』・『日経産業新聞』などの公表資料を参考に筆者が作成。

によって、CCDはその量産をなすべき根拠が薄弱であるという認識が形成されつつあり、CCDとこれを利用した固体ビデオカメラの実用化は頓挫しかけていたのである。撮像管ビデオカメラは小型化と軽量化を急速に進め、1984年までに1/3インチ撮像面で1000gと、CCDビデオカメラとほぼ同程度の水準を達成していた。しかも、撮像面寸法の小型化と高解像度化という相反する性能向上についても、図V-2にみられるように、撮像管は著しく実現可能な性能フロンティアを向上させており、同年度で比べてみれば少なくとも1984年までは、固体撮像素子（CCD）を凌駕していた。

状況を一変させたのは、1985年のカメラ一体型8ミリVTRの発売である。従来は別個であったカメラ装置とビデオ録画再生装置を一体化してもな

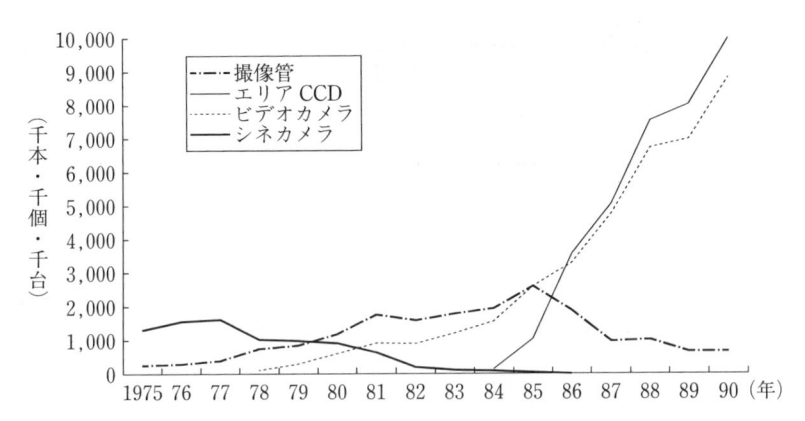

図V-3 撮像管、CCD、家庭用ビデオカメラ、家庭用シネカメラの国内出荷数量の推移

出所：通商産業省『機械統計年報』、日本電子機械工業会『電子工業年鑑』、日本経済新聞社『日経ニュース・テレコン』・『日経産業新聞』、工業市場研究所『イメージセンサに関する調査』などの公表資料を参考に筆者が作成。

お小型である点を訴求したこの製品は、ビデオカメラへのCCD搭載を一気に進め、撮像管をCCDへ代替せしめたのである。図V-3のように、1985年を皮切りに撮像管の出荷本数は激減し、CCDの出荷個数の急激な増加とともに家庭用ビデオカメラの出荷台数も急速に伸びていく。家庭用ビデオカメラへのCCDの搭載比率は、1984年の10％から1987年の98％まで急上昇している。

3 「Magnetic Video Camera」と家庭用ビデオ・システム

固体家庭用ビデオカメラの華々しい開発競争の陰でひっそりと続けられていた電子スチルカメラの開発活動が再び耳目を浴びたのは、1981年のことであった。この1981年の8月にソニーから電子スチルカメラ・システム「Magnetic Video Camera」（通称、マビカ）が試作発表されたのである。「マビカ」は図V-4に示されるように、CCDで画像をとらえ、磁気ディスクに記録した後、テレビ・モニタで画像を再生し、ビデオテープへ転写してビデオアルバムを作成するシステムである。電送機能もあるものの、基本的には

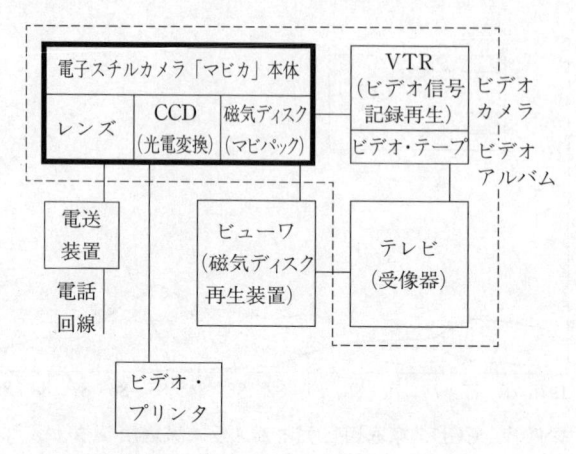

```
        ┌─────────────────────────────┬──────────────┐
        │ 電子スチルカメラ「マビカ」本体 │ VTR          │ ビデオ
        │ ┌────┬──────┬──────────┐    │(ビデオ信号    │ カメラ
        │ │レンズ│ CCD  │ 磁気ディスク│    │ 記録再生)    │
        │ │    │(光電変換)│(マビパック) │    ├──────────┤ ビデオ
        │ └────┴──────┴──────────┘    │ビデオ・テープ │ アルバム
        └──┬──────────┬───────────────┴──────┬───────┘
           │          │                      │
        ┌──┴──┐    ┌──┴──────┐          ┌──┴──┐
        │電送  │    │ビューワ   │          │テレビ│
        │装置  │    │(磁気ディスク│          │(受像器)│
        ├─────┤    │再生装置)  │          └─────┘
        │電話  │    └──┬──────┘
        │回線  │       │
        └─────┘    ┌──┴──┐
                   │ビデオ・│
                   │プリンタ│
                   └─────┘
```

図V-4　「マビカシステム」の概念図
注：後に発表された製品・試作品にはいくつかビデオ・
　　プリンタがみられるので、これを図に含めることに
　　した。
出所：木原信敏「マビカシステム」『テレビジョン学会技
　　術報告』TEBS 80-5、1982年、pp. 25-31を参考に
　　筆者が作成。

ビデオカメラの技術を利用した新しい「ビデオ・システム」をそのコンセプトにしていたのであった。新製品発表会の席上において、盛田昭夫ソニー会長は次のように述べている。

　「従来のスチルカメラがこれ（マビカ）によって無くなるとは思っていない。これはあくまでビデオの一つのテクノロジーであり、新しい記録方式として提示するものであって、今のカメラにリプレースするものとは思っていない」。

　「マビカ」は、ビデオ技術の一つの発展形として提案されたにもかかわらず、「従来の銀塩写真をすべて代替するのではないか」との憶測を呼び、電子スチルカメラの研究開発が急速に本格化していくことになる。マビカの性能は、従来の銀塩カメラと比べるべくもなく低いものであったが、同時期に

表V-1　「スチルビデオ・フロッピーディスク・システム」の基本仕様

(1) スチルビデオフロッピーの外形寸法 　　　大きさは、60×54×3.6 mm。　重さは、8 mg。 　　　通常の銀塩カメラと同等の大きさの電子スチルカメラに内蔵する。
(2) 現行テレビの性能を生かしたビデオ性能を保証する記録フォーマット 　　　テレビ信号処理方式（NTSC方式、PAL方式）と互換性を持つ。 　　　画像信号はビデオ機器と同じFM変調を行う。 　　　記録帯域幅を輝度信号は4.46 MHz、色信号は1 MHzとする。 　　　画像解像度は最高で水平方向に360 TV本(24万画素程度)。
(3) 1トラックに、テレビ画面の1フィールドを記録する。 　　　画像信号はディスク上の50本のトラックに設置する。 　　　磁気記録材料に、ビデオカメラのテープと同じ塗布型メタル、あるいは蒸着メタルを用いる。
(4) フィールド記録とともに、フレーム記録を可能にする。
(5) 撮影枚数は、フレーム記録で25枚（フィールド記録で50枚）とする。
(6) 防塵シャッタ、偏心防止機構、二重記録防止機構を設ける。
(7) 将来的な新記録媒体導入の余地を残す。

出所：水島昌洋「電子スチルカメラ懇談会の活動とビデオフロッピー規格」『テレビジョン学会誌』Vol. 39 (9)、1985年、pp. 756-759、岩部和則「電子スチルカメラに関する規格」『テレビジョン学会誌』Vol. 47 (6)、1993年、pp. 863-865を参考に筆者が作成。

　動画のビデオカメラによる銀塩のシネカメラの代替が進行していたことが、電子スチルカメラによる銀塩カメラの代替を一層現実的なものとしていた。図V-3のように、1981年にビデオカメラの出荷台数がシネカメラのそれを逆転したのを皮切りに、シネカメラは家庭用ビデオカメラに代替され、製品の供給者も富士写真、チノン、ミノルタといった光学機器メーカーから電機メーカーへと変化することになる。

　「マビカ・ショック」以降、銀塩写真システムにかかわってきた企業と、ビデオ技術を蓄積してきた電機メーカーでは、電子スチルカメラの事業化が検討されはじめる。まず、映像信号処理・記録方式を銀塩フィルム同様に標準化するため、1983年2月に32社が参加する「電子スチルカメラ懇談会」

が発足し、規格仕様が議論された。

　この規格仕様は、表V-1にみられるように独自の記録媒体を使い、テレビの倍の解像度を持つフレーム画像を記録できるようにしてはいるけれども、「小型ビデオの技術を使いながら、ビデオの静止画像と同等以上の画質が得られるようにする」ことが基本的な方針であった。この基本方針に沿って、電子スチルカメラはビデオカメラ技術の発展を利用して開発が進められることになる。CCDは、ビデオカメラの感度向上、解像度向上、小型化を目的として、1980年代にインターライン転送方式、埋め込みフォトダイオード、縦型オーバーフロードレイン、オンチップ・マイクロレンズ、高エネルギーイオン打ち込みといった重要な技術革新が重ねられ、CCDを利用する電子スチルカメラはこれらビデオカメラのための技術革新の恩恵を受けていた。同様に、ビデオカメラ向けに開発された可変速電子シャッタ、液晶ビューファインダも電子スチルカメラに搭載され、製品の「小型化」にかかわる電子部品の高密度実装技術も、ビデオカメラのそれが電子スチルカメラに応用されている。ビデオカメラの苛烈な開発競争と需要量拡大に応じて、画像信号処理ICの高性能化と低コスト化が進み、「いかにしてビデオカメラの部品をうまく使っていくか」が電子スチルカメラ開発の一つの指針であった。信号の処理・記録方式についても、解像度を従来の360TV本程度から500TV本以上に向上させる「ハイバンド」技術が家庭用ビデオに導入されたのを受けて、電子スチルカメラにも1988年7月にハイバンド規格が制定、導入されている。

　ビデオ技術の発展が電子スチルカメラの開発活動を駆動するという関係は、必ずしも部品の多重利用という点のみから生じていたわけではない。銀塩写真システムにかかわる企業では、家庭用ビデオカメラ事業に携わる部署が「電子映像事業部」などの名称で電子スチルカメラ事業にも携わっている。富士写真の電子映像事業本部、キヤノンの映像事務機事業、ニコンの電子画像事業室、オリンパスの映像システム部、ミノルタのカメラ事業部電子映像技術部などである。『テレビジョン学会誌』や『映像情報メディア学会誌』、

『写真学会誌』などの学会誌をみても、多数の技術者が家庭用ビデオカメラと電子スチルカメラの両方について論文を書いている。家庭用ビデオカメラ事業は、まだ確固たる市場のない電子スチルカメラに代わって「電子映像に関する経験」を蓄積し、「技術ベースの将来的なトレーニング」を行う場であった。他方、松下電器のような電機メーカーでも、ビデオカメラの開発にかかわる技術者が電子スチルカメラの開発にも携わる事例がみられる。このような技術者、あるいは組織のレベルでのビデオカメラと電子スチルカメラの開発活動の交差が、電子スチルカメラの開発活動を方向づけ、継続させていたといえるであろう。

4 ビデオ技術の制約と「マビカ」方式からの脱却

1980年代の電子スチルカメラ開発は家庭用ビデオとのかかわりによって駆動されていたものの、ハードコピーの高画質化の観点からすると、ビデオ技術は制約にもなっていた。

「マビカ」発表以来、各社で「マビカ規格」に基づく電子スチルカメラの開発活動が重ねられ、1986年には製品が発売される。しかし「電子スチルカメラ懇談会」に参加した32社の内、製品の発売に至ったのは、10社程度であった。図V-5のように、各年の製品発売数と発売企業数の乖離に注目すれば、1995年以前においては、製品発売企業がきわめて狭い製品ラインを組んでおり、ほぼ単年度に一つの割合でしか製品を投入していないことがわかる。多くの企業で、電子スチルカメラの研究開発と試作を進めていたものの事業化に至らず、製品発売企業においても大規模な事業化はなされなかったのである。

本格的な事業化がなされなかった理由には、各企業に固有のさまざまな事情が考えられるけれども、最大の理由は、電子スチルカメラが製品範疇として成立可能か危惧されていたことであった。電子スチルカメラの売上げは芳しくなく、各社の販売目標を大きく下回っていた。結果、1990年頃には業務用として数機種が発売されるにとどまるようになる。「マビカ」式電子ス

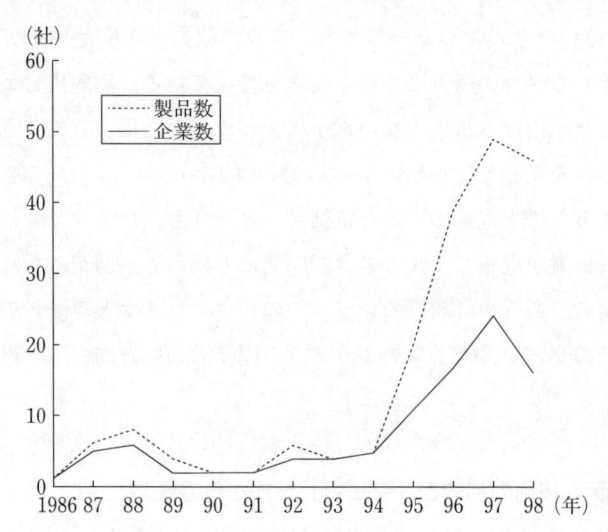

図V-5 電子スチルカメラ市場における製品数と企業数の推移

注：可搬型の製品のみを集計の対象としている。当該年に製品を発売した企業の数のみを集計しているので、必ずしも企業の参入・撤退状況と一致するわけではない。1998年は6月まで。

出所：写真工業出版社『写真工業』、テレビジョン学会編『テレビジョン学会誌』などの公表資料を参考に筆者が作成。

チルカメラが製品範疇として成立しがたかった理由の一つは、銀塩カメラとの比較における画質の低さにあった。ビデオ・システムとして開発が進められた1980年代の電子スチルカメラは、消費者の側ではプリント時の画質をみることによって、銀塩カメラとの比較がなされていた。ソニーにおいて当時、電子スチルカメラ事業に携わっていた大野信エレクトロニック・フォトグラフィ事業本部主幹技師は次のように述べている。

「市場における反応は、価格とともに画質に対して敏感であったためにコンシューマ機は市場に受け入れられず、ほとんど売れなかった。TVの1コマにあたる画像は、画質的にそれが繰り返し表示されるソフトコ

ピーの動画としては受け入れられるが、注視を受けるハードコピーの静止画としては受け入れがたいためである。4×5″のサービス判サイズではいわゆる荒れが目立って、同寸の銀塩カラー写真プリントより格段に画質が劣る」。

　ビデオの信号処理・記録技術に基づく限り、プリント画像の画質水準向上には限界があった。テレビの表示には、走査線525本、アスペクト比4：3を満たす最高38万画素程度しか解像度は要求されないが、銀塩写真の解像度を換算すればサービス判サイズでも最低130万画素程度が必要になる。また、アナログビデオ信号の処理・記録方式で生じる雑音の混入や画像信号の劣化は、動画と違って注視を受ける静止画ではより明確に認識される。
　他方、電子スチルカメラとビデオカメラの静止画に大差がないのならば、電子スチルカメラの購入を別途、消費者に訴えるには、他の訴求点が必要になる。結果、1980年代のアナログ電子スチルカメラは、オリンピック報道など速報性が要求される業務報道用に、電送機能という特徴を生かした利用がなされるに過ぎなかった。ビデオ技術の採用による画質水準の制約から逃れるため、1990年前後から各企業で「マビカ」方式に代わる、デジタル信号処理・記録方式の電子スチルカメラ「デジタルカメラ」が検討されはじめる。

5　「デジタルカメラ」とパソコン・システム

　デジタル信号処理・記録方式の「デジタルカメラ」の開発活動は、銀塩カメラを準拠点にしてハードコピーの画質水準向上を意図して開始される。富士写真やコダックでは、1990年頃から100万画素以上の解像度を持つCCDが内製されはじめ、レンズ付きフィルムの「『写るんです』と同等の画質」達成が開発活動の目標にされている。
　アナログ方式と比べたデジタルカメラの特徴は、文字どおりその信号処理・記録方式にある。画像信号をデジタルデータとして処理し、半導体メモ

リを記録媒体とするため、磁気記録特有の雑音混入や信号劣化から解放される。テレビとの互換性が必須でないから、画像の特性に合った解像度や色調、縦横比などを選択できる。パソコンなどとのインタフェースがとりやすく、情報処理システムの一部としてとらえることが可能になる。

　デジタルカメラの開発活動を可能にしていたのは、パソコンシステムに導入されたさまざまな新技術であった。1990年代初頭には、携帯型パソコンに「PCカード」と呼ばれる半導体メモリカードが搭載されるようになる。デジタル静止画像の圧縮技術として JPEG（Joint Photographic Coding Experts Group）規格が開発され、制定される。画像処理用 IC の技術水準が向上してフルカラーで画像情報を扱うことが可能になり、半導体メモリの大容量化と低価格化が進む。マイクロコンピュータ（CPU）の演算処理速度が向上し、シリアルや SCSI など情報機器間のデジタルデータ入出力インタフェースの高速化と標準化が進む。これらさまざまな新技術を利用することによって、デジタルカメラの開発が進むことになる。1988年に富士写真と東芝がデジタルカメラを共同開発したのを皮切りに、1994年までにオリンパス、コダック、ソニーなど他の企業からもデジタカメラが発表、発売される。

　しかしこの1990年代前半に「レンズ付きフィルムと同等の画質水準」を達成したのは、報道機関向けの100万円以上の高額製品のみであった。いまだデジタルカメラの市場性に疑問が持たれていたために高解像度の CCD や信号処理 IC などの部品が、安価に供給されなかったからである。たとえば、100万画素を超える CCD はハイビジョンテレビ放送機器向けに製造、販売されていたものの、その価格は100万円から200万円であった。

　他方、アナログ方式と同程度の解像度しか持たないデジタルカメラは、業務用市場を対象に20万円程度の価格から販売され、医療現場での治療記録やプレゼンテーション、工事の作業進捗状況記録、損害保険会社の事故状況記録など、「パソコンへの画像入力」を主たる用途として利用され、これに基づいてシステムが構築されることになる。

6 パソコンへの画像入力と民生用市場の拡大

　業務用に限られていたデジタルカメラの市場が民生用へと広がり、急速に拡大していくうえで重要な役割を果たしたのが、1995年3月にカシオが6万5000円という低価格で発売した「QV-10」である。図V-1にみられるようにこの1995年からデジタルカメラ市場は拡大をはじめ、カシオはこの年に68％、翌1996年でも49％の市場シェアを獲得している。結果、多数の企業がカシオの後を追うようにデジタルカメラ市場に（再）参入し、図V-5にみられるように、製品数・企業数が急激に増加することになる。

　大胆なまでにハードコピーの画質水準へのこだわりを捨てて低価格を実現した「QV-10」は、「パソコンへの画像入力」装置としてのデジタルカメラの位置づけをより強固なものにしていくことになる。カシオでは本来、パソコンへの画像入力機能のみを主たる訴求点として「QV-10」が開発されたわけではなく、携帯情報機器への発展の期待や携帯型液晶テレビ事業の建て直しの期待といった社内での理由づけに基づいて開発活動に経営資源が投入されていた。しかし「QV-10」に続く他社製品の多くがこの製品に特徴的な製品属性を改良しながら採用する中で、パソコン画像入力機器としての認識が強化されていく。「実売5万円」程度の価格で、小型・軽量、可搬性が高く、撮影画像の即時的な確認のために小型液晶モニタを搭載する。パソコンに接続でき、ハードコピーの画質よりも液晶モニタ、あるいはパソコン・モニタ上の画質を重視する。このような属性を持つ製品システムとして、デジタルカメラは開発、市場投入されるようになる。この1995年から1997年の時点でパソコン・モニタ上での画像の閲覧を目的とする場合、VGA（Video Graphics Array）規格の640×480 TV本（33～38万画素）程度の解像度が適当と考えられ、図V-6にみられるように全製品の6割から7割がこれに基づいている。画像信号の処理・記録方式のデジタル化によって、「テレビ・モニタとの互換性」から解放された代わりに、今度は「パソコン・モニタとの互換性」が強調されるのである。結果、デジタルカメラであっても、アナログ電子スチルカメラと解像度の点でほとんど変わらないことになる。

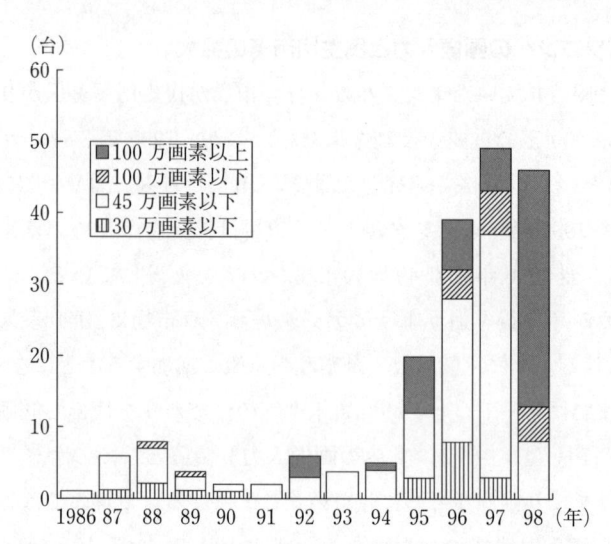

図V-6 電子スチルカメラの画素クラス別製品数の推移
注：可搬型の製品のみを集計の対象としている。ただし、集計の過程で集積されている「総画素数」と実際に光電変換に使われる「有効画素数」を分離することができなかった。一般に、「有効画素数」は「総画素数」より5万画素程度少なくなる。1998年は6月まで。
出所：写真工業出版社『写真工業』、テレビジョン学会編『テレビジョン学会誌』などの公表資料を参考に筆者が作成。

　ただし、この時期からは市場の拡大を理由に従来ビデオカメラ向けにCCDを開発、生産してきた半導体メーカーが、デジタルカメラ専用のCCDを開発・生産しはじめる。たとえばテレビとは描画方法の異なるパソコン・モニタ上で静止画の画質水準を高める2つの技術開発、「正方画素」CCDの開発（画素形状の正方化）と画像信号走査方式の「順次走査（progressive scan）」化が行われている。同様に画像情報を記録するメモリカードも、電子スチルカメラでの利用を念頭に置いた開発が行われるようになる。従来は携帯型パソコンのために開発された「PCカード」が記録媒体として利用されていたけれども、「コンパクト・フラッシュ」や「スマートメディア」に代表される新しい記録媒体が開発され、電子スチルカメラ市場における利用

の多寡がこれら新しい記録媒体の「事実上の標準（de facto standard）」を決めるカギであるとさえ考えられるようになる。パソコンへの画像入力装置として開発活動が進められていく過程で、デジタルカメラはこれまでにない規模の需要を獲得し、その結果、半導体産業に属する行為者たちがデジタルカメラを念頭に置いた技術開発活動を開始していくのである。このような動きは、1970年代に構想されたような銀塩カメラの代替をコンセプトとするデジタルカメラの開発活動を開始させることになる。

7 画質水準の向上と銀塩代替の可能性

　パソコンへの画像入力装置として市場を拡大したデジタルカメラは、やがて1997年頃から開発活動の焦点をパソコン・モニタ上の画質水準やパソコンとの親和性向上から、ハードコピーの画質水準向上へと移していく。これには、主として2つの事情がある。第1に、銀塩写真システムにかかわる企業における民生用デジタルカメラ事業の位置づけの問題である。第2に、市場の成長に伴う半導体メーカーのデジタルカメラに向けた開発努力、とくにCCDの高解像度化と供給価格の低下である。

　銀塩写真にかかわる事業を持つ企業では、デジタルカメラは将来「銀塩カメラを代替する可能性がある」と認識されており、デジタルカメラ事業への資源動員に関して社内での合意を形成するうえでも、デジタルカメラは「高画質」であることが重要であった。ハードコピーの画質水準へのこだわりを捨てたカシオの「QV-10」を契機として市場は拡大したけれども、富士写真やオリンパスでは、同様の商品企画は成立しなかったという。銀塩写真にかかわる企業では、デジタルカメラもまた「カメラの評価基準」としての画質水準へのこだわりをある程度クリアしていることが必要だったのである。結果、本来は民生用市場への投入を考えてデジタルカメラの画質水準を向上させるような開発活動が行われていたものの、1996年頃まではこれに必要な部品が高価だったため、報道業務用途など比較的価格弾力性の低い限られた市場を対象にせざるを得なかったのだという。

(μm^2)

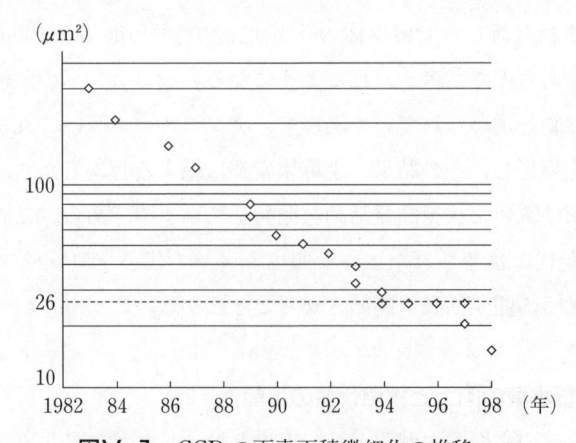

図Ⅴ-7 CCDの画素面積微細化の推移
注：当該年度に出荷されたCCDの画素面積のうち最小の数値をプロットしている。1998年は6月まで。
出所：日本経済新聞社『日経マイクロデバイス』、電波新聞社『電波新聞』などの公表資料を参考に筆者が作成。

　このような状況に変化が訪れるのが、1996年秋頃である。翌年の発売をめざして、100万画素を超える「メガピクセル」デジタルカメラの開発が各社で開始されるのである。たとえば、VGA規格を超える80万画素の「C-800L」を実売10万円程度で発売していたオリンパスでは、1996年10月に「実売10万円以下で、100万画素以上のCCDを搭載」した民生用製品の開発が開始されている。その開発コンセプトは、①当時の他社製品とは違って「パソコンの周辺機器から脱却」し、②パソコンを介さずに直接紙に印刷できて「ハードコピーの美しさを競う」というものであった。銀塩カメラ事業で培われてきた、「カメラ」メーカーとしての技術力を生かすことが重要であると同社では考えられていた。
　開発の大きなボトルネックは、当時「1画素1万円を常識」とする多画素CCDの供給であった。交渉は困難をきわめたけれども、「C-800L」と後継機種が一定の売上げを達成した頃、ある半導体メーカーから新開発の141万画素CCDを2万円前後の価格で供給できると伝えられることになる。この

頃には半導体メーカーはデジタルカメラ向けCCDの量産規模に関する「安心感」を強め、多画素CCDの低価格での供給を本気で考えはじめていた。

デジタルカメラ用多画素CCDを安価に供給するために行われた重要な開発活動の一つが、「家庭用ビデオカメラ用では本来不要な水準」までCCD画素面積の微細化を進めることであった。CCDを単純に多画素化すれば1枚の半導体ウェハから採取するCCDの枚数が減り製造コストが上がる。だから、CCDのチップ面積を維持しながら、集積画素数を増やすことが望ましい。図Ⅴ-7に示されるように、1994年以来26 μm^2から進んでいなかった画素面積の微細化が、デジタルカメラ用多画素CCDによって、1997年から再び進むことになる。26 μm^2という画素面積は、ビデオカメラであれば1/4インチ光学系で38万画素が実現できる水準で、これ以上の微細化はかえってレンズの加工費などが増加するので不要だと考えられていた。画素面積の微細化と同時に、この画素面積微細化から生じてしまう感度の低下や雑音水準の上昇を抑えるためのさまざまな技術開発活動が行われることになる。

このような技術開発活動に加えて、半導体メーカーがCCD供給市場における競争地位の上昇をねらってコスト競争を行った結果、多画素CCDのデジタルカメラ供給企業への受渡し価格は、急速に低下することになる[3]。たとえば、1/2インチ145万画素CCDの量産価格は、1997年3月に1万2000円であったのが、翌1998年6月には6500円に半減している。

多画素CCDの価格低下を受けて、1997年頃から銀塩写真システムにかかわる企業のみならず、ソニーや東芝のような電機メーカーからも、多数の「メガピクセル」機が6万円から10万円強の価格帯で発売されることになる。図Ⅴ-6に示されるように1996年に全39製品のうち7製品が90万円以上で販売されていたに過ぎないメガピクセル機は、1998年には全46製品のうち33製品となり、その多くが6万円から10万円前後の価格で販売されている。製品への付加機能の差異などによる影響があるために正確な指標とはいえないものの、図Ⅴ-8に示されるように、(製品価格を搭載CCDの画素数で割った)「デジタルカメラの1画素当たり製品価格」は、1997年から急速に下落して

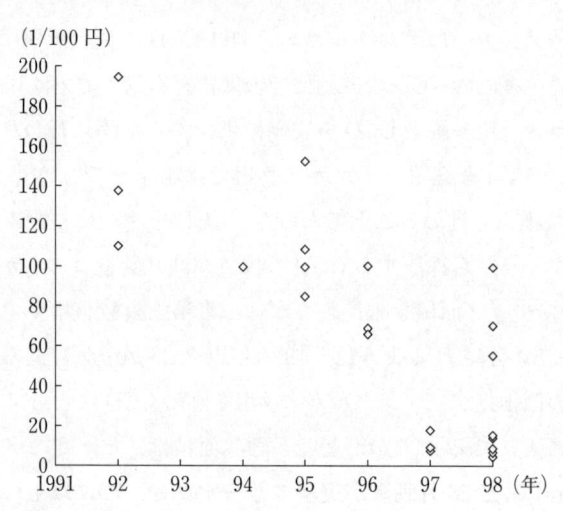

図V-8 「メガピクセル」デジタルカメラの「1画素当たり製品価格」の推移
出所：写真工業出版社『写真工業』、テレビジョン学会編『テレビジョン学会誌』などの公表資料を参考に筆者が作成。

いる。メガピクセル機の価格低下と製品数増加の結果、デジタルカメラの国内出荷台数に占めるメガピクセル機の比率は、1997年第1四半期の7％弱から、1998年第4四半期の70％弱まで急伸している。

　メガピクセル機、中でも銀塩写真にかかわる企業の製品において強調されているのは、「単なる画素数の増加」ではない。「プリントしたときの画質」水準の高さが強調されている。パソコン・システムにおいて、画素数の向上はモニタ上でより大きな画像を表示することが可能になるということを意味している。これに対して、「銀塩カメラに類似のシステム」としてデジタルカメラをとらえる場合、パソコンを介さずに画像の印刷が可能であるという点、あるいは銀塩写真と同様に、街頭の現像ラボが利用できるという点が強調される。ハードコピー利用の簡便さとその画質水準が、製品評価の重要な次元になる。

　デジタルカメラの「カメラ」としての利用をうながす開発活動として、デ

ジタルカメラのハードコピー出力のために、主として 2 つの方向性が示されるようになる。一つは、1990 年代半ばから市場投入されてきた「写真画質」のカラー・プリンタを一般家庭に普及させ、「ホームラボ」を実現しようとする開発活動である。たとえば、オリンパスの渡辺洋之 DI 事業推進部開発グループ開発チームリーダー（1998 年当時）は、次のように述べている。

「デジタルカメラは、現状ではパソコンの周辺機器といわれていますが、私は将来的に銀塩カメラにとって代わる『カメラ』そのものだと思います。私どもは『ホームラボ』を基本思想に掲げて、高品位なプリンタをラインナップに組み入れています。写真のハードコピーを手に入れたいという文化は今後もなくならない。カメラとプリンタを直結したダイレクトプリントは、思い立ったときに家庭でプリントアウトできるのが最大のメリットです」。

同様の開発活動は、プリンタ事業を積極的に推進するキヤノンやセイコーエプソンにおいても行われていると考えられる。これに対してコダックや富士写真のように銀塩フィルムの供給と現像処理を担ってきた企業では、銀塩カメラと同様に街の現像ラボを利用してハードコピーを得るようなサービスが開発されている。たとえば、富士写真では、1990 年前後から 100 万画素を超える CCD の内製化を進めるとともに、1997 年から街の現像ラボを利用してハードコピーを得る「F-DI」サービスを展開することによって、銀塩カメラ・システムに代わるデジタルカメラ・システムの構築が試みられている。富士写真の乾谷正史電子映像事業部開発部技術主席（1997 年当時）は、次のように語っている。

「なんとかこの市場を写真の方に引き寄せたいと。(1997 年の) いま、正直なところ、世の中のデジタルカメラはパソコン周辺。まだ、富士の描いている電子カメラの市場は見えていない。いま、プリント・サービス

を始めて、そっちの方向へ、いまは多画素化と『F-DI』サービスで引っぱり込もうとしている。カシオの時には、全然違うところだったんです」。

　デジタルカメラは、家庭用ビデオ・システムに関係づけられることによって開発と市場導入が行われ、次にパソコン・システムに関係づけられることによって民生用市場が拡大し、そのことが銀塩カメラに代わるシステムとしての開発を可能としていたのである。

4　おわりに

　技術革新研究や産業史研究の分野ではこれまで、人々の合意形成の結果として特定の方向に技術発展が収斂していく（制度化が進んでいく）と主張されてきた。産業の導入期において多様であったはずの製品コンセプトとそれらを構成する技術バリエーションが、やがて産業の成長とともに収斂し、ある時期からは特定の技術発展の方向性があたかも既定の制度であるかのように、所与とされ、当然視されるようになって、技術開発活動・製品開発活動を方向づけると主張されるのである（Abernathy and Utterback, 1978; Anderson and Tushman, 1990; Bijker et al., 1987; Dosi, 1982）。このような主張は、旧来支配的な見方であった「技術発展は制度（環境）によって一意に方向づけられる」といった環境決定論的な主張に対するアンチテーゼとして展開されている。「こういう需要があったからこの技術が開発された」とか「技術的な論理からして意味があるからこの技術が開発された」とかいった、「環境としての市場あるいは技術が、開発活動の方向性を決定づける」という考え方があまりにも素朴であると主張されている。つまり、制度（環境）が人間行為を一方的に規定するというよりも、人間の相互行為を通じて制度が形成され、やがてこの制度が人間の行為を方向づけるようになる、という考え方が提案されてきたのである。

このような、行為と制度（環境）の相互既定関係を世界観として採用する立場が、環境決定論的な思考様式に対するアンチテーゼ以上の存在意義を主張するためには、既存の制度の枠内で生きる人々がどのようにしてこの既存の制度を逸脱するような革新を起こし、新たな制度を形成していくのか、その論理を問う必要がある。本章で扱った産業の勃興過程における製品市場開発活動に即していえば、初期段階に旧来の産業枠組みの外側にあって脆弱な存立基盤しか持たない開発活動が、いかにして組織的に、社会的に正当なものとみなされ、活動のための資源を獲得しながら産業の生成という新たな制度化に向かっていくのか、という問題を考える必要がある。製品システムは、機能という点からも価格という点からも、人々がもっともだと考えるようなものが提示されることによって、開発のための資源動員がなされ、対価を払って購入しようとする人々が増えて、市場を創造することになるからである。開発活動の正当性を高める論理にはどのようなものがあるだろうか。
　デジタルカメラ産業の勃興過程においては、まず、本章の冒頭で述べたような新規事業への期待や既存事業への脅威、既存事業に応用可能な中核技術の育成といった経済的要因が開発活動を正当なものとしていた。「電子カメラによる銀塩カメラの代替」という開発コンセプトは、電機メーカーにおいてはすでに一定規模の市場を形成していた銀塩カメラに代わるカメラ事業への進出の可能性を意味していたし、銀塩写真システムにかかわる企業においては既存の大事業を失う危険性が認識されていた。また、民生用デジタルカメラ市場の成長に伴ってCCDやメモリカードを供給する半導体メーカーやプリンタメーカーにおいてデジタルカメラ向け製品の開発活動が行われるようになったのにも、既存製品の新たな市場開拓、あるいは既存事業の競争地位の向上といった理由づけがなされていたと考えられる。しかし、デジタルカメラ産業は銀塩カメラの代替という当初の開発コンセプトそのままに開発活動が行われ、製品が発売されて、市場が拡大する、という一直線の経路をたどって勃興してきたわけではなかった。
　デジタルカメラの開発コンセプトに重要な影響を与え、「迂回経路的」開

発活動を行わせていたのは、家庭用ビデオカメラ・システムやパソコン・システムといった「一足早く制度化が進んだ他の製品システムとの関連づけ」であった。デジタルカメラは、このような既存の製品システムに関連づけられることによって、開発活動および市場における正当性を増すことができ、そのことが半導体産業やプリンタ産業におけるデジタルカメラ向け製品開発活動の説得力を高め、結果として銀塩代替の可能性が生じていた。デジタルカメラの基幹部品であるCCDは、一足早く市場として成立することが期待された固体カラービデオカメラの実現という目標設定の下に開発が進められ、それでも頓挫しかけた開発活動を継続させ、量産段階への移行を可能としたのはカメラ一体型VTRの市場導入であった。1980年代には家庭用ビデオカメラの開発に携わる組織単位およびこれを構成する技術者たちが電子スチルカメラの開発を手がけ、いまだ事業として成立していない電子スチルカメラに代わって電子的な撮像技術に関する経験や技術的なトレーニングが重ねられていた。電子スチルカメラの市場導入はビデオ技術を利用した「マビカ」規格に基づいて行われ、ビデオ技術の発展からさまざまな新技術が電子スチルカメラにも導入されていた。「一足先に市場が成立しはじめた家庭用ビデオカメラ事業にかかわる」ことが、電子スチルカメラの開発活動を継続させ、方向づけていたのであった。

同様に1980年代末に電子スチルカメラの製品範疇としての成立可能性が危ぶまれ、開発活動が頓挫しかけたときに強調されるようになったのは「パソコン・システムの技術を利用することによってデジタル化をはかり」画質水準を向上させることであった。カシオの「QV-10」は必ずしも、パソコンへの画像入力装置という開発コンセプトの下に市場導入されたものではなかったけれども、「QV-10」の市場での成功を契機として、この開発コンセプトが一時支配的なものとなっていく。「電子による銀塩の代替を念頭に置いた」銀塩写真システムにかかわる企業における画質水準へのこだわりは、画質水準にこだわらないパソコン画像入力機器として民生用市場が成長をはじめた後には、デジタルカメラが銀塩代替の可能性を持ちはじめるための一

因になっていたけれども、それまでは業務用という限られた市場を切り開いたに過ぎず、半導体メーカーやプリンタメーカーのデジタルカメラに向けた開発努力をうながすことはなかったのである。デジタルカメラは、当初想定された「銀塩代替」という開発コンセプトからいったん離れて家庭用ビデオカメラ・システムやパソコン・システムといった「一足早く制度化が進んだ他の製品システムと関連づけられる」ことによって、開発活動が継続され、方向づけられていた。しかも、このような他の製品システムとのかかわりによって民生用市場が拡大したことが、他の産業に属する人々の新たな開発活動への理由づけ、根拠になっていた。

「一足早く制度化が進んだ他の製品システムとの関連づけ」が産業の勃興過程において開発活動を正当なものとする論理として意味を持つのは、現代の技術が複数の製品システム間の複雑な相互依存性の下に発展してきたことに関係がある。たとえば20世紀における電子技術は、半導体技術や磁気記録技術、光技術、液晶技術などさまざまな技術が新たなかたちで総合され、新しい製品範疇をつくりながら発展してきた。現代の技術発展の特徴は、製品システム間の複雑な相互依存性と累積性にあると考えられるのである。

こうした現代の技術発展の特質を考えると、開発活動を行っている製品システムを、「他の製品システムとのかかわりにおいていかに位置づけていくか」が、企業の製品市場開発戦略を考えるうえで、重要な問題になる。さまざまな製品システムの複雑な網の目のどこに自らがかかわる製品システムの「入り口」を見出し、どのような製品システムとして育成し、どのような方向性で発展させていくのかを考えていくことが重要になる。デジタルカメラ産業の事例からは、企業が他の製品システムと相互依存関係を持つような開発コンセプトを考えることによって、自社のそれとは異なる経営資源を持つ他企業をこの製品システムの育成に巻き込むことが可能であり、それがかえって自らの経営資源を拡張していく活動にもなりうることが示唆される。他の企業主体を巻き込み、彼らの経営資源を利用するかたちで「迂回経路」的な製品システムの発展を考えていくことができる。「当初考えられていた手」

がすぐにはとれなかったとしても、当面「他の手」がとれるのであれば、開発活動を継続させるために少しずつビジネスが展開できることになる。しかも、いくつか「他の手」をとって開発活動を続けるうちに、「当初考えられていた手」が実現できる可能性が生じることがある。自社のみならず、他社も経営資源の使い方を変えていくからである。これまで一般的な競争戦略論は、主として自社製品あるいは事業の「市場における位置づけ」に注目してきたけれども、産業の勃興期のように市場環境の制度化が進んでいない状況においては、さまざまな製品システムの複雑な網の目のどこに技術の「入り口」を見出し、位置づけていくかが重要な問題になるのである。

　旧来の制度の枠内で行為する人々が次期の制度をかたちづくっていくうえで利用可能な正当性獲得の論理には、本章で考えたもの以外にもさまざまなものがあるだろう。たとえば、社内の既存事業とのシナジー効果が期待できる、あるいは自社にとって可視性が高い他社が積極的な開発活動を行っている、大多数の企業が同じコンセプトで開発活動を行っている、アメリカで実現したものは日本でも実現する、政府によって戦略的な産業育成政策が行われている、といったさまざまな信念を正当性獲得の論理として人々は自らがかかわる制度化の過程で利用することができるであろう。産業の勃興過程のような制度的ダイナミズムは、現実には、この種の潜在的にありえる複数の論理が人々の相互行為を通じて複雑に絡み合いながら生起している。そのため、われわれはこの制度的ダイナミズムを断片的にしかとらえることはできず、新たな制度化に向かう活動の資源としての正当性獲得の論理は、時として当事者たちが当初期待していたのとは異なる結果をもたらしてしまうことがあるといえるかもしれない。実際デジタルカメラ産業においても開発コンセプトは二転三転してきた。しかし、だからこそ、旧来の制度の枠内で活動する人々が、相互行為を重ねて新たな制度を生成していく過程において、どのような論理によって、何を資源とし、どのような信念を生み出し、また改変していくのかを明らかにする作業に意味があると思われるのである。

注
1) デジタルカメラ産業の調査過程で、多くの実務家の方々と一橋大学イノベーション研究センター青島矢一氏に御協力頂いたことをここに記し、感謝申し上げたい。なお、本書の趣旨に鑑み、事例記述のための情報源については割愛せざるを得なかったことを付言しておく。
2) 本章のベースとなる調査期間以降(1998年6月以降)についていえば、ズームレンズの性能や連写性能などカメラとしての基本機能の充実も開発の重要な焦点になっているように思われる。ただし、付加的な機能として短時間の動画記録や音声記録機能を搭載した製品も発売されていることを考えると、デジタルカメラの開発活動が単なる銀塩カメラの代替を越えて制度化されていくことが将来的にはありえるといえるかもしれない。しかし、本章の記述は将来予測を目的としたものではないため、本文においてその種の可能性に言及することはしない。
3) 多画素CCDの供給コスト低下については、ハイビジョン放送用カメラなど「プロ」が要求する水準よりもキズ規格を緩和することによって生産の歩留まりが改善された、という要因も指摘できる。

引用文献

Abernathy, W. J. and Utterback J., "Patterns of Industrial Innovation," *Technology Review*, Vol. 80, No. 7, 1978, pp. 40-47.

Aldrich, H. E. and Fiol, C. M., "Fools Rush in ? : The Institutional Context of Industry Creation," *Academy of Management Review*, Vol. 19, No. 4, 1994, pp. 645-670.

Anderson, P. and Tushman, M. L., "Technological Discontinuities and Dominant Designs : A Cyclical Model of Technological Change," *Administrative Science Quarterly*, Vol. 35, 1990, pp. 604-633.

Bijker, W. E., Hughes, T. P. and Pinch, T. (ed.), *The Social Construction of Technological Systems : New Directions in the Sociology and History of Technology*, Cambridge, Mass. : MIT Press, 1987.

Dosi, G., "Technological Paradigms and Technological Trajectories," *Research Policy*, Vol. 11, No. 3, 1982, pp. 147-162.

Howells, J., "Rethinking the Market-Technology Relationship for Innovation," *Research Policy*, Vol. 25, 1997, pp. 1209-1219.

参考文献

アバナシー, W. = クラーク, K. = カントロウ, A.(日本興業銀行産業調査部訳)『インダストリアルルネサンス:脱成熟化時代へ』ティビーエス・ブリ

タニカ、1984 年
クリステンセン，C. M.（伊豆原弓訳）『イノベーションのジレンマ：技術革新が巨大企業を滅ぼすとき』〔増補改訂版〕翔泳社、2001 年
クームズ，R. =サビオッティ，P. =ウォルシュ，V.（竹内啓・廣松毅監訳）『技術革新の経済学』新世社、1989 年
沼上幹『液晶ディスプレイの技術革新史：行為連鎖システムとしての技術』白桃書房、1999 年
アッターバック，J. M.（大津正和・小川進監訳）『イノベーション・ダイナミクス：事例から学ぶ技術戦略』有斐閣、1998 年

第3部

「意図せざる結果」からみた企業活動

第 VI 章
産業政策と企業行動の社会的合成
：石油化学工業の「利益なき繁栄」

1 石油化学工業の発展と「意図せざる結果」

1 発展と「利益なき繁栄」

「わが国の石油化学工業は、昭和33年に本格的な操業を開始してから僅か10年で生産金額1兆1千億円にのぼる基幹産業にまで急成長し、アメリカに次ぐ世界第2位の地位を築き上げました。…（中略）…しかしながら、その発展過程において、せっかく協調的な気運の中にスタートした石油化学も激甚な過当競争を展開し、石油化学工業は"利益なき繁栄"とまでいわれたような状態になったのは残念なことであります」（長谷川周重前石油化学工業会会長：石油化学工業10年史編集委員会編，1971）。

日本の高度経済成長の中で、石油化学工業は大きな成長を遂げていた。天然資源も技術蓄積もなかった日本の石油化学工業は、およそ10年で世界第2位となり、日本の基幹産業となったのである。しかしながら、その発展過程において問題が発生していた。石油化学工業が発展する過程において、生産量は拡大し、輸入依存度は低下し続けた。しかしながら、一方で企業の利益率は低下し続け、「利益なき繁栄」と呼ばれるようになっていたのである。
　この「利益なき繁栄」の背後には、過当競争が存在していると指摘されていた。企業の数が多すぎるというのである。石油化学工業は生産に大規模装置を必要とする典型的な装置産業である。装置産業ではスケール・メリット

が大きくはたらく。小さな企業が分散して数多くあるよりも、大きな企業が集約的に存在した方がスケール・メリットという点においては競争戦略上有利である。そのため、通商産業省（以下、通産省）は、過当競争を排除するために、産業の集中度を上げ、企業を集約化することを試みた。しかしながら、通産省の意図とは反対に、集約化されるばかりか、企業の数はさらに増え、集中度はさらに低下するという結果が現れた。「利益なき繁栄」と呼ばれる現象はさらに深刻化したのである。

2　相互関係の中での「意図せざる結果」

　ある問題を解決するためにとった行動が、その問題をさらに深刻なものにしてしまうことは私たちの生活でもよくみられる。たとえば、サッカーの試合をみにいって、少しでも見やすいようにと、つい立ち上がってしまうことがある。しかし、みんなが立ち上がってしまって、結局全然見やすくならない。見やすいようにと立ったものの、結果としては見やすくはならず、疲れるだけである。このように、問題を解決するために行った行動によって、問題となる現象が再生産されてしまうということが時として起こる。

　サッカーの例では、自分の行動は他の人々の選択に影響を与えている。自分が立ち上がると、後ろの人は見えにくくなってしまう。また、他の人の行動も自分の選択に影響を与えている。他の人が誰も立っていなければ、自分も立つ必要がない。多くの人が立ち上がる場合には、自分も立たなければよく見えない。

　このような状況において、行為者は自らが置かれた環境や制度の下で意思決定を行う。そしてその行動は他の行為者にとっての環境あるいは制度を形成する。しかし、この環境や制度は決して客観的に存在するものではなく、行為者の行為が合成することによって、あたかもそこに存在するかのように現れるものである。そして、このような状況で生じる「意図せざる結果」を理解するためには、個人の行動を観察するだけでなく、行為者の行動が合成されるプロセスを明らかにしなければならない[1]。

このような視点から、本章では、行為者はどのような意図を持って意思決定をしていたのか、そしてその行動が合成した結果どのような相互作用が生まれてきたのかを理解することによって、日本の石油化学工業において「利益なき繁栄」と呼ばれる現象がどのような過程を経て現れてきたのかを明らかにする。

2 石油化学工業の歴史

ここでは、石油化学工業とはどのような特徴を持つ産業なのか、日本において石油化学工業がどのように発展してきたのか、どのように「利益なき繁栄」と呼ばれる現象が生み出されてきたのかを概観する。

1 石油化学工業の特徴

石油化学工業とは、石油および天然ガスを原料として、化学製品ないし合成中間体を製造する工業である。最終的にその製品は、自動車や家電の部品、加工プラスチック製品、合成繊維、塗料などさまざまな用途に用いられる。

石油化学工業の生産設備は化学反応をつくり出すための大規模装置である。このことから、石油化学工業はスケール・メリットが大きくはたらく典型的な装置産業となる。そのため、いかに大規模な生産設備において、しかも高率の操業率で生産できるかが生産の経済性に大きく影響する。

また、石油化学工業ではその生産工程における化学反応が多岐にわたり、多くの副生物質が生み出される。そのため、必然的にコンビナート形態をとる。そして、コンビナートの経済性には生産規模だけでなく、副生物質の多角的な利用が重要になる。つまり、いかに大規模な生産設備において生産するか、いかに副生する物質を有効に利用することができるかが石油化学コンビナートの経済性に大きな影響を及ぼすのである。規模の経済性と範囲の経済性がとくに重要になる産業である。

2 石油化学工業の登場

　石油化学工業は、1920年代から30年代にかけて相次いで欧米で誕生した。日本において「石油化学」という言葉が初めて使われたのは、1930年代の終わりであった。しかし、当時の日本では石油を化学工業の基礎原料に利用するという考え方はみられなかった。

　1940年代後半から50年代前半において、海外から石油化学工業についての情報が日本企業に流入した。アメリカの化学工業、とくに石油炭化水素加工利用技術の進歩の情報が各企業に流入した。また、石油化学工業の原料を生産する石油精製業が敗戦から復興し、石油化学工業の原料基盤を形成しつつあった。

　これらを背景に、1950年代に入り、日本においても石油化学工業の企業化が計画されはじめた。しかし、当時の日本には石油化学工業の企業化に必要な技術の蓄積はなく、企業化には海外から技術を導入しなければならなかった。外国技術の導入には多額の外貨支払いが必要となっていたために、企業は自由に技術を導入することはできず、技術導入には通産省の許可が必要となっていた。また、工場用地として旧陸海軍燃料廠跡地のような国有地の使用が不可欠であったことから、企業は通産省に計画を提出し、計画の許可を求めた。

3 通産省の構想

　通産省は、企業化当初から、石油化学工業を国際競争力のある日本の基幹産業に育成するという構想を抱いていた。石油化学工業は典型的な装置産業であるため、規模の経済性が競争力に大きく影響する。そのため、国際競争力を獲得するためには、大規模な石油化学コンビナートを建設する必要があった。小規模分散的な企業化は最も避けるべきものであり、大規模集約的な企業化がめざされた。

　多くの企業から石油化学の企業化計画の提出を受けた通産省は、具体的な育成対策を策定し、企業の計画の選別を進めていった。1955年には「石油

表Ⅵ-1 1956年までに通産省に提出された企業化計画

計画発表年次	企業名	計画内容
1950	日本曹達	総合石油化学工業
1953	三池合成	総合石油化学工業（旧陸軍岩国燃料廠跡地の利用による）
	興亜石油	芳香族炭化水素（旧陸軍岩国燃料廠跡地の利用による）
1954	住友化学工業	ポリエチレン、エチレングリコール、芳香族炭化水素
	日本石油	接触分解ガス利用によるイソプロピルアルコール、アセトンなどの合成
	丸善石油	接触分解ガス利用によるブタノール、メチルエチルケトンなどの合成、芳香族炭化水素
	東亜燃料工業	芳香族炭化水素、イソプロピルアルコール
1955	昭和石油	イソプロピルアルコール、n-ヘキサン
	三菱化成工業	総合石油化学工業（旧海軍四日市燃料廠跡地の利用による）、のち三菱油化を創立
	協和発酵	合成ゴム、アンモニア
	日本ゼオン	合成ゴム
	三菱石油	芳香族炭化水素
	三井石油化学	三井合成を含む三井系8社（のちに10社）の合同体による総合石油化学工業
	日本石油化学	日本石油から分離独立、のち古河化学と協力
1956	三菱油化	三菱系6社による総合石油化学工業

出所：日本化学会編（1978）p. 803.

化学工業の育成対策」を決定し、化学工業の国際競争力の強化を目標として確認した。そして1956年2月、「石油化学企業化計画の処理に関する件」を決定して基本的な企業化の許可の基準を示した。この基準をもとに、4つのエチレンセンターの建設が許可され、日本の石油化学工業がスタートした[2]。

　企業化がスタートした当初は、技術的に品質を保つのが難しく、トラブルも多かった。しかし、それらの問題は徐々に解消され、それまで輸入品に頼っていた化学製品では国産品へと転換が進んだ。企業化当初から高い操業率を維持でき、全体としては好調なスタートであった。石油化学工業は、新しい分野を切り開いていく新規産業として、その収益性の高さや成長性に着目されていった（渡辺、1973）。

表VI-2　石油化学企業化計画（1956年）

会社名	地区	生産能力(t/年)	生産開始年
日本石油化学	川崎	25,000	1959
住友化学工業	四国（新居浜）	12,000	1958
三井石油化学工業	中国（岩国）	20,000	1958
三菱油化	四日市	22,000	1959

出所：日本化学会編（1978）p. 805.

4　石油化学工業の拡大

　通産省の許可を受けた4つのエチレンセンターが完成するのを待たずに、金融機関や化学業界関係者は、将来的にはそれまで化学工業の中心であった石炭電気化学工業から石油化学工業へと化学工業の中心が転換するであろうという報告をまとめていた。「石油化学は消費革命と産業革命を招来する」といった報告が数多くなされていた（三和銀行調査部編，1960）。

　石油化学工業への進出を計画する企業も増えており、多くの計画が通産省に提出されるようになっていた。1959年から1960年にかけては石油化学工業化計画の提出ラッシュであった。石油化学工業に新規参入を計画する企業からだけでなく、すでに石油化学工業に進出している企業からもコンビナートを拡大するために生産設備の拡充や未利用物質を有効利用するための新規誘導品の工業化計画が提出された。

　このときの企業の計画の中心は、プロピレンを原料として生産するポリプロピレンであった。プロピレンはエチレンを生産する際に副生する化学物質であるが、それまでは十分な利用法がみつけられていなかったため、有効に利用することができていなかった。このプロピレンの有効利用を可能にする技術がイタリアのモンテカチーニ社によって開発されたため、各社は範囲の経済性のためにこの技術導入を争った。あまりに日本企業が先を競い、技術導入競争を展開していたため、その白熱振りは「モンテ詣り」といわれるようになっていた。このようにこの時期の企業の計画には、規模の経済性のために生産規模を拡大するものだけでなく、範囲の経済性のために副生物質の

表Ⅵ-3　石油化学企業化計画（1960年）

会社名	地区	生産能力(t/年)	操業開始年
東燃石油化学	川崎	40,000	1964
大協和石油化学	四日市	41,300	1962
丸善石油化学	千葉	44,000	1963
出光石油化学	水島	60,000	1964
出光石油化学	徳山	73,000	1964

出所：日本化学会編（1978）p. 814.

有効利用を念頭においたものも多くみられた。

多くの企業から石油化学工業の企業化計画が提出されたため、通産省は1959年12月に、「今後の石油化学工業企業化計画の処理方針について」を発表し、1960年5月にはエチレンの最低年産基準を4万トンに設定した。この基準以下での企業化計画は許可されないということが明確となった。この基準に基づいて、1960年10月に「当面の石油化学企業化計画の処理について」を発表、企業を選別し、新規参入として5つのエチレンセンターを許可した。

この結果、1964年には、新しいエチレンセンター5つが完成し、生産を開始した。1964年の日本のエチレン年間生産能力は73万トンに達していた。5年間でおよそ10倍となる成長であった。

5　集約化の必要性と「利益なき繁栄」

石油化学工業が拡大していく一方で、1962年頃から経済自由化の動きが強まっていった。多くの産業において経済自由化にいかにして対応するかについて議論がなされていた。石油化学工業においても自由化対策が検討され、国際競争力の増強が課題とされていた。

国際競争力の強化において問題とされていたのは、過当競争の存在であり、その背後にある産業の集中度の低さであった[3]。通産省は、「国際競争力が不十分なことの原因は、まずなんといっても企業規模が小さいところにある」、さらには、「市場支配力の低下は競争の激化を招き、過剰設備、過剰生

表Ⅵ-4　石油化学企業化計画（1965年）

企業名	地区	生産能力（t/年）	操業開始年
三井石油化学	姉ヶ崎	120,000	1967
住友化学	袖ヶ浦	100,000	1967
昭和油化	鶴崎	150,000	1969
大阪石油化学	堺	300,000	1970

出所：日本化学会編（1978）p. 822.

産、さらには操業度の低下をもたらし、その結果としてのコスト上昇と価格の不安定性は、内部蓄積をいっそう困難にし、化学企業の国際競争力を弱める一因となっている」と指摘していた（代永，1964）。

　そのため通産省は1965年に、エチレンの最低年産能力を10万トンに設定した。生産規模の拡大と企業の選別がその目的であった。この基準によって企業の計画を選別した結果、4つのエチレンターの新設計画が既存コンビナートの増強計画とともに許可された。これによって、日本の石油化学コンビナートは13ヵ所になり、エチレン年間生産能力は148.38万トンとなった。規模の拡大は進む一方で、通産省の目的とは反対に、集中度は低まっていった。

　1966年からは、経済自由化についての議論がさらに活発になされ、自由化対策として、過当競争の排除の必要性がさらに声高に主張されるようになってきた。エチレンの生産能力は大型化している一方で、各社の生産能力シェアは低下し、石油化学工業の集中度は低下していた。そのため、再びコンビナートの集約化の必要性が多く指摘されはじめたのである。

　そのため、1967年6月、通産省はエチレンの最低年産規模を30万トンに修正した。これには規模効果による国際競争力の強化と、投資主体を限定し、過当競争を排除するという目的があった。欧米の主力企業では20〜30万トン以上のエチレン設備の計画が発表されていた。早急な大型化と集約化が必要となっていたのである。通産省はこの30万トン基準の設定によって、エチレンプラントは3〜4社に集約化されることを見込んでいた。

表VI-5　石油化学企業化計画（1967年）

企業名	投資形態	地区	生産能力（t/年）	操業開始年
丸善石油化学	単独	千葉・五井	300,000	1969
三菱油化	単独	鹿島	300,000	1971
浮島石油化学	共同投資	川崎	300,000	1970
住友化学	輪番投資	千葉	300,000	1970
東燃石油化学	輪番投資	川崎	300,000	1972
大阪石油化学	共同投資	堺	300,000	1970
水島エチレン	共同投資	水島	300,000	1970
山陽エチレン	共同投資	水島	300,000	1972
新大協和石油化学	共同投資	四日市	300,000	1972

出所：日本化学会編（1978）p. 825.

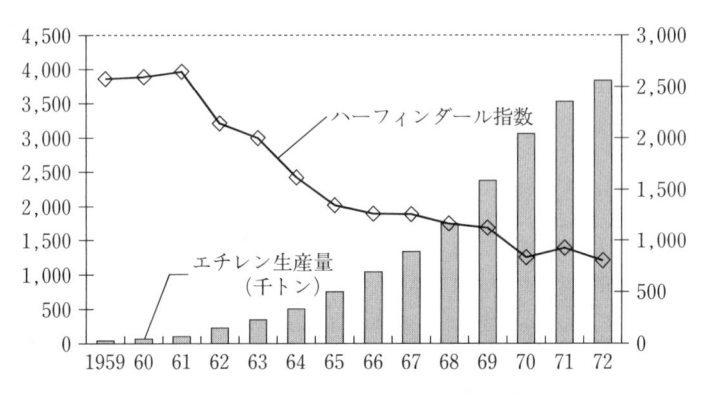

図VI-1　エチレン生産量と集中度
出所：石油化学工業協会編（1981）p. 420 より作成。

しかしながら、通産省の予想を超えた数の企業がこの基準を満たすように計画を修正し、提出したのである。通産省に提出された企業の新増設計画は、通産省が予測していた所要量の2倍に達するものであった。多くの企業が30万トンの基準を超える計画を提出したのである。この結果、9社のエチレンプラントが許可され、集約化するばかりか、集中度はさらに低下したのである。

通産省が過当競争を抑制するために政策を実行したにもかかわらず、集約化が起こるばかりか、集中度はさらに低下したのである。この結果、「業界

は、通産省の"過当競争是正努力"、"企業規模の拡大・集中再編成努力"にもかかわらず、極めて競争的な体質を残しており、この体制は当分変化する様子もない」、「つまり化学企業数が多すぎるのである」と指摘されるようにまでなっていた（化学経済編集部，1970；鈴木，1971）。つまり、通産省の「投資主体を限定し、集約化を進めて、過当競争を排除する」という企図は、ことごとく失敗し、正反対の結果がもたらされたのである（橘川，1991）。実際、エチレン生産の生産量と集中度を見ると、生産量は拡大している一方で、集中度は一貫して低下していることがわかる（図Ⅵ-1）。

3　産業政策と企業行動の合成としての「利益なき繁栄」

　通産省は過当競争を是正するために、企業の集約化をはかった。しかしながら、企業は集約化されるばかりか、産業の集中度はさらに低下した。「利益なき繁栄」を是正するための政策をとったにもかかわらず、問題とされていた「利益なき繁栄」が再生産されたのである。それでは、この「利益なき繁栄」が生み出されてくる背後にはどのようなプロセスがあったのであろうか。以下では、「利益なき繁栄」が生み出されていく過程を、企業の行動と通産省の産業政策が合成される過程から考察する。

1　企業の行動に対する通産省の産業政策の影響

　石油化学工業において、通産省の影響力は大きいものであった[4]。通産省の許可なしでは、企業は石油化学工業に参入することはできなかった。さらに、すでに石油化学工業に参入し、生産を開始している企業ですら、通産省の許可なしでは生産設備を新増設することすらもできなかった。すべてにおいて通産省の許可が必要となっていた。

　通産省は石油化学工業を企業化当初から、国際競争力のある産業に育成するということを目的としていた。そのためは小規模分散的な企業化を避けることが必要となっていた。大規模集約的な企業化を達成するため、通産省は

石油化学製品の最低年産規模を設定し、最低年産規模以下の新規参入計画あるいはプラントの増設計画には許可を与えないという政策をとっていた。そして、この最低年産規模はたびたび引き上げられた。

このような通産省の産業政策は企業の戦略にどのような影響を与えたのであろうか。通産省の産業政策は多様な行為主体に影響を与えていた。ここではすでに石油化学工業において操業を開始している石油化学企業、石油化学工業と代替関係になった石炭電気化学企業に焦点を当てて、それぞれに対する通産省の産業政策の影響をみてみよう。通産省の産業政策によって行為者はどのような意図を持つようになったのであろうか。

（1）　石油化学企業に対する影響

石油化学工業では規模の経済性が企業の競争力に大きく影響する。そのため、他社よりも少しでも大きな規模で生産を行おうという意図を企業は持つことになる。極端にいえば、他社よりも1トンでも少ない規模での生産であれば競争に負けてしまう可能性があるからである。

しかしながら、企業は自由に生産能力を拡充することはできなかった。通産省の許可が必要になっていたのである。最低年産規模の設定は超えなくてはならないハードルとなった。最低年産規模を達成していなければ、生産能力の増強を行うことができないのである。他社が通産省が設定した最低年産規模を超えて生産をすることができる体制をつくった場合には、自社もその体制を構築しなければならないということになる。大規模な生産体制を整え、競争力を獲得するためには、まず最低年産規模をクリアーすることが不可欠となっていたのである。

（2）　石炭電気化学企業に対する影響

石油化学工業が登場する以前、日本の化学工業の中心は石炭と電気を基礎原料として用いる石炭電気化学工業であった。日本における化学工業の成立は、水力発電の余剰電気と石炭を利用し、肥料の生産を開始したところから始まる。そして化学企業の多くは、主に石炭と電気を基礎原料にし、さまざまな有機合成化学製品を生産し多角化をはかっていった。

このように石炭電気化学工業が主流であった状況において、石油化学工業は登場した。これまで石炭電気化学工業で生産していた多くの化学製品が、石油化学工業からでも生産できることが明らかになってきた。石炭電気化学工業と石油化学工業は、競合関係になっていったのである。とくに、代表的な石炭電気化学工業である醱酵工業、カーバイド工業、石炭乾留工業などではその競合が問題となっていた。

　石油化学工業と競合関係となった石炭電気化学工業においては、いかにして石油化学工業に対して競争力を確保するかが議論されるようになっていた。たとえば、当時の化学工業の主要な製品の一つであった塩化ビニールの可塑剤のオクタノールの生産にあたっては、「カーバイドが 18,000 円/t になると原価の面で国際価格には及ばないが、CIF 価格および、石油化学、醱酵化学からのオクタノールと対抗力を持っている」というような試算がなされていた（カーバイド産業研究懇話会編集，1956）。石炭電気化学工業における基礎原料であるカーバイドについては、「カーバイドの原価をいろいろな面から切り下げることに一段の努力を必要とする。その目標はどこまでも石油化学との対等価格の路線である」と指摘されていた。このように、石油化学工業と競合関係になった石炭電気化学工業では、いかにして石油化学工業に対して競争優位を獲得するかが問題とされていた（カーバイド産業海外調査団，1962）。

　しかしながら、徐々に石油化学工業に対する期待が大きくなり、多くの金融機関や業界関係者から石油化学工業が将来化学工業の中心になるであろうという予測が立てられるようになってきた。既存の化学工業に比べ、石油化学工業がコスト優位にあるという試算が多くなされるようになっていた。

　このような過程の中で通産省により石油化学工業の最低年産規模が設定された。これによって、最低年産規模以下での石油化学工業の企業化は許可されなくなった。そして、この最低年産規模はたびたび引き上げられた。最低年産規模が引き上げられ、石油化学工業の年産規模が大きくなるにつれて、既存の石炭化学企業に対する石油化学企業の優位性はさらに高まっていった。

そのため、石炭電気化学企業の多くは、石油化学工業への進出を計画するようになったのである。石油化学工業への進出を計画する石炭電気化学企業にとっても、通産省の設定した基準は満たさなければならないものであった。

2　企業の行動と産業政策の合成の過程

このように通産省の設定した最低年産規模は、すでに石油化学工業に進出していた石油化学企業、石油化学工業への転換を計画していた石炭電気化学企業それぞれにとって、超えなければならないハードルとなっていた。以下ではそれぞれの企業の行動と産業政策が合成する過程をみてみよう。

（1）　生産量の拡大と石油化学製品価格の低下

すでに石油化学工業に進出していた企業と石油化学工業への進出を計画する石炭電気企業にとっては通産省の設定した最低年産規模は超えなければならないハードルとなっていた。そして、通産省の最低年産規模をクリアーするためには、既存の市場での生産量が大きな重要性を持っていた。通産省は大規模な石油化学コンビナートの建設を意図していた。高い操業率で大規模な生産を行える企業を選別する必要があった。既存の生産設備での生産量が大きいということは、大規模な生産を行える能力があるということを意味していた。集中度を上げるためには、既存の生産設備において高率の操業率を維持できず、生産を拡大させることができない企業に許可を与えることはできないのである。つまり、最低年産規模のハードルをクリアーして、通産省から許可を得るためには、既存の生産設備で生産量を拡大しなければならないのである。

すでに石油化学工業に参入している企業、参入を計画している石炭電気企業ともに既存の生産設備での生産量を拡大させていった。通産省から許可を得るためには生産量の拡大が重要となっていたのである。この結果、日本の石油化学製品の生産量は拡大し、価格は低下していった。そしてこの石油化学製品の価格低下によって、石炭電気化学工業に対する石油化学工業の優位性はさらに高まっていった。これによって、さらに多くの石炭電気化学企業

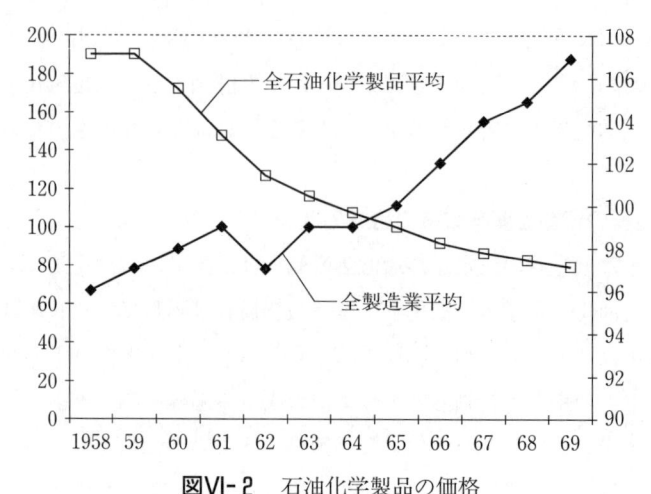

図Ⅵ-2　石油化学製品の価格
出所：石油化学工業 10 年史編集委員会編（1971）pp. 538-539 より作成。1965 年を 100 とした場合の全石油化学製品と全製造業の価格の指数。

が石油化学工業への転換を計画しはじめたのである。そして、石油化学工業への転換を計画する企業は、既存の生産設備での生産量の拡大を進めたために、化学製品の価格はさらに低下していったのである。

（2）需要の拡大

化学製品の価格の低下は化学製品に対する需要を拡大させることとなった。周辺の関連産業での化学工業製品への需要が拡大したのである。この頃から、各家庭にはプラスチック製品が多くみられるようになった。食料品の包装や密閉容器、玩具や雑貨、雨どいなどに石油化学製品が使われるようになっていった。人々の洋服には合成繊維が使われることが多くなり、自動洗濯機の普及によって合成洗剤が使われるようになった。合成ゴム、合成樹脂は生活のいたるところで利用されるようになっていた。

石油化学製品の生産過程においては、それぞれの製品の生産は他の製品と密接に結びついている。たとえば、塩化ビニールだけの生産を拡大させるということはできないのである。多くの場合、副生物質が存在する。このこと

から、ある物質に対する需要の拡大が他の化学製品の価格の低下をもたらすということが起こる。そして、その結果、価格が低下した物質に対する需要が拡大するという現象がもたらされた。過剰生産になるとの懸念もあったが、多くの企業が生産量が拡大し、価格が低下したことによって、市場の拡大が発生したのである。

（３）「石油のバスに乗り遅れるな」

市場が拡大したことによって、生産量を拡大させた製品を販売することが可能となった。そして需要が拡大したため、各企業は通産省が設定した基準を満たすような計画を提出することができた。そして、多くの企業が通産省に計画を提出し、石油化学工業に参入した。多くの企業が石油化学工業化すればするほど、供給は増大した。供給量が拡大し、石油化学製品の価格が低下していったため、石油化学製品に対する需要はさらに拡大していった。

石油化学工業に参入した後は、競争優位を確立するために他社よりも大きな生産設備を構築する必要があった。ある企業が通産省が設定した最低年産規模を超えて生産設備を拡充したとすれば、自社も生産設備を拡充しなければ競争に負けてしまうのである。そして、通産省から生産設備の拡充の許可を受けるためには既存の生産設備での生産量の拡大が求められていた。

石油化学製品の生産量は拡大し続け、その結果、価格は低下していった。石油化学製品の価格が低下したことによって、石油化学工業の石炭電気化学企業に対する競争優位は高まっていった。そのため、さらに多くの石炭電気化学企業が石油化学工業への新規参入を計画した。しかし、参入するためには、通産省の設定した最低年産規模をクリアーし、通産省から企業化の許可を受けなければならなかった。そして、通産省から許可を受けるためには、既存の生産設備での生産拡大が必要となっていたため、既存の化学製品の生産量を拡大していった。多くの企業が石油化学工業に転換しはじめると、「石油化学のバスに乗り遅れるな」が石炭電気化学企業のスローガンになるほどであった。

4　おわりに

1　「意図せざる結果」としての利益なき繁栄

　本章では、日本の石油化学工業において「利益なき繁栄」と呼ばれる現象が現れる過程を、企業の行動とそれが合成するプロセスを明らかにすることによって理解することを試みた。そこでは、通産省や石油化学企業、石油化学工業に参入を計画する企業、それぞれの行為主体は合理的なものとして理解可能な戦略をとっていた。そして、それらの戦略的な行動が合成することによって、自己拘束的な制度が強化されながら形成され、それぞれにとって意図しない結果がもたらされることとなった。ここでもう一度そのプロセスを概観したうえで、「意図せざる結果」としての利益なき繁栄を考えてみよう。

（1）「利益なき繁栄」再生産のプロセス
　石油化学工業を国際競争力のある産業に育成するためには、生産規模を拡大することと産業の集中度を高めることが必要であると考えられていた。そのため、通産省は最低年産規模を設定し、その基準をクリアーする計画でなければ、企業化を許可しないという政策をとった。生産規模の拡大と産業の集中度を高めることが目的であった。この最低年産規模の設定は企業に大きな影響を与えることとなった。
　石油化学工業のような装置産業では規模の経済性が大きくはたらく。そのため、石油化学工業にすでに参入している企業は他社よりも少しでも大きな生産能力を持つことが重要であった。しかし、企業は自由に生産設備を拡充することはできず、生産設備の新増設を行う際にも通産省の許可が必要であり、通産省の設定した最低年産規模を満たすためには既存の生産設備において生産量を拡大する必要があった。既存の生産設備では需要を満たせないと判断された場合に増設が許可されるのである。そのため、すでに石油化学工業に参入している企業は、競争力を獲得するために生産を拡大させていった。

石油化学企業の生産拡大によって、石油化学製品の価格は低下していった。石油化学工業と代替関係になっていた石炭電気化学工業にとって、この石油化学製品の価格低下は大きな意味を持っていた。石油化学工業の優位性が大きくなったのである。そのため、石油化学工業と代替関係になっていた石炭電気化学工業の多くは、石油化学工業への進出を計画するようになった。石炭から石油への原料転換を計画したのである。しかし、石油化学工業へ進出するためには通産省の設定した最低年産規模をクリアーしなければならない。最低年産規模をクリアーするためには、既存の生産設備での生産量の拡大が必要となっていた。そのため、企業は生産を拡大し、その結果、化学製品の価格はさらに低下していった。

　化学製品は最終製品の原料となる性質を持つため、価格が低下することによって、需要が拡大した。いたるところに化学製品が使われるようになっていった。価格が下がれば、生産を拡大した製品も販売することができたのである。そして、多くの企業が生産設備の新増設や石油化学工業への進出を計画し、既存の生産設備において生産量を拡大すればするほど、価格は低下し、需要は拡大した。そのため、多くの企業が通産省の設定した最低年産規模をクリアーすることができるようになったのである。企業は戦略的に生産量を拡大させた。そして、その行動は多くの企業のさらなる生産量の拡大という行動を呼び起こした。企業の行動が環境を形成していき、生産が生産を呼ぶという競争のパターンが制度として強化されていったのである。通産省が最低年産規模を引き上げるたびに、このパターンは強化されていった。このことによって、わずか10年間という短期間で天然資源も技術もなかった日本の石油化学工業は、世界第2位の生産金額を達成するまでになった。しかしながら、生産規模を拡大するという目的はある程度達成したものの、産業の集中度は通産省の意図とは逆に低下し続けた。

（2）「意図せざる結果」としての利益なき繁栄

　これまでみてきたように、通産省は石油化学工業を国際競争力のある産業に育成するという目的を達成するために生産規模の拡大と企業の集約化をは

かる産業政策を行ってきた。しかしながら、生産規模は拡大していった一方で、企業の集中度は低下し続けた。

通産省の最低年産規模の設定という政策は、企業の戦略の目的―手段関係に影響を与えることとなった。典型的な装置産業である石油化学工業においては、生産規模が競争優位に大きな影響を持っている。そのため、競争優位を獲得するという目的の手段として、生産規模を拡大させる戦略が有効となる。しかし、企業は自由に生産能力の拡充を行うことはできず、通産省の許可が必要になっていた。その結果、通産省からの許可を得るということが生産能力の拡充のための手段となった。そして許可を得るための手段が既存の生産能力での生産拡大であった。競争優位を確立するための競争は生産拡大の競争となったのである。この生産拡大競争において需要は拡大し、自己成就的に発展が展開していったのである。

通産省の許可を得るために生産を拡大するという企業が自由に生産能力の拡充を行える場合には、通産省の許可を得るために既存の生産設備で生産を拡大させる必要はなくなる。そのため、競争優位を確立するための競争は、生産能力の拡充となる。この場合には、既存の生産設備で生産を拡大させなければならないということには直接結びつかない。このことから、通産省の産業政策がなかった場合には、わずか10年という短期間での急速な発展は達成されなかったと考えることもできる。

このように石油化学工業の事例においては通産省の産業政策の影響が大きいように思われる。しかしながら、通産省が設定した環境あるいは制度が一方的に企業行動を規定していたわけではない。そこには企業と通産省の行動が合成され、制度が再生産されていくプロセスがあった。企業の戦略が他の企業にとっての環境を形成していった。そして多くの企業の行動が合成されることによって競争が焦点化され、生産が生産を呼ぶ競争のパターンが確立していった。

このような状況においては、企業は自らの戦略が「意図せざる結果」を招くということを予想したとしても、その戦略をとらざるを得ない。仮に生産

拡大という戦略をとらなかったとすれば、すぐに他の企業との競争で負けてしまう。生産を拡大することによって、通産省から生産設備の新増設の許可を得ることができる。しかし、多くの企業が生産を拡大し、多くの企業が通産省から許可を受けたため、競争力の獲得のためにはさらなる生産の拡大が必要になってしまう。通産省の産業政策によって、生産拡大は、長期的な目的である競争力の獲得を達成するための手段となっていた。しかし、この生産拡大を行うことによって、他の企業の行動を誘発する環境が形成され、その結果、長期的な目的の達成は遠のいてしまったのである。

長期的な目的を達成するための手段が短期的には目的となる。そしてその短期的な目的を達成するための手段をとることによって、長期的な目的の達成が遠のいてしまうという状況が生み出され、この状況が競争のパターンとして強化されていったのである。つまり、目的と手段の関係の中で、短期的な合理性と長期的な合理性の間に乖離が生じたことによって、「利益なき繁栄」という「意図せざる結果」は生み出されていったのである。

注

1)「意図せざる結果」は主に社会学の領域で研究が進められてきた。ここでは、「意図せざる結果」を、行為者が当初追求していた目的には含まれない結果として考える（Boudon, 1982）。
2) エチレンは石油化学コンビナートにおける重要な基礎原料の一つである。このことから、エチレンを生産するエチレンセンターの生産規模はコンビナート全体の生産性に大きく影響することになる。
3)「過当競争」現象が起こっているということは石油化学工業以外の産業でも指摘されていた。しかしながら、過当競争の概念は明確に規定されているものではない。そのため、実際に過当競争という現象が起こっていたかどうかは不明確である。ここで問題としているのは、「過当競争」が実際に起こっていたかどうかではなく、通産省が「過当競争」が起こっており、それに対して何らかの措置を講じる必要があるという認識を持っていたということである。過当競争の概念については、伊藤・清野・奥野・鈴村（1984）が詳しい。
4)「政府はこの産業（石油化学産業）に関するかぎりは介添役以上の役割を果たしてきた。…（中略）…かれらはときにはパトロンであり、教師であ

り、裁判官であった。つまりかれらは多くの製品の企業化にさいしては、全能の神としてふるまった。自由な競争と価格メカニズムによる市場と生産の調整を原理とするわが国の戦後の経済体制のものにおいても、石油化学企業のなすべきことは『政府の許可』を受けることが全てに優先してきた」(川手・坊野，1970)。

引用文献

Boudon, R., *The Unintended Consequences of Social Action*, London：Macmillan, 1982.
伊藤元重・清野一治・奥野正寛・鈴木興太郎『産業政策の経済分析』東京大学出版会、1988年
カーバイド産業海外調査団『カーバイド・アセチレン産業と石油化学工業』カーバイド工業会、1962年
カーバイド産業研究懇話会編集『カーバイド産業の研究』〔新訂版〕カーバイド工業会、1956年
化学経済編集部「設備大型化競争の到達点」『化学経済』1970年10月号、pp. 11-15.
川手恒忠・坊野光勇『石油化学工業』東洋経済新報社、1970年
橘川武郎「日本における企業集団、業界団体および政府：石油化学工業の場合」『経営史学』第26巻第3号、1991年、pp. 1-29.
日本化学会編『日本の化学百年史：化学と化学工業の歩み』東京化学同人、1978年
三和銀行調査部編『石油化学工業について』三和銀行調査部、1960年
石油化学工業10年史編集委員会編『石油化学工業10年史』石油化学工業協会、1971年
石油化学工業協会編『石油化学工業20年史』石油化学工業協会、1981年
代永久寿「産業構造変化に伴う化学工業の発展」『化学工業』1964年10月号、pp. 5-23.
鈴木隆正「転換期に直面する化学工業」『化学経済』1971年5月号、pp. 1-7.
渡辺徳二『戦後日本化学工業史』化学工業日報社、1973年

参考文献

森下伸也・君塚大学・宮本孝二『パラドックスの社会学』新曜社、1989年
沼上幹『行為の経営学』白桃書房、2000年
佐藤嘉倫『意図的社会変動の理論：合理的選択理論による分析』東京大学出版会、1998年工業調査会、1967年
Schelling, T. C., *Micromotives and Macrobehavior*, New York, London：W.

W. Norton & Company, 1978.

第VII章
技術政策による焦点化と相互参照：ファインセラミックス産業の意図せざる展開

1 はじめに

1 未来への指標とその根拠

　企業の発展に対してイノベーションが果たす役割は大きい。イノベーションはこれまでの製品を急速に陳腐化させ、企業の経営環境を劇的に変化させる。こうした環境変化は、企業にとって自社の存続に直結する死活問題である。しかしその一方で、企業は単に環境に受動的に対応するのみならず、自らがイノベーションを引き起こすことによって、他社をも巻き込む環境変化をダイナミックに創造しながら成長を遂げていく存在でもある。いわば企業は他社に先駆けたイノベーションによって、自らが他社を巻き込み、かつ可能な限り追随を許さない新たな環境変化をつくり出すのである。

　しかしながらイノベーションは、未来に起きることが約束された現象ではない。たとえば技術革新を例にしてみれば、そのターゲットとする技術が果たして成功の見込みのあるものであるのかどうかについて、事前に確信を抱くことは難しい。しかし、企業が技術的イノベーションに成功することを望むならば、成果が出るかわからない状況であっても、開発努力を組織的に継続することは欠かせない。成功するか失敗するかわからない状況の中で、その技術開発に資源が配分され続けるためには、確証がない未来の現象を信じるための指標が必要になる。それでは、そうした指標にはどのようなものがあるのだろうか。

　まず容易に思いつくものは、技術それ自身の進歩の予測である。技術の改

良が将来的にどのようなコースを描くのかについて推測がつくものならば、その延長線上に最終的な成功が期待できる。しかしながら、そうしたコース上にとどまる程度の改良が予期できるという状況は、すでに安定した期待があること、すなわち技術に携わる人間の間で指標についてのコンセンサスが存在することを意味している。こうした漸進的（インクリメンタル）な技術進歩の果たす意義は決して小さいものではないが、これが予期できるならば、それがもたらす環境変化も事前に予期できるということになる。劇的な環境変化をもたらすイノベーションは、それが事前に予期されていない状況、すなわち実現可能性への期待をめぐって確固たるコンセンサスが存在していない状況を前提とするものと定義的に考えるべきである。

そこで、そうした状況において本章が注目する指標の根拠は、他者の意図、およびその推測のプロセスにある。たとえば、ある企業が技術開発を行う際には、その技術に他社の技術者や大学の研究者などが注目しているかどうかが、その意思決定に大きい影響を及ぼす可能性がある。指標の根拠は、企業が自らを取り巻く環境をいかに認識し、解釈しているかという枠組みに依存しているのである。またそうした枠組みは自分一人で描くものではなく、環境内に存在する参照の対象とする他者との関係性からつくりあげられるものでもある。本章は、とくにこうした現象がよくみられる事例として、市場メカニズムの下での単独の企業の努力だけでは事業化が難しいとされる先端技術の大規模技術開発を考察の対象とする。

イノベーションは国家的な産業・技術政策として追求されるべき公共性の高い問題でもある。なぜならば、これは複数の組織の協業によってその実現可能性が高まるという相乗（シナジー）効果を持ち、しかもその実現が広範な関連産業に波及効果を及ぼすという特徴を備えているからである。実際に技術開発は単一の企業によって遂行される場合のみならず、そのために複数の企業が提携を行うことも多い。さらには民間企業に限らず、大学や国立研究所といった公共施設による技術的支援、あるいは行政機関による資金的支援も企業のイノベーション実現に大きい役割を果たす可能性を持っている。

イノベーションによって成長を遂げようとする企業と、これを促進することによって新産業の創出や経済発展を達成しようとする政府の方針が一致し、しかも、特定の技術開発に正当性を必要とする企業と、ターゲット選択の正当性が企業に受容されることを望む政府の思惑が一致するならば、そこには共通の目的に向かって官民が協力しあう整合的な計画のイメージが現れる。さらに近年ではこれに成果主義や技術移転を要請される大学が加わり、産官学が連携して次々と新技術・新産業を生み出すシステムが政策的に実現されるべきビジョンとして提唱されている。しかしながら、こうした計画が設定され、資金が投入されることによって、次々とイノベーションが起こり、新産業が生まれてくるのかというと事態はそう簡単ではないのである。

2　焦点化装置としての国家プロジェクト

　日本において産業政策は戦前の産業合理化や戦時期の統制経済にその発想の起源を持つと考えられている。こうした政府の産業への介入は戦後にもかたちを変えて継承され、経済復興期には石炭、鉄鋼、造船での傾斜生産方式が、また高度経済成長期には航空機（島本，1999）や石油化学（本書第VI章）、電子計算機（米倉・島本，1998）など重要産業の育成政策が行われた。

　高度経済成長期には、日本企業はアメリカなど先進国に自国の重要産業の市場を席巻されることをおそれ、同時にその技術的なキャッチアップをめざさざるを得ない状況にあった。こうした状況下ではターゲットとなる技術や産業は、欧米先進国の企業を参照の対象とすることによって、政府や企業にとって比較的容易に予期することができた。また現在に比べれば政府と企業との間の国外情報の収集力に格差があり、しかも政府の権限は強力であった。後年と比較すれば、政府・企業の間のコンセンサスが一致しやすい状況であったといえよう（Johnson, 1982）。

　しかしながら、1970年代までに貿易自由化がほぼ完了し、80年代以降、日本が経済大国として欧米先進国と肩を並べつつあるという意識が広く普及するにつれ、技術立国のスローガンの下、産業政策の力点は、従来のような

法的措置・行政指導に基づく規制のイメージが強い産業政策から、未踏の先端技術の基礎研究に移行していった。技術によっては日本がトップランナーに立っており、もはや欧米先進国へのキャッチアップという発想は無条件に通用しないという認識が生じてきたのである。1981年に開始された次世代産業基盤技術開発制度では、ファインセラミックスなど新素材や、その他マイクロ・エレクトロニクス、バイオ・テクノロジーなどの先端技術の基礎研究に焦点が当てられた[1]。この頃を契機に、従来の産業政策は、技術政策・イノベーション政策に力点を置くようになっていったのである（西田、2000）。

　基礎研究へのシフトは、先行者がいない状況で自らが未来の指標を提示しなければならないということを意味しており、そのため政府による育成の対象とする技術の選定はそれ以前の時代に比べ困難なものとなった。しかも高度経済成長期とは異なり、政府が企業に行使できる権限ははるかに弱くなっていた。基礎研究の成果は一般に遠い将来に実現するものであり、そのためには十数年あるいは数十年という長期にわたって一貫した計画が必要とされる。しかしその一方で、長期の計画では途中で社会が望むニーズや、有望技術のシーズも変化していく。そのため技術政策は、長期計画的であり、かつ時代の流れにマッチするという相反する条件を満たさねばならなくなった。こうした状況を反映して1980年代以降、通商産業省（以下、通産省）は技術政策の実行機関として特殊法人を新設し、自らは計画策定に専念するようになっていった（島本、2000）。

　しかし、このような体制を通じて政府が企業に対して支給する補助金や委託金は、企業が自らの研究開発に投じる資金と比較すれば決して多額であるとはいえなかった。企業はその技術が本当に有望だと信じられる場合には、補助金や委託金の枠を超えて自らの研究開発投資を追加する。一方、それが有望でないと評価されるなら、プロジェクトに対する企業の態度は冷ややかなものとなる。このことからもこの時期以降の政府の役割は、実質的な資金的支援よりもむしろ、企業から自発的な当該技術の開発努力を引き出すようなターゲット技術に企業の関心を集めること（焦点化）にあると考えること

ができる。政府は、一糸乱れぬ計画を策定し、資金を与え命令を強制する存在ではなく、企業に指標となる参照点を提示し、政策的に焦点化を行う役割を果たしてきたのであり、とくにこの時期以降、通産省は自覚的にそうした役割を引き受けることになる。

参照点の提示による焦点化は、それ自身が単独で正しいという根拠を持つものではなく、あくまでそれを多くの主体が信じて行為することによって初めてそこに、あたかも客観的な存在であるかのように現れるものである。またこれは行為主体に共同への制約を課すものになる一方で、そうした枠組みを逆手にとることがまた新しい戦略構想の源泉になるという側面を持っている。したがって、われわれは技術政策と産業発展の関係を明らかにするために、この焦点化が果たす社会的なメカニズムに注目しなければならない。

3 重層的意思決定の読解作業

ここでより広く、社会科学において何らかの社会モデルを構築するとはどういうことかについて考えてみよう。社会科学の役割が社会現象（たとえば技術や産業の発展）の予測や説明だとするならば、そのためには現実社会を簡略化し、かつエッセンスを失っていないモデルを提示することが課題となる。その際には当然のことながら社会現象は人間の営みによって生じるものであり、人間がいなければ社会は存在しないため、そうした社会モデルには必然的に人間が組み込まれるはずである。ここで問題となるのは、人間をどのような存在として仮定するのかについてである。

予測とは、ある一時点の社会現象から次の時点に生じる社会現象を決定しようとすることであり、そのための最も簡単な方法は、これら2つの時点の社会現象を媒介する人間が、置かれた状況にまったく同じように反応して行動する主体だと考えることである。予測のためには、人間の行動のバリエーションをあらかじめ限定しておかなければならないのである。新古典派経済学の基本的発想は、こうした人間仮定を前提にして社会モデルを構築しようとすることにある。また近年発展が著しい組織の経済学や比較制度分析も、

個人が経済合理的に行動する存在であることを仮定して組織や制度を把握しようとする点で同様な発想に基づいている。これらのアプローチでは、社会現象の予期できない変動の契機は、説明対象として想定されたシステムの外部からのビッグプッシュ、あるいは進化論的な発想からシステム内部の突然変異と説明される。

　しかしながら経営が人間の主体的な活動であり、人間が経営成果を人為的に改変可能なものであるとするならば、人間は状況に一律に反応して行動するのではなく、実際には自らの意図を持ち、それに従って行動（すなわち行為）する存在であるという人間仮定が必要となる。たとえば経済合理的個人の仮定を用いた予測が大きく外れるような現象が生じた際には、そこには、その仮定とは異なる解釈枠組みに基づく何らかの（たとえば、信念や価値に基づく）「合理性」が存在した可能性がある（Boudon, 2001）。主観的な枠組みに基づいて行われた行為もまた、システム内部からの逸脱や変革の契機となるのである。こうした行為が、社会現象の進むはずであった従来のコースをイノベーティブに変化させるという状況に現実に直面したとき、われわれは、それまでのコースに基づいた予測モデルではなく、なぜそうした逸脱や変革が生じたのかについての説明モデルを必要とするであろう。予測は同じ結果をもたらす社会メカニズムのうちどれが起ころうとも予測が可能であるのに対し、説明はまさにどのメカニズムが起きたのかを説明する必要がある（Elster, 1989）。とくに「正解」が主体の行為の合成によって事後的に構築される状況では、何が経済合理的に最善の方策か問題の渦中にいる主体には判別できない。そうした際には、そのような状況に直面した個々の主体がどのような意図を持ち、どのように行為したのかを、信念や価値をも含め解釈したうえで理解せねばならないのである。

　ただしそうした信念や価値は、単独の主体によってつくられるのではなく、社会内の多様な主体が共同でつくりあげるものである。主体は相互に参照しあいながら、他者の行為を予期しつつ、自分の行為を選択しているのである。たとえば自社の利益になるかどうかわからないが、とりあえずプロジェクト

に参加しておく、あるいは他社がある技術に参入するならば自社も追随しなければ面目が立たないといった意思決定は、多分に「儀礼的（ceremonial）」なものでもある（Meyer and Rowan, 1977）。さらには、こうした信念や規範に基づいて個々人の想定した行為と現実の関連性はそのままのかたちで実現する保証はなく、個々の行為の合成プロセスは万人にとって意図せざる結果をもたらす可能性を持っている。社会現象は実際には、さまざまな人間のさまざまな主観的信念に基づいた重層的な意思決定の産物であり、その因果関係を読み解いていくことこそ、歴史研究の課題なのである。

4 ポジショニングの死角

　本章は、1980年代に技術政策の対象とされた産業のうち代表的なものの一つとしてファインセラミックスを題材に、その意図せざる展開が発生した理由を説明しようとするものである。ターゲット技術のイノベーションや新産業の生成は、当然のことながら政府の技術政策のみによって実現するものではない。とくに先行きが不確実な状況の中では、各企業はそれぞれ独自の戦略の下、現時点での経済合理的な最適解ではなく、将来的な技術トレンドや市場規模の拡大予測を踏まえたうえで新産業生成のプロセスに関与する。こうした視点に立ってみれば、プロジェクトの役割は、イノベーション実現だけでなく、企業を当該技術に誘導する正当性付与にあるのである。そこで本章における第1の課題は、政府による技術政策やプロジェクトの存在が、政策対象外の企業も含め、企業の戦略的意思決定にどのような影響を直接、間接に与えるかを明らかにすることにある。こうした観点から本章ではあえてプロジェクトの内部に立ち入ることを避け、むしろプロジェクトの外側で生じた現象に注目したい。

　企業の意思決定はもちろん個々の企業によって独自に形成されるものではあるが、その形成過程においては他社や政策担当者の信念に大きく影響を受けるものでもある（榊原, 1980）。そこで本章の第2の課題は、技術政策を指標にして、将来的に強みの発揮できるポジションを確保しようとする「合理

的」な企業の戦略が、複数の企業間で相互に参照されたときに何が起こるかを明らかにすることにある。

　本章は1980年代から90年代における日本のファインセラミックス産業の発展パターンを、上記のような課題を踏まえつつ、個々の主体の意図と行為の解釈と合成のプロセス（行為システム）として分析する（沼上，2000）。この視点を採用することによって明らかになる事実とは、結論を先取りしていえば、実際には技術政策が政策担当者の意図どおりに功を奏したことによりこの産業の発展が達成されたのではないということである。ファインセラミックスへの技術政策は目下のところ当初の計画を実現するには至っておらず、その意味では成功例とはいいがたい。しかしながら、指標としての技術政策は、企業が自らの意思決定に基づいてターゲット技術に資源を集中することを促進することには貢献した。さらに、いったんそうした枠組みが構築されると、企業はお互いの意図と行為を相互に参照しあうことによって、長期にわたってターゲット技術に競って開発努力を投入することになったのである。しかしながらその一方で、こうした資源の集中は、同時に技術的な間隙を生むことにもなった。こうして結果的に、大手企業が優位なポジションを占めようとしたことによって間隙が生じ、そこに位置した企業がこの産業の発展に貢献するという意図せざる状況が生じたのである。相互参照的な環境認識が、ポジショニングの死角を生み出したのである。

　技術政策と産業発展の間には、ある主体の意図に基づく行為が結果として、別の主体の意図に影響を与え、その意図に基づく行為が、さらに別の主体の意図に影響を与えるという意図と行為の連鎖が存在している。この連鎖のプロセスこそが、政策担当者の当初の意図とは離れて、産業発展の経路を現実につくり出して行くのである。事例研究は、必ずしも万能な予測モデルをもたらしてくれるものではない。しかしながら、経営者や政策担当者が自らの次の一歩を踏み出すためには、過去の特定の事例において当事者に抱かれた主観的意図を理解し、多数の主体による行為の合成プロセスを追体験することがきわめて有益である。

2 事例研究：ファインセラミックス産業の意図せざる展開

1 ファインセラミックス産業の概観

ファインセラミックスとは高純度に精錬された粉体を焼結させてつくる新素材である。そのことによって従来の陶磁器では実現できないようなさまざまな機能が現れる。その用途は、刃物や切削工具（超硬性）、エンジンやタービンなど構造部品（耐熱性）、骨や歯の代わりとなる生体材料（耐腐食性）、コンデンサーや半導体基板など電子部品（絶縁性）など実に多様である。

1980年代初頭、中でも期待の中心は構造部品にあった。エンジニアリング・セラミックスは金属に代わる自動車エンジン用素材として将来的に巨大市場となることが期待されていたのである。そのため通産省は、81年から始まる次世代プロジェクトの一つとしてファインセラミックスを選択し、これが2000年には2兆8000億円から4兆2000億円の市場規模となると試算した。

プロジェクトが開始された頃、産業全体の生産額は約3000億円と推定されていたが、当時からおよそ20年を経て、現在ではその値は1兆7698億円（1999年）に達している。これは先の数兆円という楽観的な予測には及ばないまでも、産業全体としてはかなりの成長を示しているものといえるだろう（図VII-1）。

通産省は、技術的イノベーションによって焼き物の弱点であるもろさを克服し、耐熱性、耐酸性、耐摩耗性を高め、タービンに使用できるファインセラミックス素材の開発を目標として国家プロジェクトを組織した。これは技

表VII-1　代表的なファインセラミックス製品の機能による分類

エレクトロ・セラミックス	ICパッケージ、IC基板、コンデンサー、センサー
エンジニアリング・セラミックス	切削工具、ポンプ・バルブ部材、ディーゼルエンジン
バイオ・セラミックス	人工歯根、人工関節

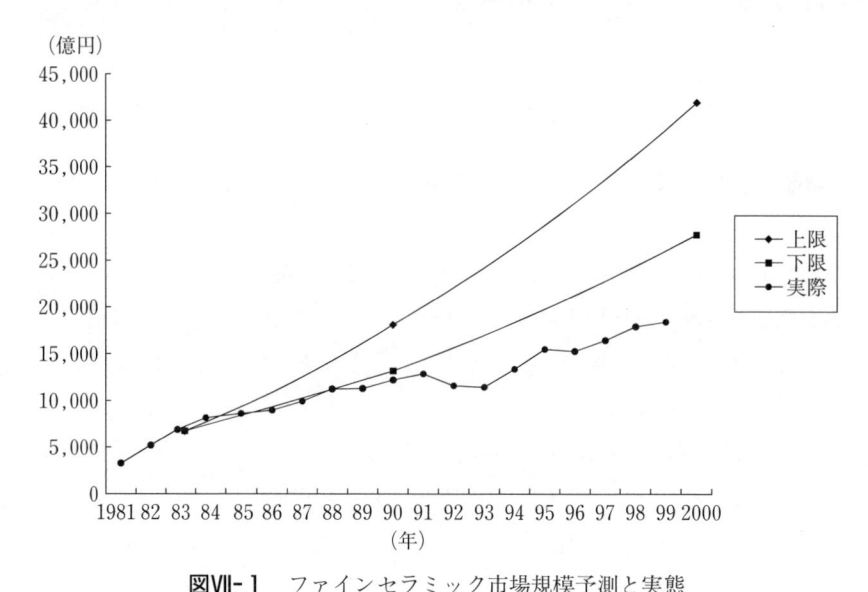

図Ⅶ-1　ファインセラミック市場規模予測と実態
出所：通商産業省ファインセラミックス室編（1986）p. 25、日本ファインセラミックス協会「ファインセラミックス産業動向調査」より作成。

術的な目標達成という点では一定の成果を上げたと評価されている。またこの産業は電子部品に使われる素材として大きく成長を遂げたものでもあり、村田製作所やTDKなど大手電子部品メーカーのみならず多くの中小企業、ベンチャー企業が参入している。これらのメーカーは、たしかに現在のところまだ売上高という点では小さいものであるが、ある特定の技術領域では、大手メーカーが容易に模倣・追随できない独自のニッチ市場を築いている。

　これらの事実から考えれば、ファインセラミックス産業は、さまざまなレベルで技術政策が成功してきた好例であるかのようにみえる。しかしながら、現状を細かく観察してみると、当初の予測は至るところで外れていることがわかる。

　たとえば、大手メーカーが結集して技術開発にあたったエンジニアリング・セラミックスは、プロジェクトでは目標性能が達成されたとはいえ、これが期待されたようなエンジンやタービンのかたちでコスト的に採算のあう

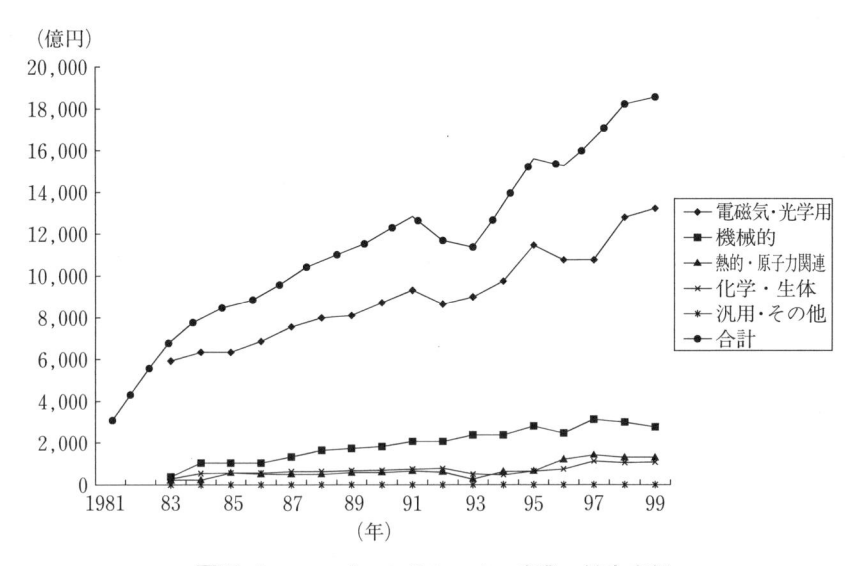

図VII-2 ファインセラミックス産業の総生産額
出所：日本ファインセラミックス協会「ファインセラミックス産業動向調査」より作成。

製品として実用化される段階には至っていない。反対にこの産業の発展を支えたのは、一貫して当初から政策の枠外にあったエレクトロ・セラミックスであった（図VII-2）。

プロジェクト終了後の1990年代以降は、鉄鋼や化学など他業種から参入した企業は撤退や事業縮小を余儀なくされ、セラミックスメーカーもエンジニアリング・セラミックスの大市場を追い求めるよりも、むしろエレクトロ・セラミックスの小規模分散型の市場（たとえばプリンタヘッドやハードディスク基板など）に参入するという戦略転換を行わねばならなかった。現在では、長年にわたりエレクトロ・セラミックスの代表的製品であったICパッケージもプラスチック素材への代替が進みつつあり、主要セラミックスメーカーがそろってプラスチック・パッケージに参入するという状況すら生じている。プロジェクトの方向も、現在ではエンジニアリング・セラミックスに限らず、多様な機能のシナジーをめざすというシナジーセラミックス・プロジェクトへの見直しがなされている。

いうならばファインセラミックス産業では、政策的に育成対象にしようとした領域外の企業、技術、製品によってその発展が達成されてきたといえる。こうした現象はなぜ生じたのであろうか。この問いに答えるためには、プロジェクトそのもの以上に、プロジェクトの存在によってその外部で引き起こされたさまざまな現象や、その背後にある社会メカニズムに注目する必要がある。

2 技術政策を指標にした資源の集中

1980年代初頭、ファインセラミックスは新素材として将来的に基幹産業となる可能性が指摘されながらも、まだその特性などには不明な点が多く、さらなる研究を要する技術であると認識されていた。そこで通産省は1981年10月、技術力が期待される大手企業15社を選定し、技術開発プロジェクトを委託した。通産省は、原料、生成焼結、加工、試験評価の4つの開発フェーズに、それぞれ強みを持つ企業を配置し、将来的に自動車用エンジンや発電用ガスタービンに利用できる高品質のファインセラミックス部材の開発に乗り出したのである（図Ⅶ-3）。

セラミックスエンジンの開発は、欧米メーカーに対抗するために1970年

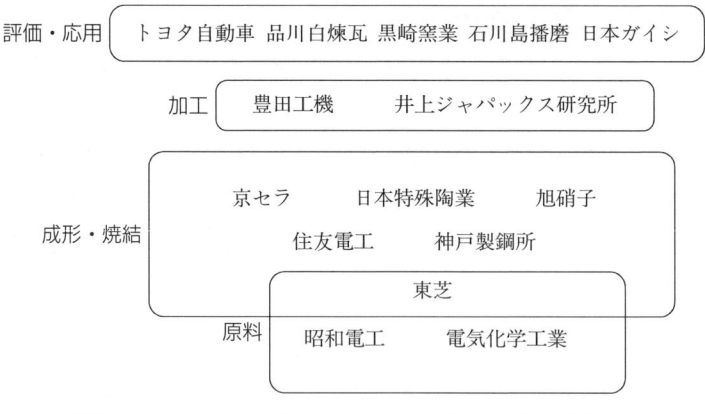

評価・応用	トヨタ自動車　品川白煉瓦　黒崎窯業　石川島播磨　日本ガイシ
加工	豊田工機　　井上ジャパックス研究所
成形・焼結	京セラ　　日本特殊陶業　　旭硝子 住友電工　　神戸製鋼所 東芝
原料	昭和電工　電気化学工業

図Ⅶ-3 ファインセラミックス・プロジェクトの役割分担

代後半から始まっており、開発に成功すれば耐熱温度や寿命は2倍、燃料消費効率も5割以上向上するという夢の技術と考えられていた。そのため開発の成否が将来的な競争力に直結している自動車メーカーは、京セラや日本特殊陶業、日本ガイシといった主要なセラミックスメーカーと協力してプロジェクトに先立って開発を進めていた。

ファインセラミックス・プロジェクトの参加企業をみてもわかるように、このプロジェクトは主に構造部材の開発をめざしており、そこには電子部品系のメーカーの姿はない。通産省は、電子部品は同じファインセラミックスであっても、あえて政策の対象とする必要はなく、開発は企業の努力にまかせるという方針であった。通産省にとっては、あくまで技術的に困難、かつ成功したときの波及効果の大きいエンジニアリング・セラミックスの技術開発に限りあるプロジェクト予算を集中し、そこに企業の開発努力を誘導することこそが主要な課題であったのである。結果的にこうした通産省の焦点化は、プロジェクト予算が比較的少額であったにもかかわらず、ターゲット技術に企業を誘導するという点で成功を収めることになる。しかしこの成功ゆえに、ファインセラミックス産業の発展は、通産省の意図していなかった方向に進んでいくのである。

3 中小メーカーの環境認識

さて、こうしたプロジェクトとは別に、ファインセラミックスは現在数多くの中小メーカーが活躍している産業でもある。エレクトロ系セラミックスメーカーは、現在大手になったものも出発時はベンチャー企業であったものが多い。松風工業からスピンアウトした京セラ、清水焼の零細陶磁器企業であった村田製作所、フェライトから多様な電子部品に展開したTDKなど、いずれも創業時は少人数で特化した技術を武器にした中小企業であった。本章では、近年、陶磁器からファインセラミックスへの事業転換に成功した代表的な企業として知られている山寿セラミックスに注目したい。以下ではこの一中小メーカーの視点から、ファインセラミックス産業の発展を眺めてみ

ることにしよう。

　山寿セラミックスは昭和初期に愛知県瀬戸市で陶磁器貿易商として創業され、戦時中には同社は軍の指定工場となり耐酸瓶の製造に携わった。戦後、1950年代には東南アジア向けのスープ皿、60年代にはアメリカ向けのディナーセットを主力製品としていた。この時代、陶磁器産業が繁栄する中、同社の事業も安定して好調な業績をあげていた。しかし山寿セラミックスは将来的な陶磁器産業の衰退を予期して、あえて新分野への進出をめざしたのであった。

　1970年代初頭同社は、IC基板やアルミナ成型品は、すでに大手が研究を開始していたことからこれを避け、将来的な光通信の発展を期待して酸化物単結晶に進出した。74年から東北大学の技術支援のもと、YAGウエハーの研究を進め、76年にまずはニオブ酸リチウムの単結晶ウエハーを商品化することになる。これはテレビ用画像フィルターの材料となるもので、日本初の開発として電子業界から高い評価を受け、同社の知名度を高めることになった。

　同社は、すでに1970年代半ばに事業基盤を確立していたが、80年代のファインセラミックス・ブームは、将来的な陶磁器産業の衰退を懸念するこの地域のその他の中小陶磁器企業にとっても好機であると考えられた。瀬戸地域は日本における代表的な陶磁器産地であり、ファインセラミックスの焼成などに窯業技術が応用できるのではないかという期待が抱かれたからである。

4　仮想的技術体系への自社の組込み

　セラミックメーカーと自動車メーカーが提携することにより始まったセラミックスエンジン開発は、1982年1月には京セラのセラミックスエンジン搭載車が走行する姿がテレビ放映されるなど注目を集めた。こうしたファインセラミックスへの期待の高まりは、プロジェクト参加企業の枠を超えて自動車や構造部品など川下のメーカーや、川上の原料粉体メーカーの研究開発を促進することになった。その背景には、たとえば「自動車エンジンなど

で5000億円、人工骨や人工歯などで5000億円、合わせて少なくとも1兆円の規模にはなる」(東芝・安藤顕一郎常務材料本部長)というような各社の見込みがあった。

　1982年後期以後、通産省の「産業振興ビジョン」公表など政策枠組みの確立とともに、エンジニアリング・セラミックスの要となる炭化ケイ素、窒化ケイ素に本格参入する企業が続出した。プロジェクトに参加した企業はもちろん、プロジェクトには参加していない企業も、研究所での実験レベルを超えて本格的な事業化に乗り出したのである。

　またこの時期には将来的なセラミックス粉体の市場拡大を期待して、宇部興産、電気化学工業、日本電工、旭化成工業など原料粉体メーカーが炭化ケイ素や窒化ケイ素などのサンプル出荷から量産体制の確立に向けて事業を拡大していた。これらの企業は、将来的に期待されるファインセラミックス市場の成立に先立って、安価で高品質な粉体を供給する体制を整えておくという構想を持っていたのである。鉄鋼、ガラスなどの素材メーカーや原料粉体メーカーの発想としては、自社の技術的優位性を最大限生かしつつ、将来的に大市場を得られるポジションをライバルより先に確保したいと考えるのは当然であった。当時、素材や原料粉体のメーカーには、慣れ親しんだ鉄鋼や化学での発想が根底にあったからである。

　またこれらの企業が早期に強気の設備投資に乗り出した根拠としては、セラミックスエンジンを頂点にして、これを構成するさまざまな部品、その部品に使用される高性能な素材、その素材に使用される高品質な原料粉体という連携した階層を持つ技術体系が将来的に実現するという予測があった。ファインセラミックスが自動車エンジンに使われるようになれば、当然のことながら大量の部品、素材、粉体が必要となる。自動車メーカー、セラミックスメーカー、原料粉体メーカー、鉄鋼・非鉄金属・電機などエンジニアリングメーカーは、互いに他社の参入や投資をみて、自社の進む方向の正しさの確信を深めることになった。ここに連鎖的技術体系が多様なメーカーの相互参照によって仮想的に構築され、各社が自らの強みを生かしたポジションを

選択し、競って設備投資や技術開発を行う状況が生じたのである。

　産業育成のために設立されたファインセラミックス協会（以下、JFCA）には、1982年11月の時点で138社が参集した。窯業・セラミックスメーカーのみならず、鉄鋼メーカー、化学メーカー、電機メーカーなど多くの企業が、競ってこの新市場に参入したのである。

5　相互参照における先行きをめぐる駆け引き

　セラミックスエンジンに用いられるファインセラミックス素材の候補は、当時、それぞれ一長一短の4種があった。それらは第1に温度変化に強い窒化ケイ素、第2に高温で性能のよい炭化ケイ素、第3に耐酸化性に優れたサイアロン、第4に破壊に強いジルコニアであった。プロジェクトでは窒化ケイ素、炭化ケイ素が主要な開発テーマであったが、最適な素材についての結論は当時まだ明らかではなかった。

　開発各社は、ライバルの選択に先んじなければならない一方で、開発対象を絞り込むことは困難な状況にあった。そのため他社の動きに注目しつつ、自社では有望な素材を複数選択して同時に開発を進めていた。積極的な開発投資なしにはチャンスをつかめない一方で、1社での見切り発車は大きい危険を伴っていたのである。日立はこうした事情を「へたに独走したら自滅する」（浅井治第5部長）と表現した。

　こうした複数素材の同時開発は原料粉体メーカーも同様であった。たとえば、東洋曹達（以下、東ソー）は1983年夏には窒化ケイ素とジルコニアのプラントを完成させている。「商業規模になるかどうかは自動車部品に使われるか否かにかかっている」（大深悌佑開発事業部長）という見込みの下、先を読まねばならず、かつ独走しては危険という状況の中で、各メーカーは複数の技術を同時に進め、互いに他社の動向を見守り、技術の流れを確かめるという相互参照状態を維持せざるを得なかったのである。

　その一方で、セラミックスエンジン開発競争が進むにつれ、同じ森村グループに属し、同じくプロジェクトに参加していた日本ガイシと日本特殊陶業

は対立を激化させた。日本ガイシは、ファインセラミックスに関してグループで協調する意思がないことを表明し、日本特殊陶業も日本ガイシの姿勢に対抗して競争心をつのらせていった。類似した優位なポジションを将来的に獲得する構想を持つ企業にとっては、兄弟会社であっても妥協の余地はなかったのである。

また京セラは、ICパッケージなどエレクトロ・セラミックスを拠点としつつ、エンジニアリング・セラミックス、バイオ・セラミックスに積極的に進出していた。同社は1983年12月には、工業技術院、大日本印刷と協力して人工関節の開発に成功した。この成功によりバイオ・セラミックス市場の拡大を期待して、84年には規制緩和を契機に旭光学や三菱鉱業セメントが次々と人工歯根や人工骨に参入した。遅れず独走せず、互いに相手をみて待機という状態の下、1社が先行すればこれに追随する企業が続出したのである。

6 独立と下請けの二者択一

一方、ファインセラミックス・ブームの到来とともに、中小陶磁器企業からもファインセラミックスに進出しようとする企業が次々と現れた。たとえば、愛知県瀬戸地域では、1980年代前半には、この地域でおよそ70社がファインセラミックスに参入し、専業メーカーも30社を数えるようになった。現存する中部地区のファインセラミックス関係ベンチャー企業のうち1980年代に創業されたものは全体の約4割に及んでいる。この時期、ファインセラミックスに参入をめざす企業には、技術的難易度から旧来の陶磁器を第1世代、電子回路用アルミナ系セラミックスを第2世代、自動車などへの応用を最終目的とした構造材料を第3世代とする考えがあった。プロジェクトで大手メーカーが取り組んでいるような第3世代の材料をいきなり開発することは困難と考えられたため、中小メーカーはそれよりも設備投資額が少なく、比較的技術的に容易と考えられた電子部品や切削工具を当面の開発の目標に据えたのである。

しかしながらブームに乗ってファインセラミックスに進出した中小メーカーは、すぐにこれまでの陶磁器とファインセラミックスの技術的格差や多額の設備投資が必要なことを痛感した。さらにその一方で大手企業は、有望な中小企業を自社で囲い込もうとするようになった。たとえば、岐阜県や愛知県では日本特殊陶業やTDKが有望な中小メーカーとの結びつきを強めようとしていた。こうしたはたらきかけに応じて瀬戸地域でも、日本特殊陶業のアルミナ磁器や耐電圧磁器着火栓などの下請けに組み込まれることによって技術的に容易な部分だけを担当し、安定した需要を確保しようとする企業が現れたのである。また山寿セラミックスが商品化したニオブ酸リチウムウエハーも、住友電気工業や住友金属鉱山など大手企業が事業化を進めていた。そうした中で中小メーカーが独立を保つためには、狭い範囲でも大手企業に模倣されない技術的優位を持ち、大手企業では採算がとりにくい製品に特化する必要があった。一方、大手メーカーの関心は主にICパッケージなど市場規模の確実に見込めるものに向けられており、採算のとりにくい小規模市場はできる限り他社にまかせようとする傾向があった。

　山寿セラミックスは1984年に電子部品の需要拡大の波に乗って新工場の設置を行い、単結晶の大口径化を進め、さらなるコストダウンをはかった。山寿セラミックスの加藤寿生社長（現・会長）はこの頃「地場産業が先端的な研究開発型企業に脱皮することは並大抵のことではない。要は下請けに安住するのではなく、開発に時間がかかっても、得意分野を何としても切り開くという経営者の決意があるかどうかだ」と語っている。ファインセラミックス・ブームの中で、こうした中小メーカーは安定した下請企業となるか、あるいはニッチ技術を守って独立を保つかという二者択一を強いられたのである。

7　共有された未来像と戦略的提携の網の目

　セラミックスメーカーと自動車メーカーの共同開発は、1980年代中期には実際の製品として現れるようになった。1985年10月、日産はセラミック

ス製ターボローターを採用した乗用車を発売、86年10月にはマツダがチャンバーの量産を開始した。これらはいずれも日本特殊陶業と日本ガイシが参加し、プロジェクトとは別に開発が進められていたものであった。また、いすゞも京セラと協力してセラミックス製の燃焼室部品を持つエンジンを開発し、走行テストを進めていた。日本特殊陶業、日本ガイシにとって高性能ながら価格は合金製の約2倍のセラミックスローターは、コスト的には採算が合わないものであったが、将来的な量産を想定してあえて赤字で納入を進めたのである。日産にとってもセラミックスローターの採用は、コスト面でのマイナス以上に自社の技術力のアピールという意識があった。

　原料粉体メーカーには「将来は日本が窒化ケイ素の供給基地になる」（宇部興産・荒瀬博行研究開発本部セラミックス開発グループリーダー部長）との見込みがあり、この時期も引き続き宇部興産をはじめ、昭和電工、電気化学工業、旭硝子が積極的に研究開発や設備投資を進めていた。1985年には宇部興産は高純度窒化ケイ素粉末のプラントを建設し、88年には信越化学工業が窒化ケイ素粉末の量産設備、東ソーは部分安定化ジルコニア粉末で大幅な増産が可能な設備を設置した。とくに東ソーの生産能力は1社で世界需要をほぼまかなえるほどの大きさであった。眼差しは明らかに未来を向いていたのである。

　また各社の戦略的提携も盛んであった。1986年には新日鐵は黒崎窯業と共同でセラミックス開発センターを設立し、さらに新日鉄化学、日本特殊陶業を加えて、微粉溶液からセラミックス焼結体をつくる技術の開発のため新会社を設立した。プロジェクト参加企業が、プロジェクトとは別の製法を求めて合弁会社を設立して開発を進めたのである。また1985年には東芝は米カミンズ・エンジンとディーゼルエンジン用部品を共同開発する契約を結び、87年には日立化成工業が炭化ケイ素製造・加工技術で米カーボランダムとクロスライセンス契約を結んでいる。海外企業との技術提携によってエンジニアリング・セラミックスにおける技術的優位を確保しようとする企業は、国内外含め戦略的提携の網の目をはりめぐらせていった。

8 半導体サイクルの翻弄

　こうした状況の中、実際には1980年代半ばになっても、ファインセラミックス産業を支えていたのは実際には圧倒的な比率でエレクトロ・セラミックスであった。しかしながらJFCAは今後飛躍的に発展するのは「高温に耐えて強度が高いセラミックス」、すなわちエンジニアリング・セラミックスであると主張していた。そうした根拠にリアリティーを与えたのは、この頃エンジニアリング・セラミックスで多様な素材の開発が進む一方で、エレクトロ・セラミックスは1985年から86年に半導体相場の急落に直面したからである。

　この頃企業の技術的支援を行うファインセラミックス・センター（以下、JFCC）には、エレクトロ系の中小メーカーから「機械部品などの構造用セラミックスの開発に取り組みたい」という相談が殺到し、またJFCCの側も「IC基板など機能材だけでは不況に弱い。構造材や金属コーティングなどの複合材にも取り組んで、ファインセラミックス製品の用途や生産品目を多角化することがメーカーには必要不可欠となる」（JFCC・阿久津一専務理事）との認識を示していた。電子部品や消費財を手がける多くの中小メーカーにとって「実用化できた製品はセラミックス包丁やハサミなどまだわずかだが、5年後にはニューセラミックスのエンジン部品も供給できるようにしたい」（香蘭社・深川正社長）という思いが共通する希望だったのである。そうした中で山寿セラミックスでは、ファインセラミックスと並行して生産していた陶磁器部門の合理化につとめ、半導体不況が過ぎ去るのを待つことになる。瀬戸地域でファインセラミックスに携わっていた企業もこの頃には新技術への進出をあきらめ陶磁器に戻るものが現れた。

　こうした状況は、1987年中期からICパッケージなど電子産業向けの需要が急回復すると一転した。この需要急増は、京セラや日本特殊陶業、日本ガイシといったセラミックスメーカーをエレクトロ・セラミックス、とくに既存のICパッケージやIC基板の生産設備増強に集中させることになった。1988年には京セラはファインセラミック事業本部から半導体部品事業本部、

電子部品事業本部を独立させ、設備投資の大半をICパッケージなどエレクトロ・セラミックスの生産ライン拡大にあてた。日本特殊陶業も、需要伸張に対応するためICパッケージの生産子会社の生産設備増強工事に入り、遅れて日本ガイシもICパッケージの生産子会社を設立している。半導体好況によって、主要セラミックスメーカーはいっせいに自社の資源をこうした市場の存在が明らかな既存分野に集中していったのであった。

9 ブームの終焉と大手企業の戦略転換

ファインセラミックス・プロジェクトは1990年の第3期の終了によって、窒化ケイ素、炭化ケイ素についての研究成果を発表した。そこで明らかになった事実は、ガスタービンの静翼・動翼としての目標性能は達したものの、そこから実用化できるガスタービンの事業化までには依然かなりの距離があるということであった。プロジェクトの終わりの頃には自動車用エンジンとしての利用も、セラミックスの特性から期待された性能に達しないことも明らかになった。そのためファインセラミックスへの期待は急速に低下し、それとともに各社の提携関係も縮小、解消されていった。これまではブームを報じていた新聞紙上でも「ひところの開発熱が冷めたかに見えるセラミックエンジン」(1989年6月)、「かつてのファインセラ・フィーバーもすっかり下火になった感がある」(1990年10月)という表現がなされ、例年にぎわいをみせたファインセラミックスフェアの参加団体数、来場人数も急速に減少した（図Ⅶ-4）。

この頃以降、多角化先としてファインセラミックスに期待した鉄鋼や電機メーカーの約半数以上は、バブル崩壊の影響もあり事業縮小や撤退を余儀なくされた。また残ったセラミックスメーカーももはやエンジニアリング・セラミックスのみに期待を寄せることはできなくなり、エレクトロ・セラミックスのニッチ技術に研究資源をシフトしていった。またこうした状況の変化から、これまでは互いにライバルとして対抗心を抱いていた日本特殊陶業、日本ガイシも対抗の根拠を失い「今やライバルはいわゆるガラス・土石以外

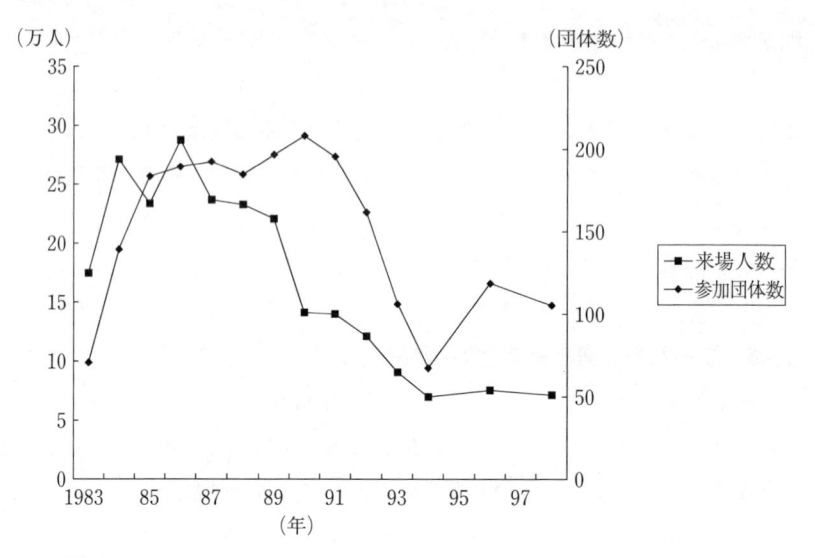

図Ⅶ-4 ファインセラミックスフェア来場人数・参加団体数の推移
注：1995年、1997年には開催されていない。
出所：来場人数については中日新聞社編『ファインセラミックスフェア事業報告書'98』p. 3、参加団体数については「ファインセラミックスフェアパンフレット」各年度版より作成。

表Ⅶ-2 ニッチ技術で活躍する中小メーカー

第一希元素（ジルコニア原料）、IAM電子（混成IC電子部品）、エック（高周波微調整用低誘電性セラミックス）、メガセラ（送受話用圧電スピーカー）、富士セラミックス（計測用圧電素子）、新生工業（超音波モーター）、ケージーエス（圧電素子利用の点字セル）、石塚電子（温度センサー用サーミスタ）、ジャード（遠赤外線ヒーター）、山寿セラミックス（弾性表面波フィルター）、中戸研究所（ゾル-ゲル法ハイブリッド材）、ヨコハマセラミックス（研削盤）、日本セラミックス（超音波センサー）など

出所：JFCC (1998) で紹介されたもの（匿名のものを除く、一部）。

の業界に広がっている」（日本ガイシ・竹見淳一会長）との認識の下、両社の提携が模索されるようになった。こうした変化によって、技術政策の対象も、大手企業の技術力を生かしたイノベーションによって、技術的なブレークスルーを実現し、セラミックスエンジンなど技術開発を成功させるというものから、ニッチ市場で活躍する中小メーカーに眼を向け、これをいかに育成す

るかに移行していった。たとえば、この頃には JFCA も「産業を振興させるのはまず中小企業の仕事。大企業ではブレークスルー的な発想が出てこない」(山田貞夫事務局長) という認識を持つようになった。ファインセラミックスに対する振興策は 1990 年代中期より、ベンチャー企業への期待が高まっていった。ファインセラミックス産業の成長は、多品種少量生産を実現するベンチャー的な中小メーカーの促進にあるということを、政策担当者側も現実を認めるかたちで追認したのである (表VII-2)。

3 おわりに

このケースから明らかになることは、技術政策と産業発展の間には多様な主体による意図と行為の連鎖が存在しており、これにより政策担当者の意図とは離れて、ファインセラミックス産業の発展の経路が決定されていったという事実である。その因果関係を簡略に示せば図のようになる (図VII-5)。

現在では中小メーカーはファインセラミックスを利用したさまざまな電子部品の需要拡大の利益を享受している。たとえば、山寿セラミックスは携帯電話や MD 向けの弾性表面波フィルターウエハーの需要拡大によって 2000 年には 28 億円の売上げを達成した。同社の製品は 1 社で世界シェアの約 40 ％を占めている。加藤寿生は、こうした状況の中で「大企業は怖くない、ということが最近分かってきた」、「大手は多くの分野を手掛けるため、個々の分野でみると技術面で遅れているところもあると感じた」と発言している。加藤は自社の技術力への自信を示す一方、同社の成功の理由そのものについては、それが長期的な戦略に基づくものというよりは、むしろ偶然であったことを強調している。たしかにセラミックスがブームとなる中で、有力な大手企業に駆逐されることもなく、電子部品市場の拡大に従って同社が成長を遂げたことは、当事者にとっては「偶然」良好な環境に恵まれたのだと解釈されても不思議ではない。しかしながら、以上のような行為システムの視角に基づいてファインセラミックス産業全体の発展の経路をたどってみれば、

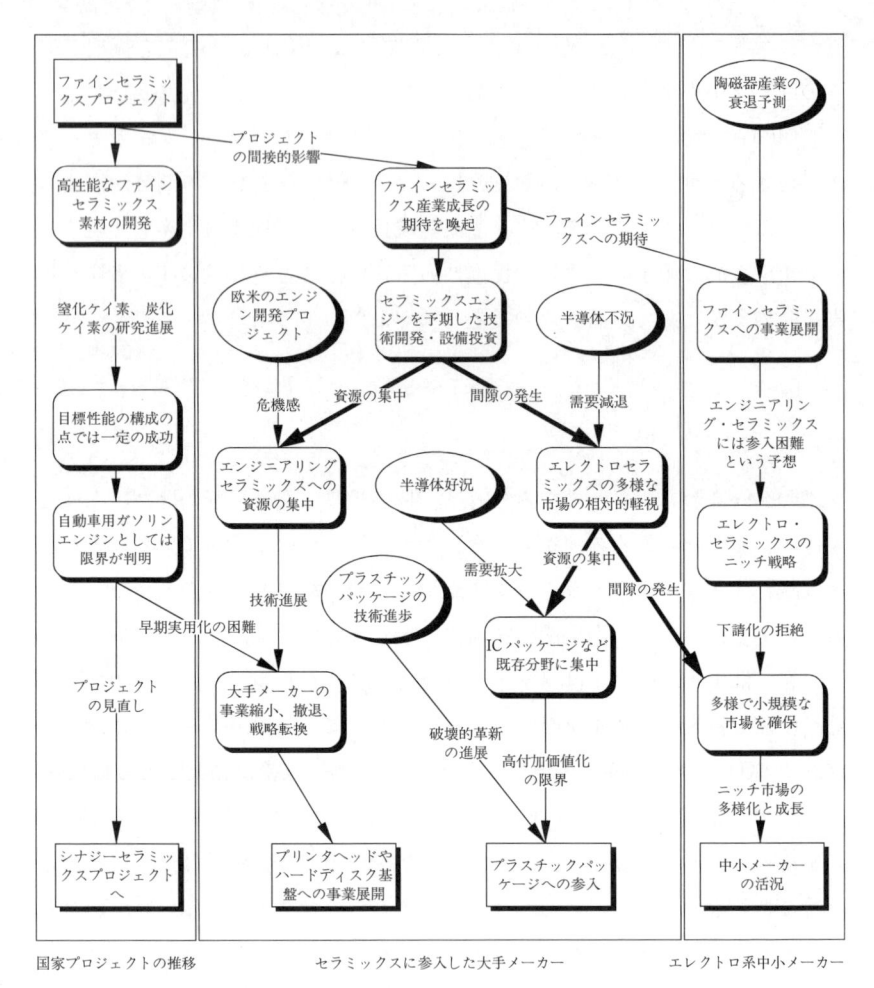

図Ⅶ-5 ファインセラミックス産業における因果テクスチャー

当事者の立場からは数々の偶然に思われる一連の現象も互いに関連しており、一見遠くの出来事に思われる現象が結果的に同社の発展に間接的に貢献することになったことが明らかになる。

最後に事例の流れを要約しておこう。技術政策によって喚起されたセラミ

198 第3部 「意図せざる結果」からみた企業活動

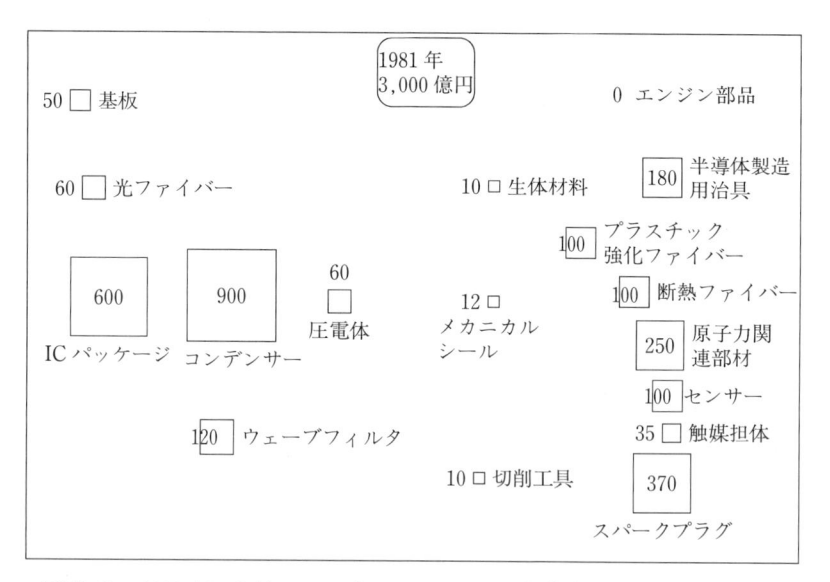

```
┌─────────────────────────────────────────────────────────┐
│                          ┌──────┐                       │
│                          │1981年│                       │
│  50□ 基板                │3,000億円│    0 エンジン部品  │
│                          └──────┘                       │
│                                        ┌───┐ 半導体製造 │
│  60□ 光ファイバー        10□ 生体材料  │180│ 用治具     │
│                                        └───┘            │
│                                        ┌─┐ プラスチック │
│   ┌─────┐  ┌──────┐                   │100│ 強化ファイバー│
│   │     │  │      │  60                └─┘              │
│   │ 600 │  │ 900  │  □                ┌─┐ 断熱ファイバー│
│   │     │  │      │  圧電体  12□      │100│            │
│   └─────┘  └──────┘          メカニカル └─┘             │
│   ICパッケージ コンデンサー  シール    ┌───┐ 原子力関  │
│                                        │250│ 連部材     │
│                                        └───┘            │
│                                        ┌─┐ センサー     │
│                                        │100│           │
│        ┌──┐                            └─┘              │
│        │120│ ウェーブフィルタ          35□ 触媒担体   │
│        └──┘                                             │
│                          10□ 切削工具  ┌───┐          │
│                                        │370│            │
│                                        └───┘            │
│                                        スパークプラグ   │
└─────────────────────────────────────────────────────────┘
```

図VII-6 1981年におけるファインセラミックス推定市場規模（単位：億円）
注：三戸（1983）より作成。正方形の面積は額に比例している。

ックスエンジンへの期待は、セラミックスメーカー、自動車メーカーのみならず、鉄鋼や化学、電機など多様なメーカーを当該技術に結集させる結果となった。これらのメーカーは、将来的に実現が予想される技術体系における優位なポジションを他社に先駆けて占めるという「合理的」な経営戦略を持ち、そのために1980年代中期には強気の投資など資源を集中し、さまざまな企業間提携を進めていった。しかしながら、その後、コスト的に採算の合うエンジン開発が困難であることが明らかになる一方で、小規模市場では中小電子部品メーカーが、大手企業が参入しにくい技術に特化することにより駆逐されることなく発展を遂げていったのであった。セラミックス産業の成長はエンジンでも人工骨でも、さらにはICパッケージでもなく、一つひとつ市場は小さく用途が限られた各種電子部品の発展によりもたらされたのである（図VII-6、図VII-7）。

本章はファインセラミックス産業の歴史を、複数主体の意図と行為の連鎖

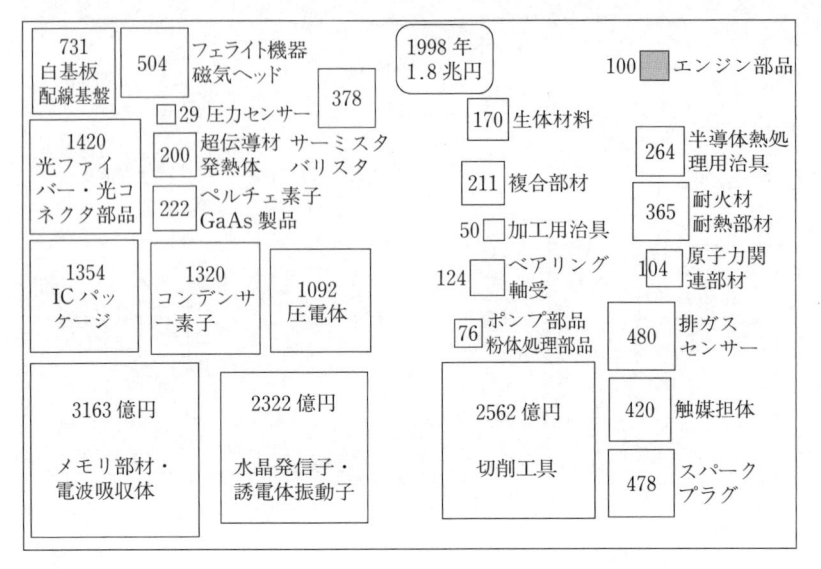

図Ⅶ-7 1998年におけるファインセラミックス製品別生産額（単位：億円）
注：JFCA（2000）より作成。正方形の面積は額に比例している。

（図の内容）
731 白基板配線基盤
504
フェライト機器磁気ヘッド
1998年 1.8兆円
100 エンジン部品
29 圧力センサー
378
170 生体材料
1420 光ファイバー・光コネクタ部品
200 超伝導材発熱体
サーミスタ バリスタ
264 半導体熱処理用治具
222 ペルチェ素子 GaAs製品
211 複合部材
365 耐火材耐熱部材
50 加工用治具
1354 ICパッケージ
1320 コンデンサー素子
1092 圧電体
124 ベアリング軸受
104 原子力関連部材
76 ポンプ部品 粉体処理部品
480 排ガスセンサー
3163億円 メモリ部材・電波吸収体
2322億円 水晶発信子・誘電体振動子
2562億円 切削工具
420 触媒担体
478 スパークプラグ

によって形成されたプロセスとして把握した。このことによって一見遠く離れた現象も、因果のステップを追うことにより、間接的なかたちで互いに影響を及ぼしていることが明らかにされた。技術政策と産業発展の関係に単線的関係を仮定するのではなく、そこに存在するさまざまな間接的な因果関係を想定すること、およびそのうえでこうした経路が構築されていくプロセスを予期することこそ、われわれが今後さらに産業発展に有効な技術政策を考える際に不可欠の視点なのである。

※本文中の発言は断りがない限り、日本経済新聞もしくは日経産業新聞の当時の記事から引用したものである。

注
1) 現在では、これまでの政策プログラムは、エネルギー関係を中心とする「ニューサンシャイン計画（93年）」と、それ以外の先端技術開発をめざす

「産業科学技術研究開発制度（93年）」の2つに集約されている。

引用文献

Boudon, R., *The Origin of Values : Sociology and Philosophy of Beliefs*, New Brunswick, N.J.：Transaction Publishers, 2001.

Elster, J., *Nuts and Bolts for the Social Science*, Cambridge：Cambridge University Press, 1989.（海野道郎訳『社会科学の道具箱：合理的選択理論入門』ハーベスト社、1997年）

Johnson, C., *MITI and the Japanese Miracle : The Growth of Industrial Policy, 1925 - 1975*, Stanford, Calif.：Stanford University Press, 1982.（矢野俊比古訳『通産省と日本の奇跡』TBSブリタニカ、1982年）

Meyer, J. W. and Rowan, B., "Institutionalized Organizations：Formal Structure as Myth and Ceremony," *American Journal of Sociology*, Vol. 83, No. 2, 1977.

西田稔『イノベーションと経済政策』八千代出版、2000年

沼上幹『行為の経営学：経営学における意図せざる結果の探究』白桃書房、2000年

榊原清則「模倣の組織論」『組織科学』第14巻第2号、1980年

島本実「特殊法人のガバナンス構造上の脆弱性：新エネルギー総合開発機構の環境変化と組織変容」『経営学研究』第10巻第1号、愛知学院大学経営学会、2000年

島本実「YS-11の組織デザイン：揺籃期航空機産業と通産官僚（赤沢璋一）」『一橋論叢』第121巻第5号、1999年

米倉誠一郎・島本実「競争と計画の調整：揺籃期コンピュータ産業と通産官僚（平松守彦）」『日本的経営の生成と発展』ケースブック日本企業の経営行動1、有斐閣、1998年

参考文献

ファインセラミックスセンター（JFCC）『「ファインセラミックス関連ベンチャー企業の動向と課題」に関する調査研究報告書』1998年

三戸節雄『セラミックス革命：第四次産業革命に挑む企業群団』PHP研究所、1983年

日本ファインセラミックス協会（JFCA）『無機新素材産業対策調査（材料別問題別調査研究）委託調査研究報告書』2000年

通商産業省ファインセラミックス室編『ファインセラミックスハンドブック』オーム社、1986年

第VIII章
ホームオフィス導入による組織変革
：情報技術利用をめぐる意図せざる結果

1 はじめに

　本章では、情報技術の利用をめぐって生じる意図せざる結果が組織変革につながるメカニズムを、筆者のフィールドワーク（大塚製薬におけるホームオフィス導入事例）を通じて検討していく。フィールドワークを具体的に検討する前に、まず、本章では意図せざる結果をどのようにとらえているのか、とくに意図せざる結果をじかに経験する当事者と、それを分析する観察者の関係について、筆者の立場を確認しておこう。

　すべての行為主体はみな、意図を持って行為する。意図を持って行為するからこそ、それが善きにしろ、悪しきにしろ、思いどおりの結果が得られなかったとき（つまり、意図せざる結果が生じたとき）、なぜ意図どおりの結果が得られなかったのかについて、思考をめぐらせる。そして、それまで抱いていた意図や目的を修正するとともに、従来とは異なった行為をはじめる。組織ではたらく人々が抱く意図とその意図に基づいた行為の変化。このような変化を、われわれ観察者は組織変革として記述する。

　このようなことは、もはやいうまでもないことかもしれない。しかし、ここで強調しておくべきなのは、このような過程で経験される意図せざる結果とは、客観的に観察される新しさ（new）ではなく、あくまで意図を抱いた当事者自身が直面する新奇（novel）な行為の結果であること（Louis and Sutton, 1991）。そして、意図せざる結果が当事者自身によって経験されることによって、それまで自明視してきた行為の前提を意識的に再点検するとい

う反省的モニタリング (reflexive monitoring) が導かれ、彼らの目的的行為が再構築されることである (Giddens, 1984；1993)。組織変革とは、このように、当事者自身が直面した行為の意図せざる結果に基づいて、反省的に再構築された行為の新地平なのである。

このように、意図せざる結果とは、その存在を証明するような対象ではなく、自ら意図を抱く行為主体の社会的実践を説明する構成概念である。それは、われわれ観察者の分析実践もその例外ではない。そもそも、われわれ観察者は当事者が抱く意図そのものではなく、その意図に基づいた行為を観察することによって当事者の意図を了解し、理論を構築する（観察a）。それゆえ、意図せざる結果に直面した当事者によって反省的に再構築された行為の変化は、われわれ観察者にとっては理解不可能な逸脱現象、「理論の（意図せざる）失敗」（馬場, 2001）として観察されるであろう（観察b）。そして、このような変化を理解するためには、当事者がどのような反省過程を経たのかについて、われわれ観察者も自らの理解（理論）を分析的に再構築することが求められる（分析c）。このように、意図せざる結果の分析とは、当事者の反省過程を理解するために、観察者も自らの理論的、常識的理解を反省的に再点検するという、方法論としてのリフレキシビティ (reflexivity) を含意するのである (Woolgar, 1988)。

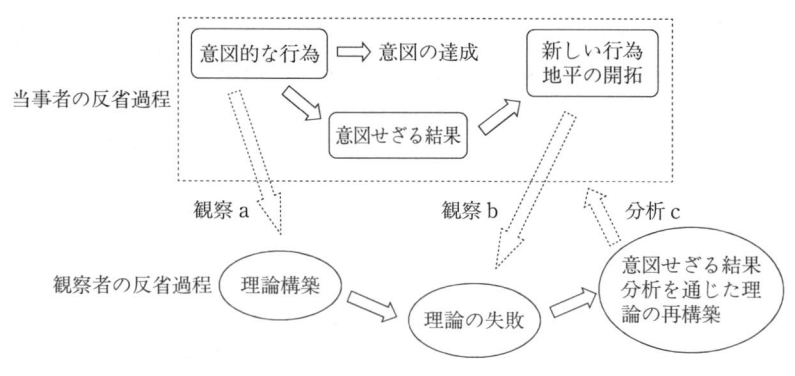

図Ⅷ-1 意図せざる結果をめぐるリフレキシビティ

以降、本章では、このような意図せざる結果をめぐる二重の反省過程を解きほぐし、企業におけるホームオフィス導入によって具体的にどのような組織慣行が反省的に再構築されたのかについて検討し、企業の情報化が組織変革につながるメカニズムを解明していくことにしよう。

2　ホームオフィスに対する一般的理解

　ホームオフィスに対して抱かれている一般的理解とは、少なくとも常識的、そして理論的には、以下のように考えることができる。まず、情報技術は、われわれをオフィスという場所や時間の制約から解放すると考える。場所や時間の制約を超えて組織の活動範囲を拡張できれば、自宅で就労しながら組織を維持するホームオフィスが可能になる。その結果、ホームオフィスの成果としては、仕事の効率向上、精神衛生の向上、さらには通勤ラッシュによる交通渋滞の解消や大気汚染の防止など、さまざまなメリットが期待される。このような試みは、実はずいぶん前から手掛けられてきた（サテライトオフィス・リゾートオフィス・エレクトリックコテージ）が、とくに近年のパソコンの普及とともに、より多くの企業で導入されはじめている。

　その一方で、ホームオフィス導入に対する障害や問題点も多く指摘されている。それは、オフィスという物理的・社会的状況で組織活動を営んできたわれわれの日常経験に基づくものであり、複雑な組織活動が果たして情報技術によってすべて代替することが可能であるのだろうかという不信感からくる。次節以降、筆者のフィールドワークで詳しく検討していくが、ホームオフィス体制下では、たとえ情報技術を利用しても、曰く言い難い暗黙的な経験の共有はできないのではないか。まだ右も左もわからない新人の育成には向かないのではないか。仕事の結果だけしかみえず、仕事プロセスの評価や管理ができなくなるのではないか。チームや組織全体の求心力が失われてしまわないか、という不安が観察された。そして、そのような問題を目前にするほど、ホームオフィスを本気で新しい組織のはたらき方として導入しよう

という気は失せていくことにさえなろう。実際、現在、多くの企業でホームオフィスの導入対象とされる職種は、営業職や専門職など、基本的にそれほど複雑組織活動を必要としない職種に限定される場合も多い。つまり、ホームオフィスとは情報技術の効用に期待する一方で、その極端な変化ゆえに不信をも同時に含んでいるのである。

　このホームオフィスに対する一般的理解の背後には、企業の情報化という活動一般に対するわれわれの素朴な考え方がある。それは、企業における情報技術の利用を、日常の組織活動を代替するか、あるいは少なくとも補完すべきものであるととらえる設計思想である。それゆえ、ホームオフィスをうまく導入するためにも、情報技術によってわれわれの日常的な、とりわけ対面的な組織活動と同じような状況をつくることが求められることになる。テレビ会議システムなどの開発がホームオフィスと並行して進められるのも、そのためである。より一般的な観点からも、企業の情報化といえば、個人の意思決定プロセスや組織システム、さらにはビジネスシステムを情報技術によって代替・補完することで、単にそこにある (simply there) システム全体の効率化を求めるという設計思想の下でとらえられてきた (Winograd and Flores, 1986)。もちろん、今や企業活動のあらゆる場面で情報システムがつくり込まれ、組織の効率的な運営に欠かせない存在になっているのは疑いもない。

　一方で、このような設計思想の下でつくり込まれた情報システムに過剰な期待を抱くことの落とし穴も指摘されている。企業の競争優位は、そもそもビジネスシステムそのものの特性にある。しかし、情報化によってビジネスシステムが誰にでも模倣可能な情報システムにつくり込まれることは、その比較優位性を失わせるパラドックスにつながりかねない (加護野, 1999)。このように、情報化に関するわれわれの一般的理解はあくまで既存の企業システムを効率化するものであり、根源的な組織変革を目的するものではなかったのである。

3 フィールドワークの経験：リサーチ・デザイン

　さて、視点を筆者のフィールドワークに移そう。筆者は、大塚製薬が導入したホームオフィスについて1998年4月から1999年2月まで、10ヵ月にわたるフィールドワークを行った。主なデータ・リソースは、ホームオフィスが導入された変化の渦中にいる人々（医療用医薬品の営業チーム）に対するインタビュー、家族を交えたインタビュー、スタッフに対するインタビュー、チーム・ミーティングや全社的な会議の観察、支援研修への参加などである（松嶋, 1999）。フィールドワークから得られた膨大なデータや経験は、すべて筆者の理解を再構築する反省の材料となった。とくにフィールドワークを通じて遭遇した、経験的・理論的なテーゼに反する事象について、それら行為の変化がどのような道筋で導かれたのか、インタビューによる問いかけや観察を繰り返し、データを緻密に整備してきた。

　フィールドワーク当初、筆者は同社のホームオフィスを、オフィスという物理的・社会的場面で営まれてきた組織活動を情報技術（とりわけコミュニケーション・メディア）によって代替するか、少なくとも部分的には補完することによるはたらき方としてとらえていた。つまり、ホームオフィスの成否は、どれだけうまく情報技術を利用できるかにかかっており、また、それにもかかわらず最後までオフィスの機能として残されるような場面には複雑な組織活動のエッセンスが観察できるはずであった。

　実際、ホームオフィス導入当初には、筆者は本社スタッフからホームオフィス導入の目的を営業担当者の行動効率の向上としてとらえているという説明を受けていた。もちろん、その他方では、ホームオフィスに対するさまざまな不安も抱かれていた。情報技術では、曰く言い難い暗黙的経験を共有できないのではないか、新人の育成には向かないのではないか、仕事プロセスの評価や管理ができなくなるのではないか、チームの規範が希薄になってしまうのではないか。これらの問題意識の背後には、あらゆる組織活動をオフ

ィスという対面的状況で営んできたという、彼ら自身の日常経験をうかがうことができる。また、これらは、すでに検討してきたように、われわれがホームオフィスに対して抱いている一般的理解でもある。

　しかしながら、フィールドワークを進めていくうちに、このような一般的理解では把握できない行為の変化が観察されはじめた。まず、ホームオフィス導入への取り組みとともに、当初危惧されていた問題はほとんど問題としてとらえられなくなった。なぜなら、当初は情報技術では決して代替されないであろう（オフィスの機能として残るであろう）と自明視してきた組織活動（情報共有や新人の育成、仕事プロセス評価、チームの規範や集団意識の形成）そのものに変化がみられ、従来とはまったく異なった組織活動が再構築されたからである。それは、当初、組織における情報技術利用をオフィスという状況の一部を補完するツールととらえ、そもそもホームオフィス導入による組織活動そのものの変化など、ほとんど予想していなかった筆者の驚きを伴った経験であった。

　さらに、最終的なホームオフィスの成果としても、直行直帰することによる行動効率（1日当たりの顧客面談数）は劇的に向上することはなかった。逆に、顧客面談数が以前より減っている場合すらあった。それにもかかわらず、ホームオフィスを導入していないチームと比べ、ホームオフィスを導入したチームの業績がよくなる傾向がみられたのである。このように、筆者がフィールドワーク当初に受けた説明（営業担当者の行動効率の向上をめざすホームオフィス）とは異なるかたちで、その成果が生じたことの理由を問いただした筆者に対して、彼らが語ってくれたホームオフィス成功の秘訣は、つぶさにみればみるほど一般的理解としてのホームオフィスとはほとんど関連のないものばかりであった。

　たとえば、ある営業チームのリーダー（Team Leader：TL）は「月曜日のミーティングを火曜日にしたことが一番大きな変化であり、ホームオフィスの成果として最も重要視している」という。医療用医薬品の業界では、通常は月曜日にミーティングを行うという慣行がある。たしかにそのような業界

慣行を逆手にとって、月曜日のミーティングを別の曜日に変更できれば、競合他社の営業担当者と顧客である医師への面談時間を奪い合う必要はなくなる。しかしながら、月曜日のミーティングそれ自体は、毎週月曜日に業界紙が配達される他には、必ずしもそうでなければならない理由はなかった。筆者は、なぜそのような変化がホームオフィスと関係するのか、そして、なぜそのような試みがそれまでなされなかったのか、理解することができなかったのである。

わざわざこのように筆者の視点からフィールドワークの経験を厚く記述するのには、理由がある。それは、現実のホームオフィス導入の場面で生じている複雑な行為の変化を理解するには、われわれが素朴に想定しているホームオフィスの一般的理解では不十分であることを確認するためである。以下では、実際にオフィスという物理的・社会的状況に埋め込まれ、自明視された組織慣行について、彼らがどのような反省過程を経ることによってそのような行為の変化を導いたのかを辿ることにしよう。もちろん、観察者は当事者の反省過程そのものをそのまま再現することはできない。以下で分析的にとりあげていく各場面も、ホームオフィス体制下での情報共有（4節**1**）、新人育成（4節**2**）、仕事プロセスの評価（4節**3**）、集団の規範形成（4節**4**）という、ホームオフィスに対して一般的に抱かれる問題意識によって切り取られたトピックに過ぎない。しかしながら、すでに検討してきたように、われわれ観察者が意図せざる結果を通じて探求していくのは、理論的な逸脱現象の観察を通じて、われわれ自身の常識的、理論的理解を反省的に再構築することにある。

4　ホームオフィス導入を通じた組織慣行の再構築

1 有効な情報共有

一般に営業職といえば、相互の複雑な調整を基本的には必要としない、自律性が高い職種と考えられている。それゆえ、自宅で（から）就業する（営業

先に直行する）というホームオフィスの導入対象としても真っ先にとりあげられる。なぜなら、本当は不信感いっぱいの情報技術にそれほど依存せずとも、ホームオフィスを導入できるからである。実際、大塚製薬においても当初は営業職が自宅から営業先に直行直帰することによる行動効率の向上（1日当たりの顧客面談数の増加）がその成果としてもくろまれていた。

　ところが、医療用医薬品を取り扱う企業の営業担当者（Medical Representative：MR）については、そのような営業職一般とは若干事情が異なることを急ぎ指摘しておく必要がある。MRの顧客である医療機関は医師会や大学系列などの複雑なつながりがあり、ある病院（医師）に行った営業活動の内容は、即座に近隣の病院へ伝わる。人命にダイレクトにかかわる医薬品について病院ごとにその内容が食い違うということは、倫理的な問題にすらつながりかねない。それゆえ、医療用医薬品を取り扱う企業は、通常、相互に関連する医療圏をエリアとして営業チームを結成する。そこでは、MRがそれぞれ自律的に働くのではなく、チームとして足並みを揃えた営業活動がなされる。チーム内では、誰が、いつ、どこで、どのような内容の営業活動を行ったのかについての情報共有が必要であり、そのためにオフィスが重要な場を担っていたのはいうまでもない。

　つまり、MRは一般的にいわれるような、ホームオフィスを導入しても支障ないような職種とはいいがたいのである。それにもかかわらず同社のMRのチームにホームオフィスが導入された。その背後には、製薬企業を取り巻く競争環境の変化があった。まず、医療活動をめぐるさまざまな法制度の改正に伴い、すでに国内市場の競争環境が激化していた。また、規制緩和のもとで今後は外資系製薬企業の国内市場への参入によって、競争的にはますます厳しい環境下に置かれることが予想されている。しかし、製薬企業の取り扱う医薬品は、その製品特性上、新製品の開発は千に3つといわれるほど困難であり、新薬の登場をただ素朴に期待することもできなかった。さらに、近年の薬害問題に伴って、大塚製薬が当時開発していた新薬の承認が厳しくなっていた。このような背景の下では、営業部隊であるMRたちに既存の

医薬品のシェア拡大を委ねるしかなかったのである。

　そのため、同社でホームオフィスが導入された当初、現場で働く MR た
ちに危機的にとらえられたのは、日々の営業活動に関する進捗状況（情報）
をどのように共有していくのかであった。ホームオフィス導入によって1人
1台のノートパソコンが配布され、各人の自宅には当時まだ普及しはじめた
ばかりの高速通信回線（ISDN）も引かれた。自宅に仕事場を設けるために、
引越し費用やホームオフィス手当など、さまざまな支援もなされた。しかし
ながら、これまでオフィスという場面で共有してきた情報のすべてを、情
報技術を介して共有できるのであろうか。

　このような不安の背後には、それまでオフィスでなされてきた独特な情報
共有のスタイルがある。従来、MR 同士の情報共有は、実際にはそれ自体を
目的にした申し送りの報告会を毎日開くなど、意識的に取り組まれているわ
けではなかった。なぜなら、毎日オフィスで顔を合せていれば、意識せずと
も大抵のことを自然に察知することができたからである。同社では全社的に
週に一度、月曜日にチーム・ミーティングが行われていたが、ミーティング
で初めて聞くような目新しい情報もほとんどなく、その態度も「どちらか
というと、うつむき加減であった」（MR）という。つまり、ホームオフィス導
入によって情報共有ができなくなるという不安を抱きながら、具体的に共有
できなくなる情報内容を把握しているわけではなかったのである。

　　「なにげなく、たとえば先輩が、じゃあ食事でも行こうかというときに
　　お話しするというのが多々あるんで。仕事している合間でも話して、ア
　　ドバイスもらったということがたくさんあったんですよね。僕なんかそ
　　っちのほうがひょっとしたら大きいかもしれない」（TL）。

　そのため、ホームオフィス導入とともに、彼らはそもそもどのような情報
を共有する必要があるのかを探る必要があった。まず、多くのチームでは、
日々の営業活動報告を記した基幹システム上の日報をそのままコンピュー

タ・ネットワーク上で共有した。しかしながら、当時、とりわけ現場のMRたちにとって、日報とは本社による人事考課に反映させるためのものという意識が強く（とりわけ、1日当たりの顧客面談数の把握）、必ずしも彼らが本当に共有すべき情報が記載されてはいなかった。それゆえ、彼らは日報の形式にさまざまな改良を加えていくことで、共有するべき情報の内容とその共有方法を探っていく必要があった。このような試行錯誤の下、ネットワーク上で共有されたファイルにはもともとの日報の形式はほとんどなく、しかも、担当エリアの特異性を反映してチームごとにまったくユニークなものになった。

　このように、情報技術を介した情報共有への取り組みは、それまでオフィスではどのような内容の情報が共有されてきたのかについて意識的に点検するという反省を伴っていた。すでに述べてきたように、オフィスでは情報共有に対する努力はほとんど要されなかった。一方で、ホームオフィス体制下では、情報共有に対して積極的な関与が求められることになった。しかし、自ら意識して、どのような情報を発信・獲得する必要があるのかを明確化することで、初めて必要な情報が情報技術を介して共有できるようになったのである。

　「従来であれば、受け身で良かったという部分がずいぶんあったと思うんですよ。そうではないですよね、今は。疑問点があれば、あえて自分が言わなければ誰も分かってくれないし、困ったことも自分で言わなければいけないわけですよね。そういう部分を積極的にね、どんどん発言していかないと、メールも打っていかないと自分が困ってしまう。そういう積極性というのが以前と比べるとあるんじゃないかと思います」（MR）。

　つまり、ホームオフィスの導入は、われわれが素朴に考えるような、オフィスを情報技術によって代替・補完するような試みではなかった。むしろ、情報技術を媒介するために単純化された組織活動は、それまでの複雑な組織

活動の多くをとりこぼしてしまい、それまでどおりの情報共有ができなくなる不自由なものでしかなかった。しかしながら、そのような状況下でこそ、彼らは自分たちにとって本当に必要な情報とは何かについての根元的な問いを喚起することができたのである。

　もちろん、彼らの組織活動のすべてが情報技術を介して行われるようになったわけではない。週に一度のミーティングも引き続き行われた。しかし、ここで注意しておかねばならないのは、それがオフィスに固有なコミュニケーションを情報技術によって代替し損ねた、ということではないことである。ブラウン=デュギド（Brown and Duguid, 2000）は、いわゆるペーパーレス化のように、情報技術を既存のメディアを代替するような対立的関係としてとらえようとすること自体が間違っているという。なぜなら、情報技術は紙という既存のメディアに特有な側面を見直すことにつながり、紙の使用は決してなくならないからである。実際、彼らは情報技術と同様にオフィスをも利用可能なリソースの一つとして位置づけ直し、うつむき加減であったミーティングについても積極的に関与するようになっていた。

「（ミーティングの日に）会うことの意味は、違うね。ぜんぜん違いますよね。意識を持っていないとダメですよね。ただ単に一緒に酒を飲むと。上司の悪口を言って酒を飲むと。それはそれでいいんだけど、そればっかりやっていたら絶対だめですね。今日はこいつから何か学んでやろうとか、こいつはああ言っていたからあのことについてもうちょっと詳しく話をしてみようとか。なんか意識を持ってやらないと、なんか目的を持ってやらないと、ことは前に進まないですよね。同じことをしょっちゅうくり返していたのでは、それは、やっぱり役に立たないですよね」（MR）。

　このように、情報の共有についてわれわれが抱く一般的な理解は、その根拠が脆弱なものでしかなかったということができよう。それは対面的状況で

第VIII章　ホームオフィス導入による組織変革：情報技術利用をめぐる意図せざる結果　213

伝達される情報は決して情報技術によっては代替しえないというテーゼである。たしかに、オフィスという対面的状況で得られるさまざまな社会的手掛かり（social cue）をもとに共有される情報はあろう。そして、何よりも共有しているという実感が得られる。しかしながら、それはオフィスという対面的状況だけが最も大事な情報を共有できることを必ずしも意味しなかった。有効な情報共有とは、情報技術のメディア特性に左右されるのではなく、どのような内容の情報を本当に共有すべきかという反省の下で初めて可能になるからである。

　「情報の共有というのはよく言われるんだけど、じゃあ、なんの情報を共有したいのかというね。情報の共有化という、そんな風な言葉でごまかされている。本当に必要としている情報ってなんなのか。どんな情報を共有したいのかというのを自分自身で考えておいたほうがね、的確にそこにアクセスできるんじゃないかと思います」（TL：支援研修での発言）。

2　新人の育成

　上記で検討してきた情報の共有は、ある程度、チームとして基本的な行動パターンを身につけた MR 同士の問題であった。しかしながら、これが新人の場合にはどうなるのであろうか。先行研究の理論的知見を借りれば、新人は経験的なスキルや行動規範などを熟達者と同じ場に居合わせることによって学んでいくことが指摘されてきた（松嶋他，1999）。知識伝承のためには Off-JT よりも OJT の方が重要であるというわけである。当然、同社においても新人育成については、ホームオフィスをめぐる最も大きな問題としてとりあげられた。そこで、新人については最初の 1 年目まではオフィスに通勤するという特別措置がとられた。ところが、実際には、たとえ新人がオフィスに出勤しても、そこには新人を育てるべきチームメンバーはいなかった。

「いままでは、チームで全部引き受けて、新入社員なんかの研修だけじゃなくて、常に先輩と色々摺り合わせながら成長していったわけですよね。そのようなところで、礼儀だとかそういうのまではいってきて、その結果として、また勉強だとかトレーニングだとか、それら全部を先輩と一緒にやってきたんですけど、今度はそういうのはTL一人にまかされるわけですから」（本社スタッフ）。

　ここで興味深いのは、これまでも地方の比較的広いエリアを担当するチームには、オフィスに毎日通勤することができない場合がすでに存在していたことである。彼らは、当然、ホームオフィスと同じような問題が生じていたはずである。ところが、従来までは、そのような新人は例外的な問題として「しょうがないということで放置されてきた」（MR）という。さらにいえば、基本的にそれぞれ異なった顧客を担当するMRの場合には、オフィスで過ごす数時間を除いては基本的に個人単位で行動することになる。つまり、ホームオフィス導入によって改めて新人の育成が問題としてとりあげられたのは、単にこれまでになかった変化が生じたからではない。そうではなく、それまでオフィスで育てられてきた人々が、新人育成について初めて自らの経験をみつめ直したからなのである。

「いや、だからおかしいなと思うのは、今までも新人に長期出張エリアを担当させているんですよ。エリアも小さいし、市場的にもあまりないということで。そういうときにはぜんぜん問題にしないで、ホームオフィスになったとたん、『いや、毎日会わなければどうするんだ』とかいう議論になる」（本社スタッフ）。

　その反面、それまで遠方のエリアを担当してきた新人は、他のメンバーの不安とは裏腹に、情報技術によるやりとりが可能になるホームオフィスに対して積極的な期待感を抱いていた。彼らは、それまでのオフィスを前提とし

た組織活動にもともと不便を感じていたからである。さらに、すでにオフィスで働くことに慣れはじめていた新人の場合にはホームオフィス導入について多少の不安を抱いていたものの、ホームオフィス導入後に採用された新人はそれほど大きな不安を感じてないという。

「まず、分かんないことは、絶対、聞くという習慣はつけていましたし。そこは相手のこと構わずにつかまえても。ですから、それだけそういうのに飢えているんだよ、といってもしょうがないという一言で済んでいたのが以前ですから。……ホームオフィスがはじまるというときには、なんか面白そうだなというのは、やっぱりありましたよね。この時点では、先輩達に愚痴を言ってもしょうがない、場所というのも宿命的なものだというのがあったんで、それが変わるというのは、ぜんぜん信じられなかったですよね」（遠方エリアを担当してきた新人MR）。

「（新人MRが）会社に帰っても、誰もいないんですよ。実際、いろいろ話を聞いてみると、メンター（教育担当者）の人なんかには電話しているみたいなんですけど、いないことが当たり前になっているから、別にホームオフィスって大変だなとは思わないみたいです。……ただ、待っている姿勢というのはないと思います。日々忙しいので、その場その場でクリアーしていかないと仕事はたまっていきますから。だから（TLや先輩を）つかまえて、すぐに聞いていると思います」（新人研修担当者）。

それゆえ、このような状況でまず彼らに真摯に受け止められたのは、実際にはオフィスがなくとも、それなりに新人は育ち、育てられるという事実であった。普段の何気ないやりとりを通じて育っていくことができない状況では、新人たちも自ら必要な助言を求めていくという積極性が醸成された。このような積極性は、これまでのオフィスを基盤にした新人育成ではみられなかったという。つまり、オフィスという場面で折に触れて新人の世話をみる

ことは、実際には、新人が自分自身で工夫していこうとする積極性を育むことを妨げてきたと考えることができるのである。

「もう、若い担当者なんかですと、質問も多いですし、こちらが聞いてもいやがらなくなりましたよね。これまでですと、先輩から言われ、企画課長から言われ、部長から言われ。そういうことが、毎日ね。うんざりするじゃないですか。(ホームオフィス導入後は、情報に)飢えてますから、お互いにね。表情から見るにつけ、違います」(TL)。

「もう管理する時代は終わったんだと思います。とくに私の場合、6時間もかけて(MRの担当するエリアに)行けないもんですから、毎日毎日。アドバイスみたいな形になってきたと。これならPC上でできますから、十分できると思います。……今のスタッフは優秀ですよ。基本的にあんまり頼らないで、自分たちの好きにやってアドバイス求めてきますから」(TL：全社的会議での発言)。

このような変化を受けて、従来の新人育成に対する態度を本当に変化する必要があったのは、育つ側というよりも、むしろ育てる側のTLやベテランMRであった。新人が自ら積極的に学んでいく姿勢を身につけたといっても、もちろん、それだけですべて必要な基本動作が身につくわけではない。通常、TLやベテランMRは、オフィスで「何となく、日々顔を見て叱咤激励して新人を教育してきた」という。ホームオフィス体制下では新人の側は自ら助言を求めて育っていく積極性を持つようになったが、その他方で、育てる側も自分たちが何を教えるべきかについてしっかりと見直す必要があったのである。下記のコメントは、ホームオフィスに関する全社研修において、ホームオフィスを早くから導入してきたTLが、ホームオフィス支援研修の場面で、ホームオフィスを導入したばかりのチーム(とりわけTLやベテランMR)に対して発言した内容である。

「是非ともお願いしたいのは、人材の育成というものをですね、ここにおられる方みんなに考えていただきたいんです。リーダーの方には部下を育成して欲しいですし、先輩の方々もどんどん教えていって欲しい。それで、『育成』ってどういうことかと言いますと、それは、自分が10年かかったことを5年間で下の人に授けることができたら、その（あまりの）5年分が『育成』と言うことになりますよね。そのレベルでいいと思うんですよ。自分が知っていることを早め早めに回す。そうすることによって、先輩から後輩に受け継がれていくし、受け継いだ人は早く成長していく。その積み重ねが、やっぱり力になると思うんです」
（TL：支援研修での発言）。

3　仕事プロセスの管理と評価

　次にとりあげる場面は、折に触れて仕事プロセスを観察できないホームオフィスでは、管理者が部下の仕事を管理したり、評価することが困難になるのではないかという問題意識である。とくに、チームで仕事をしている場合や、仕事の結果だけでなくきちんとそのプロセスを観察して、それを管理し、評価することが求められる場合には、情報技術では評価に十分な情報が得られないのではないかととらえられた。さらに、一部の人々がより多くの時間を上司と面と向かって接するような場面では、昇級や昇進に不公平がもたらされてしまうのではと危惧されたのである。オフィスの近くに住むMRだけが会社に立ち寄ることによって、TLによる評価に不平等が生じてはならない。それゆえ、全員が一同に集まるミーティングの日以外には、たとえオフィスと同じ建物の上階にある社員寮に住んでいたとしても、出社することは基本的に禁じられることになった。

　製薬業界において、MRの業績評価は1日当たりの顧客面談数に大きなウェイトが置かれてきた。それは、エリアごとに編成されたチーム営業では相互依存的な部分が多く、売上げなどの最終的成果として、個別に彼らの営業活動の結果を判断できなかったからである。ところが、近年の医療環境の変

動とともに顧客面談数だけではMRの行動を把握できなくなっており、仕事プロセスそのものの評価が求められていた。従来までは、同社の場合はMR一人ひとりの顧客面談数やチーム単位での業績に加え、TLはオフィスでの面談や何気ないやりとりを通じて、さらには、時に営業先への同行を通じて、MRの仕事プロセスを何とか把握しようとしてきた。反面、その内容は「TLによるイメージ的なもの」(本社スタッフ)に頼ってきた部分も多かったという。

ところが、すでに検討してきたように、オフィスで何気なく探りあう情報共有ではなく、MR一人ひとりが意識的にどのような情報が必要なのかについてしっかりと明確化する過程で、自分たちの活動内容について反省的に表現できるようになっていた。そして、TLはMRによって書き込まれたコンピュータ・ネットワーク上の情報を参照することで、仕事プロセスの内容を観察できるようになったのである。あるTLは、ホームオフィス導入によって初めて「MRの行動がガラス張りになった」という。

　「一番大切な最前線でどういう仕事をしてくれているかということが分からなければホームオフィスやっててもしょうがないですよ。失敗しますよ。……そこまで(MRの)技術的な作業面までを見ることができるホームオフィスだったら成功。見えないけど、きっちり見えるような工夫とかの工夫のために、PCネットワークがあるんですから」(TL)。

ここで、TLがMRの仕事プロセスの内容を把握し、評価をすることができるようになったのは、MRによって反省的に明確化され、言語化された情報を、TLが一方的に参照できるようになったからではない。その過程で、評価する側であるTLらもイメージ的にMRの仕事プロセスを洞察するのではなく、何を評価すべきなのかをしっかりと反省することにつながったという側面を見過ごしてはならない。実際、TLらは口々に、最もその仕事内容が変化したのはTL自身であるという。

このような動きを受けて、本社としても MR の業績評価に対する顧客面談数の比重を見直しはじめた。情報技術によって具体的な仕事プロセスが把握でき、それを評価できるようになるのであれば、直接その内容を人事考課に用いた方が理にかなっている。実際、医療法の改正や外資系企業の参入などの環境変化に伴って、顧客面談数と営業成果は必ずしも相関しなくなっていた。MR の業績評価として顧客面談数にあまりにも大きな比重を置くことは、MR にそのような重要な変化をみすごさせてしまう。さらに、実際の営業内容より顧客面談数へのこだわりを助長するという意味では、むしろ悪しき慣習であるとさえいえるのである。

4　チームの規範と集団意識

　ホームオフィス導入当初には、オフィスで顔を合わせることが少なくなればチーム意識が薄くなるのではないか、つまり、チームの規範が希薄になることで極端な個人主義に陥り、チーム単位での足並みを揃えた営業活動に齟齬をきたすのではないか、と危惧されていた。安川 (1998) によれば、社会心理学における電子コミュニケーションに関する諸研究では、対面的状況でこそ良好な人間関係を構築しうるという理論前提が垣間見られ、それは、われわれがこれまで対面的状況（身体的近接、対面的相互行為、会話、そして非言語的コミュニケーション）を通じて構築してきた、たとえば友情や結婚という、長期的に安定で、親密な人間関係を偏重している証左であるという。たしかに、企業においても、ビジョンを強く共有した組織が競争に強い文化をつくり出すことが指摘されてきたし、そのために直接顔を合わせる場面でのさまざまなやりとり（たとえば、ヒューレット・パッカード社の遊歩管理や、IBM 社のオープン・ドア・オフィス）が含意されていた (Peters and Waterman, 1982)。

　ホームオフィス導入によってチーム意識が希薄になるのではないか。このような不安は、これまで検討してきた場面と同じように、組織活動がすべてオフィスという対面的状況で営まれてきたことがその背後にある。オフィスにおける、直に顔を合わせた、何気ないやりとりを通じた、情報共有や新人

育成、仕事プロセスの評価。ホームオフィスが導入されるまでは、このようなスタイルは長年の経験によって培われてきた組織化の原則であり、それは、時に彼らの本業である営業活動よりも優先すべきものであった。

「顧客のホットタイムというのが必ずあるはずなんですよ。先生（医師）が（診察を終えて）ほっとしている時間とかね、夕方ゆっくりされている時間とか、あるはずなんですよ。その時に、会社に帰らなければいけないと。課長が待っていると。お小言を言うために。それで、あわてて帰る例も多いですからね。（帰社のルールは）決めてませんでしたよ。でも、ほとんど直行直帰はいなかったです。通常ですと、みんな帰ってきてました。……それを当たり前だと思っているからですよ。だってホームオフィスを実施しなければ、それが一応、会社の、文書にはなっていないですけど決めごとみたいな感じでしょ、どこの会社でも。逆に言って、会社に帰ってこない人間は何をやっているか分からないと言われていた時代ですもんね」（TL）。

このようなチームにおいて、MRが一人前のチームメンバーになったということを示す試金石となるのは、さまざまな組織活動が営まれるオフィスでうまくふるまえるようになることである。つまり、「あまり波風をたてず」「あうんの呼吸で仕事ができる」ようになることが一人前になるということであり、そのような規範の下でチームは「5人組」のような相互監視装置として機能してきたのではないかという（MR）。

「私のときにはホームオフィスなんかありませんでしたから。同じフロアにいまして、なんか分からないことを教えていただいたり、それから、ちょっとつまんなそうな顔をしていると、頭たたかれて『飲みいくぞ』と飲みに連れてっていただいたり、そうやっていろんな形で教えていただいて。そういう、顔をあわせたつながりというのがですね、そういう

のが昔はあったんですね。で、ホームオフィスの場合、そういうのをどうするかというのは、私も経験がないんで、わからないなあと思いますね」(本社スタッフ)。

　ところが、ホームオフィス体制下では、彼らはそのような対面的状況を通じた協調によってチームを維持することができなかった。情報技術を介した情報共有には、現場で働く一人ひとりの積極的な発言が求められ、新人は助言を待つというよりは自分たちが必要とする助言を積極的に求めていく必要があったからである。そして、リーダーも叱咤激励しながら新人を育成するというスタンスではなく、一転して、本当に伝えるべき自らの経験をしっかりみつめ直し、それを言語化していく必要があった。
　しかしながら、それは彼らが当初危惧していたようなチームの足並みを乱す個人主義に陥るわけではなかった。なぜなら、一人ひとりが情報技術を通じて自らの要求を発言するためには、かえって一人ひとりが自分たちのチームの戦略を深く考えることになったからである。たとえば、あるチームでは、月間テーマとして主力商品を決めて（その他のものについてはある程度は各自の判断に任せ）、その商品を売り込んでいくための営業戦略やその反応に関する議論を繰り返し、その主力商品に対する営業活動を調整していくという活動が観察された。このような活動を通じて、一人ひとりがこれまでほとんど意識的に考えてこなかったチームについて強く意識するようになったのである。

「チーム意識というのは、確実に前より上がっていると思うんですよ。当初は、しょっちゅう会えないだけに（チーム意識が）希薄になるという心配があったわけですよね。だけど（月曜に行われるミーティングの日を除いて）火曜日から金曜日まで離れている分だけね、余計に各自がチーム意識を持たないとね。自分たちにとって何が必要で、どのようなことができるのか。（チームに対しても）以前より増して愛着持たないと、もう、これは失敗しますよ。絶対だめですよ」(MR)。

このように、彼らのチームをめぐる規範は、対面的状況を前提として相互に監視する集団ではなく、一人ひとりが声を出し自分たちのチームの再定義を繰り返す集団となった。ホームオフィスによってチーム意識が希薄になるのではという当初の不安はオフィスでの活動を前提としたものであった。たしかに、オフィスと同じようなチームの規範は、情報技術によって代替できなかったかもしれないが、情報技術を介して形成されるまったく新しいチームの姿が現れたのである。

　近代の特徴を時空の分離による再帰性の徹底化としてとらえるギデンズ（Giddens, 1990）は、広義の情報化に典型的にみられるような脱埋め込みメカニズムの登場によって、対面的で属人的な親密性への信頼に基づいた社会関係にかわって、抽象的なシステムへの信頼に基づいた社会関係が再構築されていくことを指摘する。それまでほとんど意識的に考えてこなかった、自分たちのチームの定義をめぐる彼らの取組みは、オフィスという状況で何気なく感じてきた一体感や信頼関係に代わって、ギデンズがいうような抽象システムを構築していこうとする活動であったと考えることができる。実際、このようなチームの規範や集団意識についてのとらえ方の違いは、ホームオフィス・チームに異動してきたMRによれば、まさに「カルチャーショック」として真っ先に感じとられたことだという。

5　ディスカッション：ホームオフィスを成功に導いた批判的意識

　以上、大塚製薬のホームオフィス導入をめぐるフィールドワークを通じて、オフィスに埋め込まれていた組織慣行が、ホームオフィスへの取組みを通じて再構築された過程について具体的に検討してきた。もちろん、筆者が検討してきた場面は、当事者自身が反省的に導いた行為の変化について、とくにホームオフィスの一般的理解とは反する結果を導いたものを焦点化したものである。それぞれの場面は、われわれ観察者が抱く理解の下に切り取られた

に過ぎない。しかしながら、フィールドワークの成果としては、そのようにわれわれ自身が自明視してきた経験的・理論的なテーゼが、実は何ら確からしいものではなかったこと、そして、ホームオフィスの導入や情報技術の活用とともに、われわれが自明視してきた組織活動には異なったあり方があるという代替可能性を提示することが重要なのである。つまり、イノベーションを理解するということは、理論のイノベーションをも伴う。これが、意図せざる結果の分析には、当事者の反省過程と観察者の反省過程の双方を分析対象にすることの方法論的含意である。

　さて、ホームオフィス導入によって導かれた変化の方法論的な全体像を振り返ったのは、観察者たる筆者だけではない。なぜなら、フィールドワークの終盤では、このようなホームオフィス導入を契機にした反省的な経験そのものが、当事者自身にとって反省の対象となっていたからである。そこでは、ホームオフィスや情報技術の活用の場面のみならず、それまで自明視されていた組織慣行を意識的に再点検する批判的意識の芽生えこそが、彼らにとって最も大きな変化として位置づけられた。そして、それがさらなる行為の変化を導き、ホームオフィスの最終的な成果を左右していたのである。以下、ホームオフィスを成功に導いた変化として語られた内容は、一見すると情報技術やホームオフィスを活用せずとも、十分に可能な身近な工夫や変化があることに注目していただきたい。

　「月曜日のミーティングを火曜日にしたんですよ。月曜日はどこのメーカーさんもミーティングしていますんで、(他者のMRとの競合を気にしなくてもよいという意味で) 非常に効率がいいと。そのような月曜日というのを固定概念からはずせばいいということで。……じっさいホームオフィスにしなくてもそれはできるんですけど、そういう発想が僕ら、なかったんですよね。単純なことで。本当は努力したら、アイデアを絞ったら出てきたのが、もう固まってしまっていたという感じがあるんですよね。やっぱりホームオフィスになってから、今回そういうかたちでいろ

いろ新しい顧客というか、今まで見過ごしてきた、無視してきた人たちとも会おうという努力をしだしたと思うんです。本来していないといけないんですよ、ホームオフィスしていなくても。でも、これは、現場の人間ができていたかというと、できていなかったんですよ」(TL)。

「うちの方ではじめたのは、1日に2人で顧客に会おうというのをしまして。これがホームオフィスとどう関連しているのかというと難しいんですけど。ただ、ホームオフィス導入しなければ、そういうの（担当エリアの顧客に対する営業活動を専任するという組織慣行）は消えなかったと思いますので、そういう意味でこれはホームオフィスと関連あるのかなという気がしますね。……（ホームオフィス導入前は）それぞれが与えられたエリアをただ単に回って、言われたことをやっていればいいというのがあったんで」(MR)。

「（ホームオフィスは）訪問回数が何回になったとか、病院でのドクターとの面談回数がどうなったとか、そんなんじゃないと思うんですけど。たとえば、稼働が同じでも、おそらく接する顧客の面談時間というのが長くなっていると思うんですよ、絶対的に。顧客と僕らが接しやすい時間に僕らは面談しようとしてますから。当然、今まで3分で済んでいた、もしくは立ち話だったところが、ゆっくりと顧客が椅子に座ったときに話ができると。そういうところは、（ホームオフィスを行動効率の向上という観点から捉えているのでは）なかなか分からないんじゃないかと思いますね」(TL)。

もちろん、これら再構築された組織活動一つひとつの変化は誰にでも模倣可能なものであり、とりわけ、われわれ観察者からみればとるに足らないほど小さな変化かもしれない。しかしながら、その背後には、自明視された組織慣行を批判的に検討し、それまでよりずっと有効な組織活動を導き出して

きた批判的意識の醸成をうかがうことができるのである。

「成功例の共有をいくらやっていっても、市場は間違いなくダウンしているわけですから、いくら頑張ったって、成功例をいくら導入していったって、市場は落ちていきます。それにリンクして落ちるしかない状況になってきます。その、進化のきっかけとなるものがホームオフィスであったり、新しいチーム制での運営方針だとか運営方法だとか、医薬営業を含めたチームでの新しいシステム作りだとか、いろんなことが考えられると思います。こういう新しい何かというのを、少しずつみなさんに身につけていただければいいと思うんです。大きな変化じゃなくて結構なんです。変えようという努力であったり、変えてみようという気持ちがあれば少し対応できると。少し、目に見えない変化を少しずつでもしていけば、ちゃんと生き残っていけると思う」（本社スタッフ：支援研修での発言）。

　実際、ホームオフィスを導入したチームでは、導入当初に期待されていたような行動効率、つまり1日当たりの顧客面談数の増加については必ずしも期待どおりの成果が得られたわけではなかった。地理的にも密集している日本の場合には、直行直帰による時間的、距離的なメリットは、北海道などの広大なエリアや、観光名所が集中し観光シーズンには交通事情に悩まされていた特殊なエリア以外には、基本的に得られなかったからである。ところが、行動効率の向上という側面では芳しい成果が得られなかったにもかかわらず、エリア内でのシェア拡大や新規顧客開拓などの業績向上が、ホームオフィスを導入したチームと導入していないチームの間には有意に現れていたのである。

6　おわりに

　本章では、企業におけるホームオフィスの導入の場面を通じて、現場で働く人々が情報技術を試行錯誤していく中で、それまで自明視してきた組織慣行を反省的に再構築する過程を、具体的に検討してきた。最後に、これまで検討してきたフィールドワークの場面から、その背後にある情報化の設計原理に今一度立ち戻り、情報技術の利用が組織変革につながるメカニズムをまとめておこう。

　冒頭でも簡単に触れてきたが、これまでの企業の情報化の背後にある設計思想は、根源的な組織変革を目的としていなかった。企業における情報技術利用についての一般的理解は、われわれの日常の組織活動を情報技術によって代替・補完することによって、企業システム全体の効率化を追求することであったからである。ブラウン=デュギド（Brown and Duguid, 2000）は、このような情報化の背後にある設計思想をトンネル・デザイン（tunnel design）と呼ぶ。なぜなら、そのような情報システムは、実際には情報システムの設計者が抱く、組織（や情報）とはこのようなものであるという、何かしらの単純化された理解（トンネル・ビジョン）の下で設計され、実際に現場で働く人々が埋め込まれている社会の周辺にある曖昧な要素（コンテキストやバックグラウンド、歴史、共有された知識、社会的なリソース）をすべて置き去りにするからである。

　コンピュータ・認知科学者であるノーマン（Norman, 1988）は、このように技術デザイナーが、実際にそれを利用するユーザーが埋め込まれているさまざまなコンテキストを置き去りにすることによって、デザイナーが意図して設計した以外の使われ方をしてしまうことをヒューマンエラーと呼んだ。そして、そのようなエラーを避けるためには、ユーザーが埋め込まれているすべての状況要因を考慮して技術のデザインをするか、あるいはある程度、ユーザーの側から本来の技術デザインに合わせて修正できるような柔軟性を

デザインに持たせる必要があるという。このように、これまで企業の情報化は、俯瞰的に既存の企業システム全体の効率化を追求することが企図されており、そこでは、ユーザーが埋め込まれた社会慣行やその多様性は解決されるべき要因でしかなかったのである。

その一方で、同じくコンピュータ・認知科学者であるウィノグラード=フローレス（Winograd and Flores, 1986）の見解は、ノーマンとは若干異なる。彼らは、ユーザー自身が情報技術を主体的に設計し、利用することによって置き去りにされてしまった組織慣行が、意図せざる結果を契機に初めて意識的に点検されうることを、哲学者ハイデガーにならってブレークダウンと呼んだ。たしかに、このようなブレークダウンはある意味では技術デザインの失敗であり、ノーマンがいうヒューマンエラーである。しかしながら、それは自明視した組織慣行に光を当て、行為の新地平をひらく契機としてとらえることもできるのである。同様に、情報技術の利用などを通じて自明視された存在基盤に対する反省が喚起されることを、ルイス=サットン（Louis and Sutton, 1991）は認知ギアの切り替え（cognitive gear switching）と呼び、ウールガー=グリント（Woolgar and Grint, 1991）はこのような文化レベルでの転換こそがコンピュータ化をめぐって注目されるべき最も重要な事象であると指摘する。

実際、近年の企業の情報化をめぐる争点は、専門化されたシステム設計者が俯瞰的に設計するような情報システムのみならず、現場で働く一人ひとりが設計主体となり、さまざまなローカルな文脈に応じてカスタマイズするものへとシフトしている（Yates and Van Maanen, 2001）。また、この点こそが、さまざまな技術事象一般とは区別される、デジタル・ネットワーク技術を基本とする「IT」の社会的形成過程をめぐる事象の固有性でもある（原, 2001）。このような企業の情報化が目的とすることは、俯瞰的な技術デザイナーによって組織活動の効率化を求めることだけではない。そうではなく、筆者のフィールドワークを通じて検討してきたのは、ホームオフィスが導入された現場で働く一人ひとりが自らの意図の下で情報技術の利用法をデザイ

ンし、その結果として直面する意図せざる結果を契機に、それまで不問にされてきた組織慣行を反省的に再構築することによって、根源的な組織変革が導かれることであった（松嶋, 2001）。

　そして、このような場面では、同じく社会慣行に埋め込まれながら理論を構築してきたわれわれ観察者に対しても反省的な分析実践が求められることを、最後にもう一度確認しておこう。このことは、驚きに満ちた本章のフィールドワークが具体的に示してきた。もちろん、筆者の立場は、大塚製薬においてホームオフィスが導入されたチームの中でも、うまく成果に結びついたチームにおける反省過程を分析の準拠点にしたものである。実際には、ホームオフィスを導入していない営業チームによるホームオフィスの評価はまた異なっていたし、ホームオフィス導入に伴う働き方の変化が関連する他部門とのコンフリクトを招いている場面もみられた。今後は、このような位相にも焦点を合わせ直し、情報技術の利用が引き金になって生じるさまざまな利害集団間の政治過程を探っていく必要がある。企業の情報化をめぐる組織変革という事象は、このように、われわれ観察者自身の常識や既存の理論命題を再検討するためのフィールドとしても注目すべきなのである。

引用文献

馬場靖雄「構成と現実／構成という現実」中河伸俊・北澤毅・土井隆義編『社会構築主義のスペクトラム：パースペクティブの現在と可能性』ナカニシヤ出版、2001 年、pp. 43-57.

Brown, J. S. and Duguid, P., *The Social Life of Information*, Boston, Mass.：Harvard Business School Press, 2000.

Giddens, A., *The Constitution of Society : Outline of the Theory of Structuration*, Polity Press, 1984.

Giddens, A., *The Consequences of Modernity*, Polity Press, 1990.（松尾精文・小幡正敏訳『近代とはいかなる時代か？：モダニティの帰結』而立書房、1993 年）

Giddens, A., *New Roles of Sociological Method*：*A Positive Critique of Interpretative Sociologies*, 2nd ed., Century Hutchinson, 1993.（松尾精文・藤井達也・小幡正敏訳『社会学の新しい方法基準：理解社会学の共感的批

判』〔第 2 版〕而立書房、2000 年

原拓志「『IT』の社会的形成：序論的考察」『国民経済雑誌』第 184 巻第 1 号、2001 年、pp. 53-70.

加護野忠男『「競争優位」のシステム：事業戦略の静かな革命』PHP 研究所、1999 年

Louis, MR. and Sutton, R. I., "Switching cognitive gears : Habits of mind to active thinking," *Human Relations*, Vol. 44, No. 1, 1991, pp. 55-76.

松嶋登「テレワークがもたらす重層的組織変革の可能性：大塚製薬におけるホームオフィス導入事例の理論的・実証的考察」神戸大学大学院経営学研究科博士課程モノグラフ＃9825、1999 年

松嶋登「現場の情報化を捉える論理：経営情報論の存在論的検討と新展開」『六甲台論集―経営学編』第 47 巻第 4 号、2001 年、pp. 51-71.

松嶋登・上野山達哉・木村水早子・金井壽宏「組織変革過程における新人の適応と育成：ホームオフィス実施下の組織における事例研究」『神戸大学大学院経営学研究科研究年報』XLV、1999 年、pp. 155-237.

Norman, D. A., *The Psychology of Everyday Things*, New York : Basic Books, 1988.（野島久雄訳『誰のためのデザイン？：認知科学者のデザイン原論』新曜社、1990 年）

Peters, T. J. and Waterman, R. H., *In Search of Excellence : Lessons from American's Best-Run Companies*, New York : Harper & Row, 1982.（大前研一訳『エクセレント・カンパニー：超優良企業の条件』講談社、1983 年）

Winograd, T. and Flores, F., *Understanding Computers and Cognition : A New Foundation for Design*, Norwood, N. J. : Ablex Publishing, 1986.（平賀譲訳『コンピュータと認知を理解する：人工知能の限界と新しい設計理念』産業図書、1989 年）

Woolgar, S. (ed.), *Knowledge and Reflexivity : New Frontiers in the Sociology of Knowledge*, London : Sage, 1988.

Woolgar, S. and Grint, K. "Computers and the transformation of social analysis," *Science, Technology and Human Values*, Vol. 16, No. 3, 1991, pp. 368-378.

安川一「サイバースペースへのアプローチ：CMC をどう思考するか」『一橋論叢』第 120 巻第 4 号、1998 年、pp. 586-598.

Yates, J. and Van Maanen, J. (eds.), *Information Technology and Organizational Transformation : History, Rhetoric and Practice*, Thousand Oaks, Calif. : Sage Publications, 2001.

参考文献

Grint, K. and Woolger, S., *The Machine at Work : Technology, Work, and Organization,* Cambridge, UK : Polity Press, 1997.

終 章

経営学における行為主体の自律性と外部環境
：制度理論からの検討

1 はじめに

　この章では、経営史を含めた広義の経営学に置かれた前提まで遡って検討したうえで、前章までの経験的分析の背景について、考えていきたい。

　ここで中心的にとりあげるのは、個人や企業組織といった個々の行為主体（agent）と、それらを取り巻く外部環境との関係である。企業活動を遂行するにあたって、各行為主体は独立した意志に基づいて、自律的に行動する存在としてみなすべきなのか。それとも、結局のところ、自らの外部に存在する何らかの力によって、行動を規定される存在であり、きわめて限られた範囲でしか自律性を発揮することができないのか。これが本章の基本となる問題である。

　一見すると、多くの読者にとってあまり関係がなさそうな問題を、ここで議論する意味について、最初に触れておいた方がよいかもしれない。経営学に関心がある方の中には、さまざまな理論が存在して、「どれが正しくて、役に立つのかわからない」と感じている人もいるだろう。経済学などとは違い、経営学では、テキストによって書いてあることが相当違い、何を知れば学んだことになるのか、よくわからなかったりする。

　この種の問題意識に対して、本章では次のような視点に立って考えていくことにしたい。その一つは、さまざまな社会科学の「理論」は物事を見たり考えたりする際に不可欠であると同時に、絶対的に正しい唯一のものはないという点である。理論とは、物事を見るための枠組みであり、そのような枠

組みがなければ物事を理解することはできない。また、その種の枠組みとしては、さまざまなものがある。このように考えると、異なる複数の「理論」が存在しているのはむしろ自然であり、逆に一つの理論だけが重要視されている状況では、物事を見るための他の枠組みが知らぬうちに切り捨てられているといえる。

　さらに重要なのは、表向きは異なるように見えるさまざまな理論も、もう一段遡って考えると、ある共通した視点に立脚している点である。このようなさまざまな理論の基盤となる見方や考え方は、その位置づけから「メタ理論」と呼ばれることもある。「メタ理論」は、論者が明示しなかったり、依拠する論者自身が意識しない場合すらあるために、検討されることはあまりない。しかしながら、「メタ理論」は物事を考える際の基盤となることから、きわめて重要な意味を持っている。

　先に記した本章の主題は、この「メタ理論」にかかわる問題の一つである。詳しくは後述するが、ふだんは目にすることが少ない「メタ理論」について考えることは、単に学術的な世界の中だけで意味があることではなく、経営学に関心がある方々が理論を学んでいくうえでも、また実際の企業経営について思考を進めるうえでも、重要な示唆を持つ。「メタ理論」は、学術的な理論のみならず、日常生活で物事を考えるうえでも、密かに使われていることが少なくないからである。

　以下では、経営学の「メタ理論」として、行為主体の主体性を重んじる「主意主義」と、外部環境からの規定関係に焦点を当てる「決定論」が存在することを示し、後者の立場が支配的であったことを、まず確認する。次に、決定論に立つ見方に存在する問題を示したうえで、両者の発展的融合をはかる方策とその意義について、本書の他の章での議論とも合わせて、考えていくことにしたい。

2　経営学の2つの視座：主意主義と決定論

1　理論が持つ視点[1]

初めに、一般に、われわれが物事を見たり考えたりする場合には、必ず何らかの枠組みに基づいているという点について、簡単に見ておこう。

図IX-1を見ていただきたい。読者には、この図は何を示しているように見えるだろうか。しばらく考えて、何かが見えた時点で、次に進んでいただきたい。

ある人には、立方体を横から見た図に見えるだろう（図IX-2a）。立方体を上から見た図に見えた人もいるかもしれない（図IX-2b）。あるいは、図の外延部を辺とする平面の六角形として見えた人もいるだろう。3つの図形のうち、どれが見えたとしても、あるいはこれらと異なる第4の図形が見えたとしても、かまわない。まず重要なことは、「何かが見える」ということである。

次に、図IX-1に戻って、最初に見えなかった2つないし3つの図形を自分で見てほしい。それぞれの図形を見ることができただろうか。見えたのであれば、さらに自分で最初に見た図形を含めて、すべての図形を順に見ていってほしい。簡単に切り替えて見ることができただろうか。多くの人々にとっては、ある図形を見た後に他の図形を見ることは、なかなか難しかったのではなかろうか。

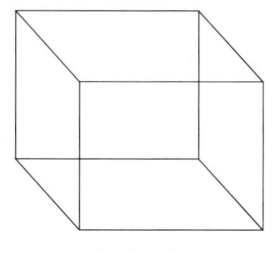

図IX-1

図Ⅸ-2 回 答 例

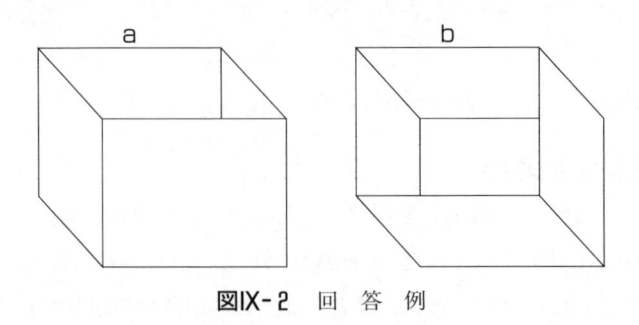

　以上の作業からまずわかることは、われわれは物理的に存在するものをそのまま見ているのではなく、ある枠組みに当てはめて解釈することを通じて、物事を理解しているということである。何かが見えるということは、事前に持っている枠組みによって、ある特定の「視点」から事象を考察する一方で、他の「視点」からの有り様は考慮せずに切り捨てているのである。逆にいえば、何の枠組みもなければ、そこから何も見ることはできない。また、先の図形をさまざまな角度から見ることが難しいことからわかるように、複数の枠組みを適宜使い分けることも、実際には難しい。

　実は、われわれが講義や書物などさまざまな場面で接する「理論」とは、このような物事を見るための枠組みの一種である。このことから、以下の2点が明らかになる。

　第1に、何らかの「理論」に基づいて、はじめて身の回りや世の中で生じている事象を理解できるという点である。言い方を変えれば、「理論」に基づかなければ、目の前で生じている出来事ですら、秩序立てて理解することはできない。

　このような主張に対しては、「理論という大袈裟なものを使わなくても、いろいろな事柄など理解できる」という反論があるかもしれない。しかし、その種の反論に対しては、明確に意識されていなくても、次の2つのいずれかのかたちでやはり「理論」は使われているといえる。その一つは、過去に考え出された学術的な理論が、時間をかけて社会に浸透して、その結果とし

て、知らないうちに身についている場合である。このようなことは意外と多い。たとえば、ある町の商店のサービスが悪いときに、「店が少なくて競争がないから、だめなんだ」などと考えるならば、現在主流となっている経済学での考え方を自覚せずに使っているのである。もう一つは、学術的な理論を使う代わりに、自分たちでつくり出した「理論」を使っている場合である。経験則などはこれにあたる。このような「理論」は「日常の理論（theory in use)」としばしば呼ばれることからも推察されるように、必ずしも学問的な裏付けはないものの、日常的には、学術的な理論と同様に機能している。

第2に明らかになるのは、さまざまな理論の中で、唯一絶対的に正しいものが存在するわけではなく、各理論は、依拠する視座（perspective）によって、異なる側面を映し出すための枠組みに過ぎないことである。もちろんさまざまな言明が、何でも正しいというわけではない。ここで主張したいのは、どれだけ厳密に考えたとしても、ある特定の理論的視座だけが正しく、その他の理論はすべて誤っていることはないという点である。

このような見方は、学校の試験に代表されるように、唯一の正しい解が存在するとする世界観の下で、その正解探しをしがちであるわれわれには、違和感があるかもしれない。しかし、正解は固定された視座、あるいは閉ざされた世界観の中ではじめて存在するものである。その前提となる視座なり枠組みが異なれば、まったく同じ状況を見ていたとしても、映し出される様相は異なってくる。

以下では、社会的な事象には複数の異なる見方が存在するという視点に基づいて、経営現象を考察する際の前提に置かれてきた2つの代表的な視座について検討していこう。

2 主意主義と決定論

経営学ではこれまでに数多くの理論が提起されてきた。当然ながら、個々の理論は異なる側面に注目しており、細部まで一致することはない。しかしながら、経営にかかわるいかなる議論でも、少なくとも暗黙的には、ある問

題について何らかの仮定を必ず置いたうえで議論が展開されている。表向きにはまったく異なるように見える議論の間でも、この点では共通している。

このような、諸理論の根底にある「メタ理論」ないし「軸」としては、複数のものをあげることができるが、ここでは、経営学のみならず、社会科学全般において、長年にわたり議論が行われてきたという意味で、最も基本的な「軸」をとりあげることにしたい。それは、「個人や企業組織といった個々の行為主体と、それらを取り巻く外部環境との関係」である。

「行為主体と外部環境との関係」という点で、諸理論の基盤とされる社会観は、大きくは2つに分けることができる。

その一つは、個人をはじめとする行為主体はそれぞれ自由な意志を持つ独立した存在であると考え、外部環境（ないし社会）はあくまでもそれらの独立した行為主体によってつくり出されるものに過ぎないという視座に基づいている。ここでは、分析の焦点は個人などの行為主体側とその意志に当てられており、外部環境は行為主体に従属するものとしてみなされる。このような見方は「主意主義（voluntarism）」と呼ばれる（図IX-3a）。

他方、外部環境・社会に分析の焦点を当てる見方もある。この場合、個々人や各企業組織は外部環境によって行動が規定されていると考える。ここで想定されている個人とは、各々の裁量はきわめて限定されていて、せいぜい自らの行動が周りを取り巻く環境から判断して適切かどうかを見極めるだけという受動的な存在である。環境によって行動が規定されるという立場をと

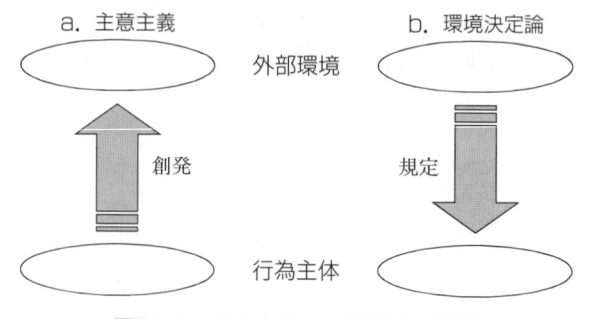

図IX-3　行為主体と外部環境の関係

ることから、このような見方は「環境（社会）決定論（environmental determinism）」と呼ばれる（図IX-3b）。

　決定論に立つ場合、個々の行為主体が自らの自由意志（free will）によって行動できる可能性は、残されていない。仮に不適切な行動を「自由」にとったならば、外部環境によって淘汰（selection）され、環境から見て適切な行動をとったものだけが生き残ることができると考えるからである。

　これら2つの対立する考え方が存在する点については、日常的な感覚からも理解できるだろう。封建社会でもなく、独裁社会でもない社会に生きるわれわれは、自分の行動のすべてが自分を取り巻く状況によって規定されているとは、普通考えない。その一方で、自分が思うままに常に行動できないとも考えている。

　ものを買う場合を考えてみると、よりわかりやすいかもしれない。たとえば自分の趣味で使う商品のように、強制的に買わされているのではなく、自分の好みに応じて、つまり自分の意志で選択していると感じる場合は少なくない。その一方で、パソコンの操作自体に何の喜びも感じないとしても、多少は使えるようにならなければ、これから生き抜いていけないからと、パソコンをしぶしぶ買う場合だってある。

　ただし、日常生活であれば「どちらもある」ですむかもしれないが、理論として考える場合には、場当たり的に対処することはできない。前述のように、理論という枠組みを通じて、ある特定の像を直面する状況から映し出すためには、ある特定の視点を固定しなければならないからである。

3　経営学における主意主義と決定論

　経営学ないし社会科学全般には、以上で記した主意主義と決定論という行為主体と外部環境との関係について根本的に異なる2つの見方が存在してきた。このうち、これまで経営学で主流を占めてきたのは、簡単にいってしまえば[2]、決定論的視座である。

　ここでは、決定論的視座が経営学で重要な位置づけを占めてきたことを、

これまでに経営学で注目された2つの議論を通じて、確認していきたい。具体的にとりあげるのは、経営組織論のコンティンジェンシー理論 (contingency theory) と、経営戦略論の産業構造分析である。

（1）　コンティンジェンシー理論

コンティンジェンシー理論は、1960年代から80年代にかけて、国内外で活発な研究が展開された組織理論である。この理論の特色は、①組織の組立て方に唯一最善のものはない、②どのような組織の組立て方も同じように有効ではない、という2つの前提の下で、「組織を取り巻く環境の性質によって、成果・業績が高い組織の組立て方は異なる」という命題を共有する点にある。コンティンジェンシー理論の名称は、最適な組織のあり方が環境に依拠する (contingent on) ことに由来しており、日本語では「環境適応理論」と訳されることもある。

コンティンジェンシー理論の代表的な論者であるローレンスとローシュ (Lawrence and Lorsch, 1967) は、市場の変動や技術革新といった各企業が直面する外部環境（タスク環境）の不確実性によって、適切な組織の分化 (differentiation) と統合 (integration) の方法が異なるとした。技術や市場の不確実性が高い場合には、研究開発といった部門は生産部門などよりも迅速かつ適切に対応しなければならない。そのような状況では、部門を取り巻く状況に合わせて分化をさせるとともに、その分化した各部門を組織全体として適切に統合することができた企業は、高い業績を上げることができる。逆に技術や市場がそれほど不確実ではない場合には、高度な分化と統合の必要はないし、仮に採用したとしても、複雑でコストがかかることで業績に悪影響を与えるだけになる。

経営史家であるチャンドラー (Chandler, 1962) も、ローレンスらが指摘するように、主著の一つである『経営戦略と組織 (*Strategy and Structure*)』において、コンティンジェンシー理論と同様の枠組みを用いて議論を展開している。同書では、ゼネラルモーターズやデュポンといったアメリカの大企業で事業部制組織が採用される歴史的過程が、詳細に分析されている。その結果

として提起されたのが、「組織は戦略に従う」という著名な命題である。

この命題からだけでは、チャンドラーの主張はコンティンジェンシー理論で想定される図式と必ずしも一致しないように見えるかもしれない。しかし、チャンドラーは、最終的に組織変革を引き起こすもととなった戦略を当時のアメリカ企業がとった理由を、人口や所得の増大と技術革新によって成長の機会がもたらされたことに求めている。つまり、「外部環境→経営戦略→組織構造→企業の成果」という因果関係を考えていたという点で、学問的な系譜は異なるものの、コンティンジェンシー理論的な枠組みが採用されていた。

この他にも、コンティンジェンシー理論には、採用された生産技術に着目するなど、外部環境と組織化の方法それぞれに関して重視する変数が異なる議論が、数多く存在する。しかしながら、外部環境が最適な組織化の方法（主として組織構造）を規定する関係を前提とする点では、これらの議論は共通している。コンティンジェンシー理論は、「外部環境→組織→成果」という規定関係を基本的な分析枠組みとする点において、環境決定論に立脚する典型的な理論だといえる。

（2）産業構造分析

産業構造分析とは、ポーター（M. E. Porter）が1980年に記した『競争の戦略（*Competitive Strategy*）』で提起し、現在でも広く用いられている、競争戦略を考える際に中心となる分析枠組みである。

一般に、戦略論で中心的に考察されるのは、企業の利益率を規定する要因である。世の中にはさまざまな企業が存在するが、その中には、高い業績を上げる企業もあれば、低い業績に甘んじている企業もある。そこで、企業間に業績の差を生み出す要因を特定することができれば、企業の業績をより容易に改善できることになる。

産業構造分析では、この利益率を規定する要因として、各企業が所属する産業の一般的な属性に注目する。この点は産業構造分析の特徴である。企業が高業績を上げている理由を普通説明する際には、「経営者の資質」や「技術的能力の高さ」といった個々の企業の内部的要因や、「その産業の成長性」

といった個々の産業に固有の要因をあげがちである。他方、産業構造分析はすべての産業に共通して存在する要因から利益率の問題を考えるために、表向きはまったく異なる企業や産業で生み出される利益格差を統合的に説明することができる。

　ポーターは産業の利益率を規定する要因を大きく５つに分類した。その産業における、①既存企業間の対抗度、②新規参入の脅威、③代替製品の脅威、④供給業者の交渉力、⑤買い手の交渉力である。この５つの要因（five forces）は、産業内の状況が「完全競争」に近づくかどうかを左右することから、競争を激化させる要因として、みなされている。逆にいえば、これらの要因が競争を緩和するような状況にあれば、その産業の利益率は高くなり、結果としてそこに所属する企業の利益率は高くなる。そのために、企業にとっては、競争状態を緩和するような要件を満たす新たな産業を発見したり、現在所属している産業であれば、そのような要件を満たす方法を考えたりするための道具立てとして、この枠組みを使うことができる。

　実は産業構造分析の根底にある発想自体は、ポーターが最初から考え出したわけではなく、経済学の一領域である古典的な産業組織論の枠組みに基づいている。ハーバード大学を中心にかつて展開された産業組織論では、産業構造が産業（ひいては企業の）利益率にどのように影響を与えるかということが、考えられていた。そこでは、「産業構造（Structure）→企業行動（Conduct）→産業の利益率（Performance）」という分析枠組みが共有されていたことから、「S-C-Pパラダイム」と一般に呼ばれている。

　このような分析枠組みを基礎に置いていることから、戦略論での産業構造分析は分析枠組みに独自性はそれほどない。「５つの要因」は産業構造を５つのカテゴリーに分類したものとみなせるからである。むしろポーターの主張にある最大の特徴は、産業組織論の分析目的を逆転させて枠組みを使っていることにある。つまり、利益率が高いことは社会的厚生を損なうという立場を産業組織論は基本としていたのに対し、経営戦略論の立場に立ったポーターは、産業・企業の利益率を上昇させることを主眼に置いていた。

ただし、ここで重要なことは、いかなる目的で枠組みを利用するにせよ、産業構造という企業にとっての外部環境が企業行動を規定し、その結果として企業の利益率が左右されるという考え方を、産業構造分析がとっている点にある。そこで基本とされる「産業構造→企業行動→産業・企業の成果」という規定関係は、「外部環境→組織構造→組織の成果」という枠組みに基づいたコンティンジェンシー理論と、分析対象も目的も学問的出自も異なるにもかかわらず、根底ではきわめて近い発想に根ざしているのである。

3　新たな視座の検討

1　決定論的視座の問題

　決定論的視座に基づく研究はコンティンジェンシー理論や産業構造分析に限られたものではなく、論者が意識するか否かにかかわらず、経営史まで含めた広義の経営学の世界に広く浸透している。

　決定論的視座が経営学で支配的な地位を獲得してきた理由としては、複数の要因をあげることができるが、とりわけ経営学固有の要因としては、実務家への示唆が理論に求められてきたことがあげられよう。外部環境と企業組織の間に何らかの因果関係を見出すことができれば、経営者や戦略立案者はその法則性を生かして、業務を円滑に運営して、業績を改善することができる。決定論に基づく研究は、経営者らに対して、直面する状況で「いかにすべきか」という処方箋を明確なかたちで提供する便利な手段なのである。このような発想は、少なからぬ実務家や学生が哲学や文学などと一線を画する「すぐに役に立つ学問」として経営学をみなし、またそのような基準でさまざまな理論を評価しようとする姿勢と一致する。

　たしかに、決定論的視座に基づく研究はまったく誤っているわけではないし、実際に経営上の問題に関する思考を支援する側面もある。たとえば、産業構造分析の枠組みが広く受け入れられてきたのは、個別企業に固有の要因から戦略を考えがちであるところに、その外部環境の一般的属性を中心にす

えて、戦略で考慮すべき視野を広げたことにもあるだろう。

　だが、いかなる規定関係を想定するとしても、決定論に基づく議論には、限界がある。図形の問題で先に示したように、理論という枠組みに基づけば、特定の像を浮かび上がらせることができる一方で、そこですべての側面が見えることにはならない。理論は絶対的な真実や、それに基づく唯一の解答を提示するわけではないのである。

　とりわけ、決定論に基づく経営理論では、定義的にどうしても捨象されてしまう重要な側面がある。それは、対立する主意主義で重視される、行為主体の自律性・主体性である。決定論では、焦点を当てる外部環境が、行為主体がとるべき最適な行動を規定すると考える。そこでの個人や個々の企業は、自由に考えて行動するのではなく、外部環境を正確に分析して、その要求に合わせて行動するとされる。外部環境と一致しない行動をとるならば、低い成果に甘んじたり、最悪の場合には倒産などのかたちでその社会での生存を許されない。最終的には「淘汰」が前提とされるために、行為主体側の自由度はきわめて限定されているのである。枠組みに忠実に沿うならば、個人や企業組織は、自分を取り巻く環境に従属した「あやつり人形」のような存在だとみなされることになる。

　さらに、行為主体の自律性が考慮から外されることによる大きな問題の一つは、個人や企業組織による「イノベーション」が矮小化されて説明される点にある。ここでいうイノベーションとは、技術革新に限られたことではなく、事業活動全般での革新的な活動をさす。たとえば、昨今の100円ショップや、低価格で高品質な衣料品を販売する小売りチェーンなどは、技術的な新規性はほとんどないけれども、既存の事業の組立て方とは大きく異なるという点で、革新性は高いといえるだろう。

　さまざまな革新的事業活動は決定論的視座からも説明できるけれども、個々の行為主体はやはり限定された役割を担う存在に過ぎない。そこでは、先行的に外部環境が変化して、その変化に合わせて、一部の個人や企業組織が新しい活動を開始するという図式が描かれる。つまり、革新的活動の源泉

は最終的には外部環境の変化に求められるために、「革新的に」活動するには、そのような環境の変化を人よりも早く「発見」して、それにいち早く適応することが求められることになる。

　新聞や雑誌の記事でも、この種の論調はよく見受けられる。しかし、本当に革新的な経営者や企業というのは、外部の変化を発見して適応するだけの受動的な存在に過ぎないのだろうか。

　たとえば、「味の素」という製品を読者はご存じだろう。「味の素」はうま味の成分を抽出したもので、明治期の日本における代表的な発明の一つである。ただし、製品化された「味の素」は当時の日本人に最初から受け入れられたわけではなく、むしろ怪しげなものだと思われていた。そのために、大々的な宣伝といった主体的な活動を通じて、その製品の価値を徐々に社会に広めていったのである。「化学（うま味）調味料」という一般的な製品カテゴリーが今日存在しているのは、その最終的な成果の一つである。仮に外部環境の先行的な変化を発見することだけが革新的活動なのであれば、「味の素」はすぐに人々に受け入れられて初期の苦労を味わうことはなかったか、あるいはまったく受け入れられずに試みが潰えただけに終わったであろう。

　社会心理学者であるワイク（Weick, 1979）が提唱し、一部の組織論や戦略論に援用して議論されてきた「イナクトメント（enactment）」という考え方は、このような行為主体の能動的な側面を描き出している。イナクトメントとは、人々が行為することによって、直面する環境が創造・再生産される過程のことをさす。そこでは、環境は人々の行為と独立して存在しているのではなく、少なくともその一部は人々の行為によってつくり出されていることになる。行為主体は、決定論的視座で想定されるように独立して存在する外部環境に一方的に制約されたり淘汰されたりするのではなく、はるかに能動的なものとして想定されているのである。

　このイナクトメントの概念では、誰が見ても同じ客観的な環境が存在しておらず、人々の主観を通じて認識される環境のみが存在することが、前提とされる。人々が知覚する環境には絶対的な根拠はなく、人によって見える環

境が異なる状況は遍在するのである。このことは、先の図形の問題が示唆することと、内容的には同じだといえる。

したがって、事後的には外部環境に適合するように行動したために成功につながったように見える事例でも、その当時の大多数の人々にとっては、珍妙な考え方や行動に写ることも少なくない。しかも、イナクトメントという考え方に基づけば、それは、多くの人が愚かだったために環境の変化を見逃してしまったからではなく、革新的な人々に認識された環境と、多くの人に認識された環境が、単に異なっていただけで、その時点でどちらが正しかったとは一概にいえないことになるのである。

2 制度理論に基づく第三の視座

イナクトメントという概念に基づけば、行為主体を取り巻く環境は主観的に認識される存在であるとともに、行為主体自身によって能動的に生み出される側面が存在することが、明らかになる。

ただし、ここでさらに考えておくべき2つの問題がある。一つは、主観に基づいて認識しているからといって、人間は常に自分独自の世界の中だけで自由に物事を見たり考えたりできるのかということである。われわれは他人と同じような見方や考え方をとることは、少なくない。仮に同じような状況に置かれても、まったく違うことを考えているのであれば、他人と対話したり、他人に共感したりすることは、不可能になってしまう。そもそも社会で秩序だった状況は成立しないことになる。

もう一つは、行為主体が環境を創造している側面があるとしても、外部環境からの制約を考慮することなく行動したり、外部環境を自らの思うがままにつくり出したりすることができるのかという問題である。われわれの経験に照らしあわせると、外部環境を無視したり、まったく自由につくり出したりできるとは、とうてい思えない。むしろ、さまざまな制約の中で、日々の生活や事業を営んでいるのが、普通の姿ではなかろうか。

このように考えると、決定論的視座に問題がある一方で、行為主体のみに

着目して外部環境を考慮の対象から外すような主意主義的視座からでも、見えない側面があることがわかる。いいかえれば、決定論的視座はまったく誤った視点を提供するものではなく、極端な主意主義からは見えない側面を提供するものなのである。決定論的視座と主意主義的視座は、どちらか一方だけが「正しい」のではなく、ある意味で相互補完的な関係にあるものだといえよう。

　決定論的視座と主意主義的視座は別の側面を映し出すものだとすれば、2つを使い分けることも考えられるのかもしれない。しかし、以下では、使い分けの方策を探るのではなく、両者を統合するための、新たな視座を検討していきたい。

　ここでの理論的な支柱は、「新制度学派（neo-institutionalism）」である[3]。ここでいう新制度学派とは、暗黙的に共有された信念や規則、規範といった社会的制度を中心的に分析する一連の議論をさす（たとえば Powell and DiMaggio, 1991；Scott, 1995）。これらは知識社会学に源流を有し、経営学（とくに経営組織論）では20年あまりにわたって展開されてきた。

　新制度学派では、「社会的に構成される現実（socially constructed reality）」という見方が前提にある。つまり、人々に同じような現実が見えているのは、誰がいつ見ても同じ不変の客観的現実が存在しているからではなく、人々の間でものの見方に関する枠組みが共有され、「間主観性（inter-subjectivity）」が成立しているからだと考える。したがって、まったくの主観だけで物事が認識されるとは考えない一方で、人々の間で一致するものの見え方は絶対的な根拠に根ざしているわけではなく、共有された信念に過ぎないとされる。

　この新制度学派の考え方によると、少なくとも部分的には妥当な見方が決定論的視座から引き出せる理由が、明らかになる。客観的な現実は存在しない一方で、人々の間に共有された認識のための枠組みは自明視され（taken for granted）、簡単に覆されることはない。また、その自明視された認識枠組みは、社会的な正当性（legitimacy）を付与するために、人々の行動を制約する機能を果たす。共有された認識枠組みは行為主体によって再生産されてい

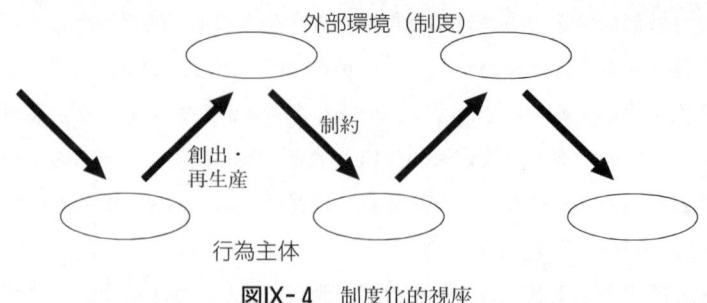

図IX-4 制度化的視座

くと同時に、行為主体自らに制約を加えるために、それがあたかも客観的に存在するように見える状況が生じるのである。

　その一方で、物事の認識が客観的・絶対的な根拠に立脚していないことから、共有された認識の枠組みは変動する可能性を常に抱えている。決定論的視座に基づけば、人々の行為は外部環境から一方的に規定されることになる。他方、新制度学派に立脚すれば、自らが創造・再生産する外部環境から、行為主体は制約を受けるものの、そこには絶対的な規定関係は存在しない。決定論的視座とも、純粋な主意主義とも異なり、行為主体と外部環境との間には、どちらかが一方的に規定するのではなく、双方向的な関係にあることになる（図IX-4）。そこでは、制度が生成・再生産される「制度化 (institutionalization)」の過程に着目することから、ここで第三の視座を「制度化的視座」と呼ぶことにしよう。

　ここで、決定論的視座と制度化的視座が基本的に異なる点を、企業による事業部制の採用過程に関する研究で確認しておこう。チャンドラーをはじめとする決定論者によれば、企業が事業部制組織を採用していく理由は、外部環境に適合するために個々の企業がとる戦略（たとえば多角化戦略）に合った組織構造が事業部制であることに求められる。対する新制度学派に基づく研究では、事業部制組織を多くの企業が採用したのは、必ずしも戦略と組織構造が適合的だからではなく、先駆的に開発したGMやデュポンをモデルとして模倣したからに過ぎないからだとされる。優れたモデルとみなされる企

業を模倣することで、正当性が獲得され、不確実性を削減できる（ように見える）から、事業部制組織が採用されたと考えるのである。

4 「制度化的視座」からの考察

1 制度化的視座の意義

　以上のように、新制度学派の基本的な発想から行為主体と外部環境との関係を考え直すことには、少なくとも以下にあげる2つの意味がある。

　第1に、外部環境による制約と行為主体の自律性・主体性の問題を発展的に解消できる点である。

　決定論的視座は、先にあげた「コンティンジェンシー理論」や「産業構造分析」のような経営組織論・戦略論の領域のみならず、広義の経営学に属する経営史の世界でも、中心的な視座となってきた。米倉誠一郎によれば、これまでの多くの歴史研究では、素朴な機能主義的立場から、外部環境の一つである「制度」が行為主体の行動を規定するという図式を、制度分析を行ううえでの暗黙の前提として置いてきたとされる（米倉, 1998）。このような前提を置くと、経済的変動や政府の政策といった外部要因で制度が設定されれば、企業の行動は自動的に規定される単純な構図となり、分析を進めるうえでの障害は小さくなる。

　しかしながら、米倉が指摘するように、「制度→行為主体の活動」という決定論的な規定関係を前提とすると、行為主体による革新的活動は、分析の範囲から外れてしまうことになる。あるいは、逆に政府などのパワーを有する行為主体は、とくに制度を形成する過程での貢献に関して、過剰に評価されかねない。いいかえれば、これまでの経営史研究では、一般の行為主体によって引き起こされる「逸脱・不規則性・主観性」といった要素は、単なる例外事象として、軽視されてきたとされる。

　これらの問題は、制度化的視座に立脚することによって、発展的に解消される。「外部環境はさまざまな行為主体によって形成され、その後の行為主

体の行為は外部環境からある一定の制約を受けつつも、両者の間に絶対的な規定関係は存在しない」というのが、第三の視座である。この立場に基づけば、行為主体の主体性に基づいた革新的活動は、もはや些末な事象ではなく、中心的な論点にすえることが可能となる。

また、この革新的な活動は、初期段階では「逸脱」にとどまるかもしれないが、他の行為主体によって受け入れられていくのであれば、新たな制度の出現へとつながっていくことになる。最初は単なる例外的事象であったとしても、ひとたび広く受容され共有されていけば、かつての特異な事象は自明視されて、その存在自体が疑問視されることはなくなる。

第2に明らかになるのは、制度の順機能である。前述のとおり、形成された制度は、日常的には自明視されることで、逆に行為主体の活動を制約するために、革新の阻害要因となりうる。いったん形成された既存の制度を無視したり、それに反するような活動は、社会的に受け入れられることが難しくなるからである。

しかしながら、制度には、そのような逆機能だけが存在しているわけではない。その順機能の一つは、時空間にまたがって規則的・安定的な事象のパターンを形成することにある。人間には、認知限界が存在し、すべての事象を認識したり理解したりできないことを前提とすれば、自明視されているすべての行動の前提を問い直すことは、いかなる人間であっても不可能である。仮にそのように行動しようとしても、混乱が生じるだけで、実りのある成果が生じることはない。この点で、制度は、人々に共通した世界を安定的に提示することによって、秩序立った社会の形成をもたらすものだといえる。

さらに、制度による安定性は社会的な成長にも寄与する。容易には問われることのない前提が共有・定着することで、その自明な基盤に立脚する活動に、人々は安心して焦点を当て、資源を投入することが可能となるからである。技術革新研究では、全面的に技術を見直す「急進的革新（radical innovation）」と、定着した技術の改良を意味する「漸進的革新（incremental innovation）」の二分法が長らく用いられてきたが、制度に立脚した活動に当たるの

が、後者である。制度に立脚した「漸進的革新」は社会に対する個々の影響力は小さいかもしれないが、集計された成果は、一見華々しい「急進的革新」よりもはるかに大きいという研究結果もある。規則的・安定的な事象の存在は、単に停滞を意味するのではなく、ある特定の方向への成長をうながす役割も果たすのである。

　ただし、繰り返していえば、制度によって生み出される規則性や安定性は、客観的に存在する基盤の上に成立しているのではなく、人々の間で受け入れられた合意に基づいているに過ぎない。したがって、規則的・安定的に見える現象も、決定論的視座で前提とされるような絶対的な根拠を有しているのではなく、「逸脱」から始まる革新的活動によって、大きく変化する可能性を、原理的には常に有している。

2　本章の主張と本書における経験的分析

　本書の多くの章は、この制度化的視座に類似した立場から議論が展開されている。ここで、4つの章を具体的にとりあげて、本章での議論との関係を明確にしておこう。

　たとえば、第Ⅳ章と第Ⅴ章では、インクジェットプリンタとデジタルカメラという新技術が発展する過程がそれぞれ記述されている。そこでの前提とされているのは、技術は固有の論理に基づいて事前に発展の方向が明確になるのではなく、企業などの行為主体間の相互作用によって、事後的に規定されてくるという見方である。

　一般に技術革新をとりあげる際には、研究開発などによって発見された技術的知識自体が、産業や社会に対して直接的に影響を与えると考える傾向にある。そこでは、研究開発活動を通じて新しい知識を生み出すことが、イノベーション活動において最も重要なことであり、それに成功した企業のみがその果実を手に入れることができることになる。実は、このような考え方は、規定要因を技術に求めるという意味で、典型的な決定論的議論の一つとされる「技術決定論」と呼ばれる見方に基づいている。

それに対して、第Ⅳ章と第Ⅴ章での議論では、技術発展の方向性は技術固有の論理ではなく、社会的な過程において生み出されると考える。このような「非決定論的視座」に立つ場合には、技術的知識の先端性はイノベーションの事業化に必要な先行要件ではなくなる。むしろ、そこで焦点が当てられるのは、さまざまな行為主体の行動によって、技術の方向性が事後的に形成される過程である。

　あるいは、第Ⅵ章と第Ⅶ章は、本章と類似した立場から、既存の経営史的研究では見えにくい側面について議論を展開している。これら2つの章でとりあげられたのは、政府による政策である。これまでの多くの研究では、政府の政策は個別企業といった他の行為主体の行動を規定する図式を前提として、議論が進められてきた。そのために、かつて政府がとった政策自体が直接的に検討される傾向にある。

　それに対して、第Ⅵ章と第Ⅶ章で共通して分析の中心に置かれたのは、政府の政策によって「意図せざる結果」が生じてきた過程である。第Ⅵ章、第Ⅶ章、あるいは本章の立場に立てば、政府による政策は、企業行動を完全に規定するものにはなりえない。制度は人々から受容されて定着することで再生産されるという過程を前提として描くのであれば、いかなる行為主体であっても、他の行為主体の活動を一方的に規定することはないからである。いいかえれば、特定の行為主体が他の行為主体の活動を完全に設計（design）することは、そこでは想定されていない。

　堅固な「制度」が存在する一方で、それが絶対的な基盤に立脚するものではなく、人々の暗黙的な合意に基づいて再生産されているに過ぎないこと、そしてそのことが革新的活動への糸口にもなりうることが、そこでの共通した視点なのである。

3　「社会的焦点化」

　他方で、第Ⅵ章と第Ⅶ章で示されたように、政府機関などの相対的にパワーを有する行為主体は、よりパワーを持たない行為主体の活動に対して、影

響を及ぼしている。絶対的な規定関係はないものの、より主体的に行動可能な他の行為主体に対して、何らかの影響力は存在しているのである。

そこで、このような他の行為主体への影響力を、「制度設計」ではなく、「社会的焦点化」という視点から、さらに検討しておくことにしよう。

ここでいう「社会的焦点化」とは、対象となる行為主体に対して、今後社会的に取り組むべき問題を示唆することである。たとえば、第VI章の石油化学産業であれば規模の経済が必要であり、それが日本の石油化学産業の競争優位確立に必要な条件であることを、第VII章でとりあげられたセラミックス産業であれば構造部品が将来有望であることを、政策として、対象となる行為主体に対して提示している。繰り返せば、政府の政策は制度設計として意味があるのではなく、取り組むべき課題を提示する「社会的焦点化装置(social focusing device)」として機能するのである。

「社会的焦点化装置」が機能するためには、対象となる行為主体に、その意図（政府の政策であれば、政策担当者の意図）が受け入れられなければならない。そのような受容されるメカニズムとしては、「資源配分によるコントロール」と「正当化の根拠の提供」の2つが考えられる。

先に、資源配分によるコントロールについて、説明しておこう。「社会的焦点化装置」からの示唆を受け入れない限り、企業活動に必要な資源を獲得できないのであれば、対象となる行為主体は、自社の構想とずれていようとも、積極的に受容しなければならない。このメカニズムは行為主体の活動をより直接的に操作するものであり、これまでの多くの研究でも想定されてきたと思われる。

他方、正当化の根拠の提供とは、企業内部で資源配分を行う際の意思決定に「確からしさ」の論拠を与えることである。たとえば、社内で意見が対立するような場合には、より「確からしくみえる」意思決定が採用されることになるだろう。「社会的焦点化装置」は、そのような状況において「確からしさ」の指針を提供する。この場合、資源配分による直接的なコントロールとは異なり、行為主体が強制的に受け入れさせられるのではなく、主体的に

受け入れることで機能するために、より間接的な影響を与えるものといえる。

とりわけ産業の生成期や、イノベーションが生じる変革期においては、その後企業が進むべき方向性について不確実性が存在する。「社会的焦点化装置」は、このような不確実性を削減するかのような機能を果たす。「企業の外部でこのような見解がある」というのは、他者を説得する根拠となるからである。さらに、他者の動向も社内での正当性の根拠となりうるために、「社会的焦点化装置」で示唆された問題が受け入れられていくほど、正当化の基盤が自己強化されていき、最終的に社会的な制度形成につながっていく。

しかしながら、第Ⅵ章でも、第Ⅶ章でも示されているように、政策という「社会的焦点化装置」は完全に不確実性を排除することはできず、場合によっては「意図せざる結果」を生み出す役割さえ果たす。

不確実性には、「他の行為者の予想不可能な選択によって、行為の結果が左右される」状況と、「未来の完全なガイドとなりうる過去の比較可能な状況がない」状況の2つがある (Gomez and Jones, 2000)。このうち、前者の不確実性については、行為主体の活動を完全に規定する要因は存在しないというのがここでの立場であるために、「社会的焦点化装置」によってこの不確実性を完全に排除することはできない。後者の不確実性についても、「社会的焦点化装置」は、あくまでも将来の状況を仮想的に示したものに過ぎないために、排除することは不可能である。

このように、政府の政策に代表される「社会的焦点化装置」は、不確実性を完全に削減するのではなく、削減する「ように見える」ものに過ぎないために、諸行為主体の意図とは食い違う結果が生じうる。本章での視座に基づけば、「意図せざる結果」は原理的には常に起こりうるのである。たとえば、第Ⅵ章での議論では、行為主体は政策の意図どおりの行動をとったものの、その相互作用まで組み込んだ政策ではなかったために、過剰競争という「意図せざる結果」が生じた。あるいは、第Ⅶ章での議論では、「社会的焦点化装置」での想定された状況が仮想にとどまった結果として、政策担当者の構想外であった機能部品という領域で、中小陶磁器メーカーが成功をおさめる

ことにつながったと解釈できるだろう。

　政策に限らず、外部環境で重要視される要因はすべて「社会的焦点化装置」として機能しうる。重要なことは、そこで絶対的な根拠が示されているのではなく、人々の行動を誘導する役割を果たす点である。そのような役割を含めて全体像を構成し直すことが、実際には重要なのである。

5　おわりに

　以上では、依拠する視座まで遡って既存の経営理論を検討して、その問題点を提示したうえで、それらに代わる第三の視座とその意味について議論してきた。

　ここで、再度確認しておきたいことは、経営学で論じられているさまざまな理論や議論は、あくまでも「ものの見方」に過ぎない点である。少なからぬ人々は、「役に立つ理論」を求めてさまざまな書物を読みあさったり、逆に「役に立たない」といって理論を全面否定してしまったりする。しかし、この両極に見える姿勢の多くは、根本的には同じ立場に根ざしている。目の前の何か一つが正しく、他は間違っているという姿勢である。

　しかしながら、特定の理論の表面的な部分だけを利用しようとする姿勢は、表向きには効率的で要領がよい方法のように見えるかもしれないが、実は理論を「使っている」のではなく、理論に振り回されて「使われている」のである。表立っては書かれていない背景まで遡って思考を進めることは、時代錯誤的で遠回りのように思われるかもしれない。だが、本来の意味で理論が「役に立つ」のは、このような側面だといえる。

　このような態度でさまざまな理論に接すれば、これまで見えなかった理論の意味がわかってくるはずである。また、それは日常生活から企業経営にわたるすべての側面でも同様である。目の前に現れていることを、人と同じように受け止めるだけでは、革新的な活動にはつながらないし、一見馬鹿げたように見える他人の行動がもたらしかねない将来を、思い浮かべることもで

きない。目の前に見えるものを背景まで遡って、全体像を描くこと。理論でも、企業戦略でも、卓越した見識には、このような裏付けが存在しているのである。

注

1) この節での議論は、客観的事象の存在を前提とする素朴な実証主義（positivism）や実在論（realism）を排除するという意味で、本章全体で展開される議論と同じ方法論的立場に立っている。
2) 厳密には、主意主義として、個人の意思決定に焦点を当てた近代組織論のような実証主義的立場を中心にすえた古典的な見解と、実証主義と対峙する解釈主義的立場（たとえばワイク〔K. E. Weick〕）のみに限定する場合がある。前者をとると、かなり多くの主意主義的議論が経営学で展開されてきたといえる一方で、後者だけとすれば、議論はかなり限られる。前者の議論を主意主義とみなす考え方については、最近では批判がある。
3) ここで提起する見方は、新制度学派に固有ではなく、欧州を中心として近年議論されてきた社会理論（たとえば、ギデンズ〔A. Giddens〕やバスカー〔R. Bhaskar〕）と、それを経営学の領域で応用展開した研究でも、類似した議論が展開されている。

引用文献

Chandler, A. D., *Strategy and Structure : Chapters in the History of the Industrial Enterprise*, Cambridge, Mass.: MIT Press, 1962.（三菱経済研究所訳『経営戦略と組織：米国企業の事業部制成立史』実業之日本社、1967年）

Gomez, P. Y. and Jones, B. C., "Conventions: An Intepretation of Deep Structure in Organizations," *Organization Science*, Vol. 11, No. 6, 2000, pp. 696-708.

Lawrence, P. R. and Lorsch, J. W., *Organization and Environment : Managing Differentiation and Integration*, Boston: Harvard Business School Press, 1967.

Porter, M. E., *Competitive Strategy* : Techniques for Analyzing Industries and Competitors, New York: Free Press, 1980.（土岐坤・中辻萬治・服部照夫訳『競争の戦略』ダイヤモンド社、1982年）

Powell, W. W. and DiMaggio, P. J. (eds.), *The New Institutionalism in Organizational Analysis*, Chicago: University of Chicago Press, 1991.

Scott, W. R., *Institutions and Organizations*, Thousand Oaks, Calif.：Sage Publications, 1995.

Weick, K. E., *The Social Psychology of Organizing*, 2nd ed., New York：Random House, 1979.（遠田雄志訳『組織化の社会心理学』文眞堂、1997年）

米倉誠一郎「経営史学の方法論：逸脱・不規則性・主観性」『一橋論叢』第120巻第5号、1998年、pp. 78-92.

参考文献

バーガー，P.L.＝ルックマン，T.（山口節郎訳）『日常世界の構成：アイデンティティと社会の弁証法』新曜社、1977年

一橋大学イノベーション研究センター編『イノベーション・マネジメント入門』日本経済新聞社、2001年

苅谷剛彦『知的複眼思考法』講談社、1996年

盛山和夫『制度論の構図』創文社、1995年

沼上幹『行為の経営学：経営学における意図せざる結果の探究』白桃書房、2000年

人名索引

ア 行

アーサー（B. Arthur） 7
青木昌彦 7
アッターバック（J. M. Utterback）
　　　　　　　　　　　　97, 144
アバナシー（W. J. Abernathy） 144
アンダーソン（P. Anderson） 144
イエーツ（J. Yates） 228
石田忠 11
伊東和也 51
ウィノグラード（T. Winograd） 206, 228
ウィリアム（R. William） 99
ウィリアムソン（O. E. Williamson）
　　　　　　　　　　　　2-4, 45
ウィンター（R. A. Winter） 45
ウールガー（S. Woolgar） 204, 228
ウォーターマン（R. H. Waterman） 220
エッジ（D. Edge） 99
エルスター（J. Elster） 180
オールドリッチ（H. E. Aldrich） 122
岡崎哲二 8-9
オクセンフェルト（A. R. Oxenfeldt） 45
奥野正寛 10
オルリコフスキー（W. J. Orlikowski） 99

カ 行

カウフマン（P. J. Kaufmann） 45
加護野忠男 206
加藤寿生 192, 197
ガルー（R. Garud） 99
橘川武朗 8-9, 162
ギデンズ（A. Giddens） 204, 223, 256
金顕哲 57

クイン（J. B. Quinn） 98
クリステンセン（C. M. Christensen）
　　　　　　　　　　　　101-2
グリント（K. Grint） 228
ケリー（A. O. Kelly） 45
コール（A. H. Cole） 10
ゴメス（P. Y. Gomez） 254

サ 行

榊原清則 181
向坂正男 80
サットン（R. I. Sutton） 203, 228
佐藤聖 48-9
佐藤肇 53
島秀雄 20, 24, 26, 30-2, 36, 38-9
シュンペーター（J. A. Schumpeter） 10
ジョーンズ（B. C. Jones） 254
ジョンソン（C. Johnson） 177
代永久寿 160
スコット（W. R. Scott） 247
鈴木敏文 56
鈴木隆正 162

タ 行

高柳健次郎 71, 83, 89
田島義博 53
タッシュマン（M. L. Tushman） 144
チャンドラー（A. D. Chandler）
　　　　　　　　　　　　2-4, 240-1, 248
デイヴィッド（P. David） 7
ディマジオ（P. J. Dimaggio） 247
デュギド（P. Duguid） 213, 227
ドーシ（G. Dosi） 144

ナ 行

西田稔	178
沼上幹	6, 99, 182
ノーマン（D. A. Norman）	227-8

ハ 行

バイカー（W. E. Bijker）	99, 102, 144
パウエル（W. W. Powell）	247
ハウェルズ（J. Howells）	122
橋本寿朗	8-9
馬場靖雄	204
早川徳次	69, 71, 73, 75
原拓志	228
ピンチ（T. J. Pinch）	99, 102
フィオル（C. M. Fiol）	122
深見義一	53
ブラウン（J. S. Brown）	213, 227
フランクル（V. E. Frankl）	12
フローレス（F. Flores）	206, 228
ペーターズ（T. J. Peters）	220
ペンローズ（E. T. Penrose）	2, 4
ボイル（W. S. Boyle）	125
ポーター（M. E. Porter）	241-2
ボードン（R. Boudon）	180

マ 行

マーネン（J. van Maanen）	228
マシューソン（F. G. Mathewson）	45
松下幸之助	75
松平精	25
メイヤー（J. W. Meyer）	181
盛田昭夫	130

ヤ 行

安川一	220
矢作敏行	45, 50
山下幸夫	10-11, 13
米倉誠一郎	177, 249

ラ 行

ラッパ（M. A. Rappa）	99
ラフォンテイン（F. Lafontaine）	45
ルイス（M. R. Louis）	203, 228
ローシュ（J. W. Lorsch）	240
ローレンス（P. R. Lawrence）	240
ローワン（B. Rowan）	181

ワ 行

ワイク（K. E. Weick）	99, 245, 256
渡辺徳二	157

事項索引

ア 行

逸脱	11, 121, 145, 180
意図せざる結果	154, 168, 170, 181, 254
イナクト	9
イナクトメント	102, 245-6
イノベーション	10, 95, 119
インセンティブ説	45
インセンティブ・デザイン	56
演繹的な理論構築	6

カ 行

解釈の柔軟性	100-1, 116-7
過当競争	153-4, 159
間主観性	247
機関車牽引客車列車	22
技術決定論	95, 99, 251
技術の「入り口」	148
技術の社会的構成	99
帰納的な理論構築	6
規模の利益	50
経路依存	13
決定論	234
現代の技術発展	147
合意形成	144
行為システム	182, 197
行為と制度（環境）の相互既定	145
合理的経済人	13
コンティンジェンシー理論	240
コンビニエンス・ストア	43

サ 行

産業育成政策	148
産業構造分析	122, 241
産業の勃興期	148
事業の「市場における位置づけ」	148
事業リスクの分散	122
資源制約説	45
資源動員	121
——の説得性	122
資源補完メカニズム	61
仕事プロセスの管理と評価	218
シナジー効果	148
主意主義	234
主観性	13
焦点化	170, 175, 177-9, 187
社会的——	253
消費の即時化	45
情報共有	209-10
情報システム	49
新人の育成	214
新制度学派	247
垂直統合型組織	3
スーパーマーケット・チェーン	47
生産が生産を呼ぶという競争のパターン	169
成長戦略	122
正当性	122, 145
——獲得の論理	148
制度化	43, 248
——的視座	248
制度的ダイナミズム	148
製品システムの「入り口」	147
製品範疇	146-7
セブン-イレブン・ジャパン	54
戦後日本の経済システム	8
戦時統制経済	8
相互補完	13

タ行

対面的状況	220
多角化のプロセス	2
短期的な合理性と長期的な合理性の間に乖離	171
単線的モデル	103-4, 116
単にそこにある	206
チームの規範と集団意識	220
中核技術	122, 145
中核的経営資源	122
長距離高速電車	21, 24
通商産業省（通産省）	178-9, 183, 186-7
電車列車	22
東海道新幹線	19, 36
動機づけ	56
動力集中方式	22
動力分散方式	22
トンネル・デザイン	227

ナ行

認知ギアの切り替え	228

ハ行

早川電機	67
パラダイム・シフト	10
比較制度分析	7, 9
非決定論	6
日立製作所	83
必要資源	48
批判的意識	223, 225
ヒューマンエラー	227-8
フィールドワークの経験	207
不規則性	12
複雑系経済学	7
複線的モデル	102-5, 115-8
物流システム	49
フランチャイズ・システム	43
ブレークダウン	228
分権的複数事業部制組織	3
方法論	204
保有資源	48

マ行

松下電器	67

ヤ行

余剰資源の有効活用	2

ラ行

利益なき繁栄	153-5, 159, 162, 168
リフレキシビティ	204
歴史固有性	13
レギュラー・チェーン・システム	43
ロック・イン	7, 13

刊行のことば

　ミレニアムを迎えて、世の中は変化の速度も度合いも、そのインパクトも、一段と大きくなってきた。先行きの不透明さ、不確かさも払拭できないどころか、ますます増幅するばかりである。企業をはじめとする組織の経営（マネジメント）が直面している状況も例外ではない。グローバル化、情報化、メガ・コンペティション、規制緩和、環境保全などが進む中、企業、組織、経営のあり方は根本から大きく変わろうとしているのである。

　このような状況の中で、今日の企業経営、あるいは組織の経営はいかに行われているのだろうか。そもそも企業経営、組織の経営はどのような問題に遭遇し、それらを克服しつつ現在に至ったのであろうか。そしてそれはどのような方向に向かおうとしているのであろうか。これらは、企業社会に生きる私たち誰もが無関心ではいられない、非常に身近な問題といえるだろう。そこで、こうした問題を一般の人たちにも伝えていくことが必要となり、20世紀の経営学を総括し、21世紀への展望を含めた「現代経営学講座」が編まれることになった次第である。

　本講座は、今日の企業、組織、経営がかかわる多様な領域をできるだけとりあげ、それらを整理するという形で全12巻が編集されており、経営学がどのように発展し、現在どのような議論が行われているのか、初学者にもわかりやすく解説された入門シリーズである。幸い、各巻の編者と執筆者には、最前線で活躍されている第一人者をお迎えできたと自負している。ご多忙の中をご協力頂いた編者と執筆者の方々に、この場を借りて厚くお礼を申し上げたい。また昨今の厳しい出版事情の中で、12巻を擁する「現代経営学講座」の刊行に踏み切られた、八千代出版に深甚の謝意を表したい。

　　　　　　　　　　　　　　　　　　　　監修　二神恭一・稲葉元吉

編著者紹介

米倉誠一郎（よねくら・せいいちろう）
1953 年　東京に生まれる。
1977 年　一橋大学社会学部卒業
1979 年　同大学経済学部卒業
1981 年　同大学大学院社会学研究科修士課程修了
1990 年　ハーバード大学 Ph.D.取得（歴史学）
　　　　一橋大学商学部産業経営研究所専任講師、助教授、教授などを経て、
現　在　一橋大学イノベーション研究センター教授
（主要著書）
　Entrepreneurship and Organization〔Co-edited, Oxford University Press, 2002〕、*The Japanese Iron and Steel Industry, 1850-1990 : Continuity and Discontinuity*〔Macmillan Press, 1994〕、『勇気の出る経営学』（筑摩書房、2001 年）、『敗者復活の経営学』（共著、PHP 研究所、2001 年）、『経営革命の構造』（岩波書店、1999 年）、『創造するミドル』（共編、有斐閣、1994 年）、その他。

現代経営学講座 2

企業の発展

2002 年 6 月 3 日　第 1 版 1 刷発行

編著者　米倉誠一郎
発行者　大野俊郎
印刷所　壮光舎印刷
製本所　美行製本
発行所　八千代出版株式会社
　　〒101-0061　東京都千代田区三崎町 2-2-13
　　TEL 03-3262-0420　振替　00190-4-168060

＊定価はカバーに表示してあります。
＊落丁・乱丁本はお取り替えいたします。

現代経営学講座（全12巻）

監修　二神恭一（愛知学院大学教授・早稲田大学名誉教授）
　　　稲葉元吉（成城大学教授・横浜国立大学名誉教授）

第 *1* 巻　企業と経営【二神恭一 編著】　**既刊**

第 *2* 巻　企業の発展【米倉誠一郎 編著】　**既刊**

第 *3* 巻　社会の中の企業【稲葉元吉 編著】　**既刊**

第 *4* 巻　企業と情報化【寺本義也 編著】

第 *5* 巻　グローバリゼーションの中の企業【鈴木典比古 編著】　**既刊**

第 *6* 巻　企業の戦略【加護野忠男 編著】

第 *7* 巻　企業の組織【稲葉元吉 編著】

第 *8* 巻　企業と人材・人的資源管理【二神恭一 編著】　**既刊**

第 *9* 巻　生産・技術システム【藤本隆宏 編著】

第 *10* 巻　イノベーションとベンチャー企業【野中郁次郎 編著】　**既刊**

第 *11* 巻　マーケティング【石井淳蔵 編著】　**既刊**

第 *12* 巻　経営財務【柴川林也 編著】　**既刊**

A5判・横組・上製・カバー付・各巻平均300頁
本体価格 2900円